Dietmar Dold, Daniel Holdenried

Evaluierung von XML im Bezug zum World Wide Web, s\
eines e-commerce Multi-Tier-Systems

Dietmar Dold, Daniel Holdenried

Evaluierung von XML im Bezug zum World Wide Web, sowie die Prototypisierung eines e-commerce Multi-Tier-Systems

Diplom.de

Bibliografische Information der Deutschen Nationalbibliothek:

Bibliografische Information der Deutschen Nationalbibliothek: Die Deutsche Bibliothek verzeichnet diese Publikation in der Deutschen Nationalbibliografie; detaillierte bibliografische Daten sind im Internet über http://dnb.d-nb.de/ abrufbar.

Copyright © 1999 Diplomica Verlag GmbH
Druck und Bindung: Books on Demand GmbH, Norderstedt Germany
ISBN: 978-3-8386-1878-4

http://www.diplom.de/e-book/217728/evaluierung-von-xml-im-bezug-zum-world-wide-web-sowie-die-prototypisierung

Dietmar Dold
Daniel Holdenried

Evaluierung von XML im Bezug zum World Wide Web, sowie die Prototypisierung eines e-commerce Multi-Tier-Systems

**Diplomarbeit
an der Fachhochschule Furtwangen
Fachbereich Digitale Medien
Prüfer Prof. Wilhelm Walter
Februar 1999 Abgabe**

***Diplomarbeiten* Agentur**
**Dipl. Kfm. Dipl. Hdl. Björn Bedey
Dipl. Wi.-Ing. Martin Haschke
und Guido Meyer GbR**

**Hermannstal 119 k
22119 Hamburg**

agentur@diplom.de
www.diplom.de

ID 1878
Dold, Dietmar, Holdenried, Daniel: Evaluierung von XML im Bezug zum World Wide Web,
sowie die Prototypisierung eines e-commerce Multi-Tier-Systems / Dietmar Dold, Daniel
Holdenried · Hamburg: Diplomarbeiten Agentur, 1999
Zugl.: Furtwangen, Fachhochschule, Diplom, 1999

Dipl. Kfm. Dipl. Hdl. Björn Bedey, Dipl. Wi.-Ing. Martin Haschke & Guido Meyer GbR
Diplomarbeiten Agentur, http://www.diplom.de, Hamburg
Printed in Germany

Diplomarbeiten Agentur

Wissensquellen gewinnbringend nutzen

Qualität, Praxisrelevanz und Aktualität zeichnen unsere Studien aus. Wir bieten Ihnen im Auftrag unserer Autorinnen und Autoren Wirtschafts-studien und wissenschaftliche Abschlussarbeiten – Dissertationen, Diplomarbeiten, Magisterarbeiten, Staatsexamensarbeiten und Studien-arbeiten zum Kauf. Sie wurden an deutschen Universitäten, Fachhoch-schulen, Akademien oder vergleichbaren Institutionen der Europäischen Union geschrieben. Der Notendurchschnitt liegt bei 1,5.

Wettbewerbsvorteile verschaffen – Vergleichen Sie den Preis unserer Studien mit den Honoraren externer Berater. Um dieses Wissen selbst zusammenzutragen, müssten Sie viel Zeit und Geld aufbringen.

http://www.diplom.de bietet Ihnen unser vollständiges Lieferprogramm mit mehreren tausend Studien im Internet. Neben dem Online-Katalog und der Online-Suchmaschine für Ihre Recherche steht Ihnen auch eine Online-Bestellfunktion zur Verfügung. Inhaltliche Zusammenfassungen und Inhaltsverzeichnisse zu jeder Studie sind im Internet einsehbar.

Individueller Service – Gerne senden wir Ihnen auch unseren Papier-katalog zu. Bitte fordern Sie Ihr individuelles Exemplar bei uns an. Für Fragen, Anregungen und individuelle Anfragen stehen wir Ihnen gerne zur Verfügung. Wir freuen uns auf eine gute Zusammenarbeit

Ihr Team der *Diplomarbeiten* Agentur

Dipl. Kfm. Dipl. Hdl. Björn Bedey —
Dipl. Wi.-Ing. Martin Haschke ——
und Guido Meyer GbR ————

Hermannstal 119 k ————
22119 Hamburg ————

Fon: 040 / 655 99 20 ————
Fax: 040 / 655 99 222 ————

agentur@diplom.de ————
www.diplom.de ————

eidesstattliche Erklärung

"Wir erklären hiermit an Eides statt, daß wir die Diplomarbeit selbständig und ohne unzulässige fremde Hilfe angefertigt haben. Alle verwendeten Quellen und Hilfmittel sind angegeben."

Furtwangen, den 16.Februar 1999

D. Dold

Dietmar Dold

Daniel Holdenried

Danksagung

Hiermit möchten wir all denen danken, die uns bei der Erstellung unserer Diplomarbeit unterstützt haben. Ganz besonders möchten wir uns bei folgenden Personen und Institutionen bedanken:

Prof. Dipl. Inform. Wilhelm Walter (FH Furtwangen)
Für den Themenvorschlag und die gute Erstbetreuung.

Prof. Dipl. Inf. Fritz L. Steimer (FH Furtwangen)
Für die Zweitbetreuung.

Dipl. Inform. (FH) Konrad Krafft (Firma Neurotec)
Ohne den die Zusammenarbeit mit Neurotec, und deren Investition in ein vages Themengebiet, nie zustande gekommen wäre.

Neurotec Hochtechnologie GmbH
Die uns für die Zeit der Diplomarbeit angestellt und uns das benötigte Equipment zur Verfügung gestellt hat.

Dipl. Inform. (FH) Dirk Holstein (Firma Neurotec)
Für die sehr gute seelische und moralische Untestützung in der Zeit bei Neurotec.

Amazon
Ohne den sofortigen Versand von amerikanischer Fachliteratur wäre diese Diplomarbeit in Deutschland nicht möglich gewesen.

World Wide Web Consortium – W3C
Die Arbeit und Veröffentlichungen des W3C ermöglichten uns, den wissenschaftlichen und korrekten Weg unserer Arbeit zu verfolgen und nicht den verlockenden, doch oftmals inkorrekten Phantasiegebilden anderer Quellen nachzugehen.

Inhaltsverzeichnis

Vorwort

Diese Diplomarbeit beinhaltet keine ausführliche Syntaxerklärung und ist auch kein Tutorial. Als kompakte und korrekte Referenz seien hier besonders die *Spezifikationen* und *Drafts* des "World Wide Web Consortium" (in Zukunft W3C genannt) empfohlen. Ebenfalls sind in letzter Zeit eine Vielzahl von Büchern zu diesem Thema geschrieben worden, die diesen Zweck erfüllen.

Die eXtensible Markup Language (XML) ist ein sehr umfangreiches Thema und kann nicht in all ihren Facetten innerhalb einer Diplomarbeit erläutert werden.

Ziel dieser Diplomarbeit ist es:

1. Im ersten Teil, einen Überblick über XML zu verschaffen und seinen Bezug zu *SGML* und *HTML* darzulegen (Heranführung ans Thema und Erläuterung des Zusammenspiels seiner Bausteine).
2. Im Evaluierungsteil, die Vor- und Nachteile von XML im besonderen Bezug auf das Internet zu analysieren und seinen Einsatz zu definieren.
3. Im dritten Teil, anhand eines Prototyp die speziellen Merkmale, Eigenschaften und Vor- und Nachteile konzeptionell aufzuzeigen und schrittweise zu implementieren.

Hinweis:
Wer sich mit der eXtensible Markup Language (XML) beschäftigt kommt um die Kenntnis einer Vielzahl von Akronymen und Begriffe nicht herum. Aus diesem Grund sei an dieser Stelle schon darauf verwiesen, daß die meisten Begriffe bei der Ersteinführung (in *Kursivschrift*) eine kurze Erklärung erhalten und im Glossar beschrieben werden.

1. Einführung in XML

Inhalte und Ziel der Einführung

Um die Entstehung von XML zu verstehen, wird in der Einführung kurz *SGML* (Standard Generalized Markup Language) und *HTML* (Hypertext Markup Language) vorgestellt und deren Bezug zu XML dargelegt. Die genaue Abgrenzung zu HTML erfolgt dann im Evaluierungsteil.

Das grundlegende Verständnis der folgenden XML Bausteine
- *Document Type Definition (DTD)*
- *eXtensible Style Language (XSL)*
- *eXtensible Linking Language (XLL)*
- *Document Object Model (DOM)*
- *Parser*

und deren Rolle und Funktion im Zusammenspiel bei der *Erstellung* und *Darstellung* von *XML-Dokumenten* wird ebenfalls in der Einführung vermittelt, da sie für den Evaluierungsteil von tragender Bedeutung sind.

1.1. Die Bedeutung der Standard Generalized Markup Language (SGML)

Die *Standard Generalized Markup Language* (SGML) wurde bereits am 15.10.1986 als *ISO 8879* Standard publiziert und beruht auf einer Entwicklung, der *Generalized Markup Language* (GML), die Ende der 60er Jahre von Charles F. Goldfarb, Edward Mosher und Raymond Lorie für IBM entwickelt wurde.[UG-SGML93]

SGML ist ein *Framework* oder eine *Metasprache*. Das heißt, sie besitzt eine Grundsyntax, die es erlaubt neue *Auszeichnungssprachen* (Sprachen die *Tags*, auch Markierungen oder Markup genannt enthalten) zu definieren. Wolfgang Rieger beschreibt SGML in seinem Buch "SGML für die Praxis" noch aus einer anderen Sicht: "Schließlich kann SGML auch als Programmiersprache gesehen werden. Der einzige Unterschied zwischen SGML und einer Programmiersprache ist inhaltlich. SGML ist *deskriptiv*, ein SGML-Dokument ist nicht 'ausführbar'. Ansonsten ist SGML eine formale Sprache genau wie Pascal oder C."[Rieg95]

SGML, mit seiner 155 Seiten umfassenden Spezifikation, wurde von der Industrie als sehr komplex angesehen. Aufgrund der Komplexität arbeitete, in den ersten Jahren, hauptsächlich das US Department of Defense mit dieser Sprache, um technische Dokumentationen zu erstellen. 1990 kam das Buch "The SGML Handbook" von Charles F.Goldfarb und Yuri Rubinsky auf den Markt. Dieses 663 Seiten starke Buch entwickelte sich zur "Bibel", was SGML betrifft und wird oft auch anstelle der Spezifikation als offizielle Referenz angegeben. Als Programme und Tools zur Erstellung von eigenen Sprachen auf Basis von SGML erschwinglich wurden, drang SGML in neue Branchen vor und eine Anzahl von Auszeichnungssprachen wurden definiert. Besonders im Printbereich faßte SGML schnell Fuß. Auch die Wissenschaft erkannte die Vorzüge einer Sprache, die es ermöglicht, wissenschaftliche Konstrukte exakt zu beschreiben.

Um eine eigene Sprache zu entwickeln, muß man eine *Document Type Definition (DTD)* schreiben. In dieser werden die zu verwendenden *Elemente* festgelegt. Elemente bestehen dabei, in aller Regel, aus *"Starttag"*+*"dem Inhalt"*+*"Endtag"* z.B. <str_name> Ehlersstraße </str_name>. Des weiteren werden in der DTD Regeln definiert, die das Vorkommen der Elemente innerhalb anderer Elemente (Struktur) vorschreiben.

Das Definieren eigener Elemente und Regeln ermöglicht es, *strukturierte Dokumente* mit *selbstbeschreibenden Tags (descriptive markup)* zu entwickeln. Dies nennt man *"generic coding"*. Das folgende Beispiel soll der Erläuterung der Begriffe *strukturierte Dokumente* und *selbstbeschreibende Tags* dienen. Der Syntax ist an dieser Stelle von sekundärer Bedeutung.

```
So sieht ein Teil einer DTD nach SGML Syntax aus:
<!ELEMENT adresse    - -(name, strasse, ort)>
<!ELEMENT name       - -(#PCDATA)>
<!ELEMENT strasse    - -(str_name, hausnr)>
<!ELEMENT str_name   - -(#PCDATA)>
<!ELEMENT hausnr     - -  (#PCDATA)>
<!ELEMENT ort        - -(#PCDATA)>
```

Quelltext 1.1.a adressen.dtd (in SGML)

Wir können diese DTD nun z.B. adressen.dtd und die darauf basierende Sprache *"Unsere Adressen Markup Language (UAML)"* nennen.

Erstellt man nun ein Dokument, daß konform zu dieser DTD ist, so nennt man dies eine *Instanz* oder ein *Dokument*, das in UAML verfaßt wurde. UAML ist somit eine Anwendung von SGML.

```
Ein UAML Dokument könnte dann wie folgt aussehen:
<adresse>
    <name>Karl Musterman</name>
    <strasse>
        <str_name>Musterweg</str_name>
        <hausnr>13</hausnr>
    </strasse>
    <ort>Friedrichshafen</ort>
</adresse>
```

Quelltext 1.1.b adressen.sgml

Die Tags beschreiben den Inhalt der Elemente und auch deren Vorkommen ist fest definiert (z.B. die hausnr, innerhalb der strasse, innerhalb der adresse, zwischen name und ort). Somit sehen alle UAML Dokumente gleich aus, nur der Inhalt zwischen den Tags kann anders sein.

Schon lange bevor in den 60er Jahren "selbstbeschreibende Tags" (descriptive Markup) und "generic coding" von William Tunnicliffe und parallel dazu von Stanley Rice entwickelt wurden, markierten die Verleger, Autoren und Schriftsetzer Textstücke mit Darstellungs- und Formatierungshinweisen. Dies nennt man *procedural markup* und beinhaltet Bemerkungen wie "bold" oder "16 Punkt Helvetica".

Hier setzt *HTML (Hypertext Markup Language)* an. HTML ist eine Auszeichnungssprache, die auf SGML basiert; also eine SGML Anwendung. Momentan (seit 18. Dezember 1997) ist man bei der DTD "HTML 4.0" angelangt.

Abb. 1.1.a von SGML zu HTML

1.2. Die Bedeutung der Hypertext Markup Language (HTML) und des Internets

HTML ist eine Auszeichnungssprache, um im Internet (mit Hilfe des HyperText Transfer Protocols HTTP) Inhalte zu publizieren. Dazu dienen die in der DTD definierte Tags, die "procedural markup" (<b>, <h1> usw.) beinhalten. Diese Tags spiegeln die Bedürfnisse wieder, unter denen HTML vom *CERN* Ende der 80er Jahre in Genf entwickelt wurde.

Es ging in erster Linie darum, Inhalte darzustellen, diese miteinander zu verknüpfen und all dies möglichst einfach und schnell. Jeder Wissenschaftler (die damalige Zielgruppe und Hauptvertreter im Internet) sollte in dem "neuen" Medium Internet die Möglichkeit haben, seine Ergebnisse selbst und aktuell zu publizieren. Man spricht daher auch von Internetseiten.

Mit der Einführung der simplen HTML Sprache (ca. 70 Tags) um 1990 erfuhr das Internet einen enormen Boom. Mit diesem Boom wuchsen auch die Bedürfnisse an HTML und an das Netz, so daß in 7 Jahren 5 HTML Versionen, unzählige PlugIns und Browser entwickelt wurden und Programmiersprachen zur Unterstützung von HTML zum Einsatz kamen. Doch diese Erweiterungen konzentrierten sich meistens auf die Präsentation der Informationen und auf die Interaktivität des World Wide Web.

Allerdings hat sich auch das Internet (insbesondere das World Wide Web) weiterentwickelt. Die Publikation von wissenschaftlichen Ergebnissen mußte in den Schatten der Kommerzialisierung treten. Das Internet wurde schnell ein Medium der Unterhaltung und seit kurzem auch ein Medium, in dem wichtige Geschäfte abgewickelt werden. So spricht z.B. Ragnar Nilsson, Direktor der Karstadt AG, von 7 Mio DM Umsatz durch das Online-shopping-Angebot my-world (http://www.myworld.de) im Jahr 1998. In seiner Prognose für das Jahr 2002 soll der online-Markt in Deutschland auf ein Gesamtvolumen von 3 Mrd DM für Konsumgüter steigen [ma0898]. Neue-Medien-Leiter Patrick Palombo der Firma Quelle (http://www.quelle.de) rechnet bei 150.000 Zugriffen pro Monat auf deren Webseite mit einen Jahresumsatz von ca. 20 Mio Mark. Auch die Sparkassen-Gruppe erwartet im Jahr 2000 e-commerce Umsätze zwischen 30 und 40 Mrd DM.
HTML kann den Bedürfnissen dieses universellen Netzes nicht mehr lange in der jetzigen inflexiblen und nicht erweiterbaren Form standhalten. Daher ist es Zeit für eine neue Lösung, die vom World Wide Web Consortium (W3C) erarbeitet wurde.

1.3. Das World Wide Web Consortium (W3C)

Das W3C wurde im Oktober 1994 gegründet. Ziel des W3C ist es, das volle Potential des Webs durch die Entwicklung von einheitlichen Protokollen auszuschöpfen, seine Entwicklung zu fördern und die Interoperabilität sicherzustellen. Beim "World Wide Web Consortium" handelt es sich um ein internationales Industrie-Konsortium (aus den Bereichen Hardware, Software, Telekommunikation, Ministerien und Hochschulen), das gemeinsam vom MIT Laboratory for Computer Science (LCS) in den USA, dem National Institute for Research in Computer Science and Control (INRIA) in Frankreich und der Keio University in Japan geführt wird. Das Konsortium bietet folgende Dienstleistungen:

- Informationen über das World Wide Web für Entwickler und Benutzer
- Referenz-Code-Implementationen zur Erarbeitung und Förderung von Standards
- verschiedene prototypische Lösungen und Musteranwendungen, um den Einsatz der neuen Technik zu demonstrieren.

Gegenwärtig sind mehr als 255 Organisationen Mitglieder des Konsortiums. [W3C98c] [W3C98a]

Aufgaben des W3C

Es dient als Plattform um Vorschläge und Entwicklungen einzureichen, um diese nach eingehender Prüfung durch die Mitglieder als Spezifikationen zu veröffentlichen. Die Spezifikationen dienen der Interoperabilität im Web und sind frei zugänglich ohne an Lizenzkosten oder ähnliches gebunden zu sein. Das W3C hat in Entwicklerkreisen den Ruf einer zuverlässigen, anerkannten und soliden Referenz.

Referenzstati

Das Prüfungswesen des W3C sieht folgenden Ablauf für eingereichte Dokumente vor:

- *Draft* - Überprüfungstadium des Arbeitsentwurfes
- *Proposed Recommendation* - vorgeschlagene Empfehlung
- *Recommendation* – Empfehlung. Erst der Status der Empfehlung bedeutet eine stabile Spezifikation und wird auch als Standard referenziert.

Zusätzlich liegen auf den www-Seiten des W3C (http://www.w3.org), Veröffentlichungen, die zu Informations- und Diskussionszwecken publiziert werden, aber nicht vom W3C überprüft werden. Sie werden in folgende zwei Klassen unterteilt.

- *Notes*/Anmerkungen: Das Konsortium veröffentlicht Informationen, Ideen und Anmerkungen von Mitgliedern, von der Öffentlichkeit oder vom W3C selbst als Notes.
- *Submissions*/Übermittlungen an das W3C. Alle bestätigten Übermittlungen von Konsortiummitgliedern an das W3C werden der Öffentlichkeit zur Einsicht zur Verfügung gestellt. Submissions werden vom W3C nicht bearbeitet sondern lediglich publiziert. Bei Submissions gilt es, die Rechte des geistigen Eigentums zu beachten! [W3Cb]

1.4. XML

1.4.1. Einordnen von XML

Definition 1 (nach Spezifikation)

"Die Extensible Markup Language, abgekürzt XML, beschreibt eine Klasse von Datenobjekten, genannt XML-Dokumente, und beschreibt teilweise das Verhalten von Computer-Programmen, die solche Dokumente verarbeiten. XML ist ein Anwendungsprofil (application profile) oder eine eingeschränkte Form von SGML, der Standard Generalized Markup Language [ISO 8879]. Durch ihre Konstruktion sind XML-Dokumente konforme SGML-Dokumente." [spec-de98]

Die Definition in der Spezifikation, die als Standard (Recommendation, Empfehlung) am 10. Februar 1998 verabschiedet wurde, sagt aus, daß XML eine Teilmenge von SGML ist. Somit ist XML, genau wie SGML, eine Metasprache oder ein Framework, um andere Auszeichnungssprachen zu erstellen. Es wird in der Literatur auch als "SGML-light" oder "web-SGML" bezeichnet. Falsch ist es, XML als das neue HTML (wie in vielen Zeitschriften geschehen) zu bezeichnen. HTML ist nur eine Anwendung, die auf SGML basiert. XML hingegen ist eine Teilmenge von SGML, auf der bereits ebenfalls mehrere Anwendungen basieren, wie zum Beispiel das Channel Definition Format (CDF), die Open Financial Exchange Language (OFX) und die Vektor Markup Language (VML).

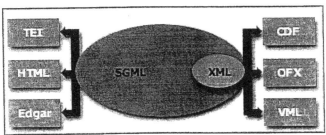

Abb. 1.4.1.a XML und SGML Metasprachen zur Erstellung von Auszeichnungssprachen

Definition 2 (nach Neil Bradley "XML Companion")

"XML is concerned with describing the content of documents that are stored in electronic format, in a form that is accessible to both people and computer software. An XML format data file contains a mixture of document text and XML markup, which organises and identifies the components of a document."[Bra98]

Was die erste Definition mit den Worten "eingeschränkte Form von SGML" beinhaltet, beschreibt Neil Bradley ausführlicher und bringt dabei auch gleich die Kernpunkte zur Sprache.
- XML beschreibt und strukturiert (organisiert und identifiziert) den Inhalt von elektronischen Dokumenten.
- XML Dokumente sind sowohl für Mensch als auch für die Maschine lesbar, verständlich und zugänglich.

1.4.2. Verhältnis von XML zu HTML und SGML

Das Ziel, aus der Zusammenfassung des W3C
"Das Ziel ist es, zu ermöglichen, *generic* SGML in der Weise über das Web auszuliefern, zu empfangen und zu verarbeiten, wie es jetzt mit HTML möglich ist. XML wurde entworfen, um eine einfache Implementierung und Zusammenarbeit sowohl mit SGML als auch mit HTML zu gewähren." [spec-de98]

Hier wird auch der Ausdruck "web-SGML" klar. SGML, mit seiner Vielzahl von Regeln und Ausnahmeregeln und der Gebundenheit von jedem Dokument an die eine oder andere DTD, war zu komplex um SGML-Dokumente im Web einheitlich auszuliefern und clientseitig bereitzustellen (z.B. darzustellen). Somit ist das primäre Ziel von XML nach der Spezifikation
*   SGML kompatibel zu sein (mit generic SGML Daten umgehen zu können),
*   genauso leicht erstellbar zu sein wie HTML und
*   HTTP als Transport Protokoll nutzen zu können.
In wieweit XML in kürzester Zeit ein innovatives Eigenleben entwickelt hat, soll im Kapitel 3 Evaluierung der Einsatzgebiete aufgezeigt werden.

1.4.3. Vom Datenobjekt zum wohlgeformten XML-Dokument

"Ein Datenobjekt ist ein XML-Dokument, wenn es im Sinne der Spezifikation
wohlgeformt (well-formed) ist. Ein wohlgeformtes Dokument kann darüber hinaus
gültig (valid) sein, sofern es bestimmten weiteren Einschränkungen genügt"[spec-
de98].

Die Wohlgeformtheitsbeschränkung ist der kleinste gemeinsame Nenner aller
XML-Dokumente. SGML-Dokumente haben keinen gemeinsamen Nenner, was ein
Grund der "web-untauglich" war. Nach den "document" Produktionsregeln der
Spezifikation [spec-de98] muß ein wohlgeformtes Dokument folgende Merkmale
besitzen.

- Ein wohlgeformtes Dokument enthält ein oder mehrere Elemente.
- Es existiert genau ein Element, genannt *"Wurzel-"* oder *"Dokument Ele-
ment"* (das erste Element).
- Für alle andere Elemente gilt: Wenn das Start-Tag im Inhalt eines anderen
Elements ist, dann ist auch das End-Tag darin enthalten. D.h. alle Elemente
müssen korrekt ineinander verschachtelt sein.

Die Überprüfung eines Datenobjektes auf die Wohlgeformtheitsbeschränkung übernimmt ein sogenannter *"non-validating Parser"*.

Ein nicht wohlgeformtes Datenobjekt könnte so aussehen.

```
<name>Karl Musterman</name>
<strasse>
    <str_name>Musterweg
    <hausnr>13</hausnr>
</strasse>
<ort>Friedrichshafen</ort>
```

Es gibt 3 Wurzelele-
mente und das
<str_name> Tag wird
nicht geschlossen.

Quelltext 1.4.3.a adressen.txt

Das gleiche Beispiel als **wohlgeformtes XML-Dokument.**

```
<adresse>
    <name>Karl Musterman</name>
    <strasse>
        <str_name>Musterweg</str_name>
        <hausnr>13</hausnr>
    </strasse>
    <ort>Friedrichshafen</ort>
</adresse>
```

Es gibt ein Wurzele-
lement mit dem Namen
"adresse" und alle ande-
ren Elemente sind korrekt
ineinander verschachtelt.

Quelltext 1.4.3.b adressen.xml

1.4.4. XML-Dokumente

"Jedes XML-Dokument hat sowohl eine 'logische' als auch eine 'physikalische' Struktur'. Physikalisch besteht das Dokument aus einer Reihe von Einheiten, genannt Entities. Ein Entity kann auf andere Entities verweisen, um sie in das Dokument einzubinden. Jedes Dokument beginnt mit einer 'Wurzel-' oder 'Dokument-Entity'. Aus logischer Sicht besteht das Dokument aus Deklarationen, Elementen, Kommentaren, Zeichenreferenzen und processing Intructions, die innerhalb des Dokuments durch explizites Markup ausgezeichnet sind. Logische und physikalische Strukturen müssen korrekt verschachtelt sein, wie bereits unter wohlgeformte XML-Dokumente erläutert." [spec-de98].

Dieser Absatz der Definition beschreibt vollständig, aus was XML-Dokumente bestehen können und welche Struktur sie besitzen können. Die physikalische Struktur (mit ihren Entities) und die logische Struktur (die sich aus dem Aufbau von Schlüsselwörtern der Deklarationen, Elementen, Kommentaren, Zeichenreferenzen und Processing Instructions ergibt) werden im Evaluierungsteil analysiert.

1.4.5. Die Document Type Definition (DTD)

Vorweg sei hier erwähnt, daß DTD's für XML (im Gegensatz zu SGML) optional vorgesehen sind und somit wohlgeformte Dokumente, die sich auf keine DTD beziehen, in verschiedenen Bereichen (besonders im Web) zum Einsatz kommen werden. Man kann ein XML-Dokument auch ohne DTD erstellen und ereicht somit nur den Grad der wohlgeformten XML-Dokumente. Dies wird deutlicher im Evaluierungsteil unter den Punkten 2.1. und 2.5. .

Definition und Beschreibung

Die Dokument-Typ-Definition ist eine formale Grammatik, die eine bestimmte XML-Sprache definiert. Diese Grammatik beschreibt die logischen Elemente und den strukturellen Aufbau einer Klasse von gültigen Dokumenten, genannt Dokumenttyp. Dies bedeutet, in ihr werden Elemente definiert und Regeln, wie diese Elemente ineinander geschachtelt sein dürfen (Inhaltsmodell). Die DTD definiert also eine neue Auszeichnungssprache anhand dieser Dokumente bzw. Instanzen erstellt werden können.

Ein XML-Dokument kann eine DTD direkt beinhalten (*interne DTD*) oder aber auf eine oder mehrere DTD's verweisen. Die DTD kann dabei sowohl auf dem selben Rechner liegen oder aber auf einem im Netz erreichbaren Rechner.

Eine DTD ist die zentrale Einheit, das Herz eines mehrschichtigen *XML-Systems*, da es die Datenstruktur des Systems definiert. Bezogen auf objektorientierte Sprachen entspricht die DTD der Klasse.

Erstellt man eine DTD und speichert sie extern als adressen.dtd, so kann man z.B. die dadurch entstandene Auszeichnungssprache wieder genau wie bei SGML "Unsere Adressen Markup Language (UAML)"nennen. Der Syntax der XML-DTD unterscheidet sich hierbei durch die fehlenden Striche "- -" gegenüber der SGML-DTD.

```
DTD nach XML-Syntax
<!ELEMENT adresse   (name, strasse, ort)>
<!ELEMENT name      (#PCDATA)>
<!ELEMENT strasse   (str_name, hausnr)>
<!ELEMENT str_name  (#PCDATA)>
<!ELEMENT hausnr    (#PCDATA)>
<!ELEMENT ort       (#PCDATA)>
```

Quelltext 1.4.5.a adressen.dtd (in XML)

1.4.6. Gültige Dokumente

Anhand der DTD kann nun ein *"validating Parser"* (der einen non-validating Parser beinhalten muß) eine Dokumentinstanz aufgrund der DTD durchgehen und prüfen, ob das Dokument syntaktische Fehler aufweist. Diesen Vorgang nennt man validieren. Ist das Dokument fehlerfrei spricht man von einem gültigen Dokument *"valid document"*. Diesem Dokument wird oft als Dateiendung das Akronym der Auszeichnungssprache (die durch die DTD definiert wurde) zugeordnet. In unserem Beispiel heißt das: Entspricht ein XML-Dokument den Regeln unsere UAML-DTD, so ist dieses Dokument ein "UAML-Dokument".

Um unser Source 4 adressen.xml Dokument mit der Source 5 adressen.dtd auf Gültigkeit zu überprüfen, muß man eine Referenz auf die DTD, mit dem gleichen Namen wie das Wurzelelement, in das XML-Dokument einbinden. Dadurch weiß der "validating Parser" (der in der Anwendung z.B. in einem Browser implementiert ist), auf welche DTD hin er dieses Dokument überprüfen soll.

```
<?xml version="1.0"?>
<!DOCTYPE adresse SYSTEM "adressen.dtd">
<adresse>
<name>Karl Musterman</name>
  <strasse>
    <str_name>Musterweg</str_name>
      <hausnr>13</hausnr>
  </strasse>
  <ort>Friedrichshafen</ort>
</adresse>
```

<? xml version =1.0"?> signalisiert der Anwendung ein XML-Dokument

Quelltext 1.4.6.a adressen.uaml oder mustermann.uaml

1.5. Document Object Model (DOM)

Am 1. Oktober 1998 wurde die "Document Object Model Level 1" Spezifikation als eine W3C-Empfehlung herausgegeben. Die Spezifikation beschreibt eine Standard-API (Applications Programming Interface) zur Handhabung von Dokumenten und Daten durch eine Programmiersprache (wie zum Beispiel Java oder ECMA-Script).

Entworfen und entwickelt durch die "W3C Document Object Model (DOM) Working Group", definiert diese Spezifikation die Grundlage einer plattform- und sprachneutralen Schnittstelle, um dynamisch auf den Inhalt und die Struktur eines Dokumentes zuzugreifen und sie zu verändern. Das DOM Level 1 spezifiziert einen Standardsatz an *Objekten* (z.B. Objekt "Node"), um HTML- oder XML-Dokumente oder -Daten zu repräsentieren. Zusätzlich beinhaltet es ein Standardmodell, wie diese Objekte verknüpft werden können und eine Standardschnittstelle für Zugriff und Veränderung [W3C98g]

```
eine Standardschnittstelle zum Einfügen eines neuen Nodeobjekts:
insertNode(Node,Node)
```

Quelltext 1.5.a Beispiel Interface nach DOM Spezifikation

Zukunft des DOM

Das W3C hat bereits begonnen, über künftige Levels des Document Object Model zu diskutieren. Diese Levels werden zusätzliche Funktionalität bereitstellen, wie die Möglichkeit auf das Style Sheet und die Struktur eines Dokuments zuzugreifen und sie zu verändern.

Akzeptanz

Um einen anerkannten Standard zu verabschieden, setzte sich die "W3C Document Object Model (DOM) Working Group" aus Vertretern der "relevanten Industrie" zusammen. Folgende Schlüsselfirmen haben dabei ihre Expertise in der W3C DOM Working Group eingebracht: ArborText, IBM, iMall, INSO, JavaSoft, Microsoft, Netscape, Novell, Object Management Group, SoftQuad, Inc., Sun, Texcel.

Diplomarbeit Dietmar Dold und Daniel Holdenried

1.6. eXtensible Linking Language (XLL)

Die XML-Spezifikation hält nur Hyperlinks (Verweise) innerhalb eines Dokumentes von einer Stelle auf eine andere Stelle bereit (wie bei HTML-Anker). Schon von HTML ist man gewohnt von einer HTML-Seite auf eine andere zu springen. Hier setzt die eXtensible Linking Language (XLL) an und führt noch viel weiter.

XLL ist in der ursprünglichen Form (als Working Draft von Juli 1997) nicht mehr existent. Trotzdem spricht man weiterhin von XLL (als umfassendes Schlagwort), obwohl sich XLL seit 3.März 1998 in 3 Teile gesplittet hat
1. XLink (beschreibt Linkmechanismen) [W3C98d]
2. XPointer (beschreibt das Adressierungsschema) [W3C98e]
3. Design Principles Note (Entwurfschema) [W3C98f]

XLink und XPointer ergänzen die XML-Spezifikation und ermöglichen es somit XML Dokumente zu verknüpfen, Hyperlinks zu erstellen, zu pflegen und zu verwalten. Hierbei sind eine Vielzahl neuer Funktionalitäten (bei der Einbindung, als auch bei der Auswahlmöglichkeit) und Linkmechanismen hinzugekommen. Pate dabei standen die komplexen Linkmechanismen von *HyTime* und die Adressierung von *TEI* (Text Encoding Initiative), die das Verknüpfen von SGML-Dokumenten ermöglichen.
Aufgrund der Verwandschaft zu HyTime unterliegt XLL ebenfalls dem ISO/IEC Standard von HyTime.
Auf die Vorzüge, welche die Drafts bereithalten, wird im Evaluierungsteil unter 2.2. genauer eingegangen.

Abb. 1.6.a XLL Standard

1.7. eXtensible Style Language (XSL)

XSL steht für eXtensible Style Language und basiert momentan auf dem Working Draft vom 18. August 1998. Bei der Erstellung von XML-Dokumenten steht im Vordergrund den Inhalt strukturiert auszuzeichnen ohne auf die spätere Präsentation Rücksicht zu nehmen. Daher ist XSL notwendig um die Inhalte der XML-Dokumente in jeglicher Form (PDF, RTF, usw.) ausgeben zu können, und auf beliebige Ausgabemedien (Bildschirm, Papier) darzustellen. Das W3C setzt hierbei auf eine Mischung aus den einfacheren Cascading Stylesheets (CSS), die es bereits ermöglichen konsistente HTML-Seiten zu erstellen, und der komplexen *Document Style Semantics and Specification Language* (DSSSL),die SGML-Dokumente für Darstellungszwecke verarbeitet. XSL ist zu CSS1 kompatibel, jedoch wurde die Komplexität von DSSSL vereinfacht.

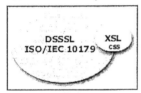

Abb. 1.7 a XSL Standard

XSL-Dokument

Das eXtensible Stylesheet wird extern gespeichert und durch eine Referenz innerhalb des XML-Dokumentes aufgerufen. Das XSL-Dokument ist ebenfalls den Wohlgeformtheitsbeschränkungen unterworfen und wird somit als *XSL-Dokument* bezeichnet. Es hält eine Liste von *Prozessoranweisungen* (in Form von Schlüsselwörtern) bereit. Ein XSL-Prozessor kann nach den Regeln des XSL-Dokumentes das zugehörige XML Dokument verarbeiten und innerhalb einer Anwendung (z.B. Browser) zur Darstellung bringen.

1.8. Parser und Prozessoren

Definition nach XML-Recommendation
"Ein Software-Modul, genannt XML-Prozessor, dient dazu, XML-Dokumente zu lesen und den Zugriff auf den Inhalt und ihre Struktur zu erlauben. Es wird angenommen, daß ein XML-Prozessor seine Arbeit als Teil eines anderen Moduls, genannt Anwendung, erledigt." [spec-de98]

Ein Parser ist ein Prozessor (oder ein Teil eines Prozessors), der den Inhalt eines Dokumentes auf syntaktische und falls möglich auch auf logische Fehler überprüft. Der primäre Einsatz von Parsern sieht die Hilfe und die Kontrolle beim Erstellen und Editieren von XML-Dokumenten vor. Er kann ebenfalls der Kontrolle des Dokuments an verschiedenen Ebenen einer System- bzw. Anwendungsarchitektur dienen. Ein Parser hält das Dokument in Form des Dokumentenbaumes im Speicher einer Anwendung (z.B. Browser) bereit.

Parsertypen
Bei XML muß man zwischen den verschiedenen Parsern unterscheiden. Bisher sind non-validating, validating und XSL-Parser verfügbar. XLL-Parser sollen entwickelt werden, sobald die bisherigen Drafts als Recommendation verabschiedet werden.

non-validating Parser
Ein non-validating Parser überprüft ein XML-Dokument auf seine Wohlgeformtheit. Die Wohlgeformtheitsregeln müssen in dem Parser implementiert sein. Ein typischer Vertreter ist der java-basierte Parser von David Megginson (Microstar Corporation) namens "AElfred".

validating Parser
Basiert auf einem non-validating Parser mit der zusätzlichen Möglichkeit das XML-Dokument mit den Regeln der Document Type Definition(DTD) zu vergleichen und somit aus einem wohlgeformten XML-Dokument ein gültiges Dokument zu machen. Als typischer Vertreter sei hier "msxml" von Microsoft erwähnt.

XSL-Prozessor
Der XSL-Prozessor ist ein Programm, welches die XML – Dokumente entsprechend den Verarbeitungsanweisungen in dem zugehörigen Stylesheet formatiert. Dabei geht der XSL-Prozessor Element für Element durch die XML-Quelle, wobei er für jedes Element im Stylesheet nachschaut, ob es hierfür eine Verarbeitungsregel gibt. Aus dieser Vorgehensweise ergibt sich ein rekursiver Prozeß, innerhalb dessen das neue Dokument generiert wird. Ein XSL-Prozessor ist somit in der Lage, aus wenigen Konstruktionsregeln ein komplexes Ausgabeformat zu generieren.

XLL-Prozessor
Aufgrund des Entwicklungsstadium von XLL sind zwar noch keine Prozessoren verfügbar, aber der sinnvolle Einsatz wird serverseitig gesehen, um die Netzlast gering zu halten. Somit werden die Links innerhalb XML-Dokumente und/oder innerhalb einer externen Linkliste überprüft. Das heißt der Syntax und die Verfügbarkeit der Links wird überprüft ("broken–link check"). Dabei verfolgt der Prozessor die Links so weit, wie es in einem Step-Attribut ihm vorgegeben wurde und liefert eine Statusmeldung zurück, ob alle Links verfügbar sind. Ist dies der Fall, so kann das Dokument in der Form über das Netz ausgeliefert werden.

1.9. Zusammenspiel der einzelnen Bausteine

Zusammenspiel im Internet Explorer 5 Beta 2

Das Wissen der bisher beschriebenen Bausteine ist grundlegend, um die unterschiedlichen Aufgabenbereiche zu erkennen und getrennt behandeln zu können. Wie und wann welche Komponente zum Tragen kommt, soll hier exemplarisch, anhand der heutigen Möglichkeiten mit dem Internet Explorer 5 Beta 2 (IE5b2) veranschaulicht werden.

Als wichtigster Teil im gesamten Prozess eines *XML-Systems* ist der Parser zu nennen. Parser sind z.B. clientseitig in Browsern implementiert und überprüfen dort die Dokumente auf ihre Wohlgeformtheit, Gültigkeit und auf das Vorhandensein der benötigten XML-Teile (DTD,XSL-Dokument). Er hält ebenfalls das Dokument der Anwendung (die ihn beinhaltet) zur weiteren Bearbeitung bereit.

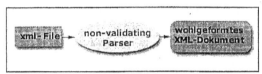

Abb. 1.9.a Parsen wohlgeformter XML-Dokumente

Erhält der IE5b2 eine Datei mit der Endung ".xml" so parsed er dieses Dokument und stellt das wohlgeformte Dokument als Text (inklusive Tags) dar.

Benötigt man gültige Dokumente, so kann man sein Dokument um eine interne DTD erweitern, und dieses Dokument mit einem validating Parser überprüfen lassen.

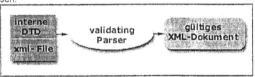

Abb. 1.9.b Interne DTD

Erhält der IE5b2 eine Datei mit der Endung ".xml" und dieses Dokument beinhaltet eine DTD, so parsed er dieses Dokument auf die DTD und stellt das gültige Dokument als Text dar.

Im Hinblick auf den globalen Datentransfer und XML als universelles Datenaustauschformat treten jedoch interne DTDs in den Hintergrund. Daher wird im Dokument eine Referenz auf die entsprechende externe DTD gelegt.

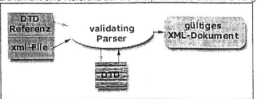

Abb.1.9.c Externe DTD

Erhält der IE5b2 eine Datei mit der Endung ".xml" und dieses Dokument beinhaltet eine Referenz (grauer Pfeil) auf eine externe DTD, so parsed er dieses Dokument auf die DTD und stellt das gültige Dokument als Text dar.

Der IE5b2 beinhaltet des weiteren ein XSL-Prozessor, der es ermöglicht, mit Hilfe der Regeln im XSL-Dokument, XML-Dokumente darzustellen und wie HTML Seiten erscheinen zu lassen. Dem XSL Prozessor ist es dabei egal, ob es sich bei dem XML-Dokument um ein gültiges oder nur um ein wohlgeformtes Dokument handelt.

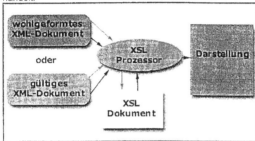

Abb.1.9.d Darstellung

Erhält der IE5b2 ein wohlgeformtes oder ein gültiges XML-Dokument, welches eine Referenz auf ein XSL-Datei(grauen Pfeile) beinhaltet, so lädt der Browser das Dokument und errechnet (rendert) daraufhin die Darstellung des XML-Files.

Abgesehen von den Links, die bereits unter HTML Unterstützung finden, sind in dem Browser noch keine Links der XLL-Drafts implementiert.

Zukünftige Browser
"Although no such beast exists at his time, future web browsers will be able to download XML, create richly formatted renderings with XSL, and manipulate the rich hypertext created with XLink" [DDJ12/98]

Standards
Alle Komponenten basieren auf bisherigen Standards (bzw. sind eine Teilmenge von dieser). Dies erlaubt die Schlußfolgerung, daß die XML Komponenten ebenfalls standardisiert sind.

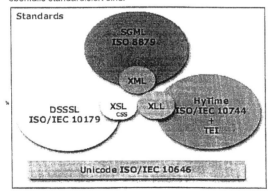

Abb. 1.9.e Standards

2. Evaluierung der technischen Möglichkeiten

2.1. XML Analyse

2.1.1. Dokument Analyse

Wenn man sich mit der eXtensible Markup Language (XML) auseinandersetzt, so beschäftigt man sich mit Dokumenten. Der Begriff Dokument ist im allgemeinen Sprachgebrauch weit gedehnt. Aus diesem Grund soll an dieser Stelle das Bewußtsein für Dokumente geweckt werden, um somit die Notwendigkeit von XML-Dokumente als Schnittstelle (Interface) zwischen Mensch und Computer zu verdeutlichen.

Dokumentkomponenten

Dokumente, die von und für Menschen erstellt wurden, bestehen aus drei Komponenten: den Daten (Inhalt, Information), der Struktur und der Präsentation (Präsentationsmedium, Schriftart, Hervorhebungen, etc.). [Gra98]

Dies soll an einem Beispiel genauer untersucht werden. Als sehr kurzes Dokument bietet sich hier eine Adresse an. Eine Adresse erkennen wir Menschen, indem wir das vorliegende Dokument mit einem erlernten "Schema" im Kopf vergleichen (verifizieren). Bewiesen wurde uns diese These während Präsentationen, die wir über das Thema XML hielten. So stellten wir, ohne vorher unser Ziel oder Thema genauer zu erläutern, die Frage ans Publikum, was das Dargestellte sei, bzw. worum es sich hierbei handle.

A. Lee
S-Weg 2

99999 Gern

Quelltext 2.1.1.a Adresse

Die Antwort war immer prompt, "eine Adresse". Die Ursache dieser Antwort liegt in einer der drei Dokumentkomponenten.

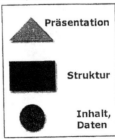

Abb. 2.1.1.a Dokumentkomponenten

Daten

Die Daten stellen den Informationsgehalt des Dokuments direkt dar. Daten sind beispielsweise Text, Bilder, multimediale Bestandteile wie Klänge, Videosequenzen usw. Daten haben für sich betrachtet noch keine Formatierung oder Struktur mit der sie dargestellt werden.
Die Daten unseres Beispieldokumentes sind:

```
A.LeeS-Weg299999Gern
```

Quelltext 2.1.1.b Daten der Adresse

Die Daten beinhalten bekannte Ausdrücke (z.B. ...Weg...), die allerdings ohne Struktur meist schwer zu erkennen sind.

Struktur

Die Struktur reflektiert den Dokumententyp und somit das "Schema", das wir im Kopf haben. Die Struktur ermöglicht uns, die Daten zu erfassen, zu benennen, zu sortieren, zu vergleichen und in die Strukturelemente zu zerlegen. Jegliche Art der Verarbeitung und Weiterverarbeitung, die oft unterbewußt in unserem Gehirn passiert, basiert auf der Struktur.
Das strukturierte Dokument sieht dann wie folgt aus:

```
A. Lee       <- Strukturelement Name
S-Weg 2      <- Strukturelement Strasse
99999 Gern   <- Strukturelement Ort
```

Quelltext 2.1.1.c Zerlegung in die Struktur der Adresse

Dies könnte man genauer zerlegen in

```
A.          Vorname
Lee         Nachname
S-Weg       Strasse
2           Hausnummer
99999       Postleitzahl
Gern        Ort
```

Quelltext 2.1.1.d feine Zerlegung in die Struktur der Adresse

Die Struktur ist dafür verantwortlich, daß wir Menschen die Daten erfassen und einordnen können.

Präsentation

Die Präsentation, die auch immer vom Präsentationsmedium abhängt, ist die letzte der Komponenten aus denen sich Dokumente zusammensetzen.
Sie erfüllt vor allem den Zweck, die Struktur zu verdeutlichen und dadurch die Datenerfassung zu beschleunigen. So dient die Formatierung, als Teil der Präsentationskomponente dazu, daß der Mensch die Struktur schneller erfaßt. Die Formatierung bedient sich der verschiedensten Mittel, um die einzelnen Strukturelemente eines Dokuments hervorzuheben und/oder gegeneinander abzugrenzen:

- Wechsel der Schriftart (Hervorhebung im Fettdruck)
- Absatz (Einrückung, Abstände, Wechsel von Block- zu Flattersatz)
- Besondere Seitenposition (Fußnote)
- Grafische Elemente (Trennlinien in Tabellen)

Unser Beispiel sieht, nachdem die Formatierung richtig eingebracht wurde, so aus:

```
A. Lee
S-Weg 2
```

99999 Gern

Quelltext 2.1.1.e Adresse mit allen Dokumentkomponenten

Würde die Präsentation nur dem Zweck der Verdeutlichung der Struktur dienen, so hätte diese viel beachtete Komponente nicht einen so hohen Stellenwert in vielen Bereichen unserer heutigen Gesellschaft.

Die Präsentation besitzt die Macht, Menschen auf emotionaler Ebene zu beeinflussen und Stimmungen zu erzeugen. Aus diesem Grund wurde seit jeher viel Wert auf die Präsentation gelegt. Von den alten Dokumenten mit ihren bunt bemalten, großen, ersten Buchstaben bis zu den heutigen Datenformaten elektronischer Dokumente nimmt die Präsentation einen "enormen Platz" ein.

Elektronische Dokumente

Der "enorme Platz", den die Präsentation bei elektronischen Dokumenten einnimmt läßt sich am besten verdeutlichen, wenn man die Beispieladresse unter MsWord im Rich Text Format (RTF) abspeichert. Dies stellt sich dann wie folgt dar:

```
{\rtf1\ansi\ansicpg1252\uc1
\deff0\deflang1033\deflangfe1031{\fonttbl{\f0\froman\fcharset0\fprq2
{\*\panose  0202060305040502030 4}Times    New     Ro-
man;}{\f15\fswiss\fcharset0\fprq2{\*\panose
020b0604030504040204}Verdana;}
{\f37\froman\fcharset238\fprq2        Times    New     Roman
CE;}{\f38\froman\fcharset204\fprq2        Times    New     Roman
Cyr;}{\f40\froman\fcharset161\fprq2        Times    New     Roman
Greek;}{\f41\froman\fcharset162\fprq2 Times New Roman Tur;}
{\f42\froman\fcharset186\fprq2        Times    New     Roman    Bal-
tic;}}{\colortbl;\red0\green0\blue0;\red0\green0\blue255;\red0\green
255\blue255;\red0\green255\blue0;\red255\green0\blue255;\red255\
green0\blue0;\red255\green255\blue0;\red255\green255\blue255;
\red0\green0\blue128;\red0\green128\blue128;\red0\green128\blue0
;\red128\green0\blue128;\red128\green0\blue0;\red128\green128\bl
ue0;\red128\green128\blue128;\red192\green192\blue192;}{\stylesh
eet{\nowidctlpar\widctlpar\adjustright \fs20\lang1031\cgrid
\snext0                Normal;}{\s2\sb480\sa240\sl-
240\slmult0\keepn\pagebb\nowidctlpar\widctlpar\adjustright
\b\f15\fs28\lang1031\cgrid  \sbasedon0 \snext0 heading 2;}{\*\cs10
\additive      Default      Paragraph       Font;}{\s15\sl-
240\slmult0\nowidctlpar\widctlpar\brdrt
\brdrsh\brdrs\brdrw20\brsp20      \brdrl\brdrsh\brdrs\brdrw20\brsp80
\brdrb\brdrsh\brdrs\brdrw20\brsp20
\brdrr\brdrsh\brdrs\brdrw20\brsp80
\tqdec\tx284\tqdec\tx567\tqdec\tx851\tqdec\tx1134\tqdec\tx1418\tqd
ec\tx1701\tqdec\tx1985\tqdec\tx2268\tx2552\adjustright

\shading1250\cbpat8     \f15\fs20\expnd4\expndtw20\lang1031\cgrid
\sbasedon0   \snext15   Body    Text;}}{\info{\title   A}{\author
*dold}{\operator
dold}{\creatim\yr1999\mo1\dy23\hr14}{\revtim\yr1999\mo1\dy23\hr1
4}{\version1}{\edmins0}{\nofpages1}{\nofwords0}
{\nofchars0}{\*\company                           neuro-
tec}{\nofcharsws0}{\vern73}}\paperw11906\paperh16838\margl1417\
margr1417\margt1417\margb1134
\deftab708\widowctrl\ftnbj\aenddoc\hyphhotz425\formshade\viewkin
d1\viewscale120\pgbrdrhead\pgbrdrfoot \fet0\sectd
\linex0\headery709\footery709\colsx709\endnhere\sectdefaultcl
{\*\pnseclvl1\pnucrm\pnstart1\pnindent720\pnhang{\pntxta
.}}{\*\pnseclvl2\pnucltr\pnstart1\pnindent720\pnhang{\pntxta
```

```
}}{\*\pnseclvl3\pndec\pnstart1\pnindent720\pnhang{\pntxta
}}{\*\pnseclvl4

\pnlcltr\pnstart1\pnindent720\pnhang{\pntxta
)}}{\*\pnseclvl5\pndec\pnstart1\pnindent720\pnhang{\pntxtb
(}{\pntxta
)}}{\*\pnseclvl6\pnlcltr\pnstart1\pnindent720\pnhang{\pntxtb
(}{\pntxta
)}}{\*\pnseclvl7\pnlcrm\pnstart1\pnindent720\pnhang{\pntxtb (}
{\pntxta )}}{\*\pnseclvl8\pnlcltr\pnstart1\pnindent720\pnhang{\pntxtb
(}{\pntxta
)}}{\*\pnseclvl9\pnlcrm\pnstart1\pnindent720\pnhang{\pntxtb
(}{\pntxta                )}}\pard\plain                \s15\sl-
240\slmult0\nowidctlpar\widctlpar\brdrt\brdrsh\brdrs\brdrw20\brsp20
\brdrl
\brdrsh\brdrs\brdrw20\brsp80      \brdrb\brdrsh\brdrs\brdrw20\brsp20
\brdrr\brdrsh\brdrs\brdrw20\brsp80
\tqdec\tx284\tqdec\tx567\tqdec\tx851\tqdec\tx1134\tqdec\tx1418\tqd
ec\tx1701\tqdec\tx1985\tqdec\tx2268\tx2552\adjustright
\shading1250\cbpat8
\f15\fs20\expnd4\expndtw20\lang1031\cgrid {A. Lee
\par S-Weg 2
\par
\par }{\b 99999 Gern}{\b
\par }}
```

Quelltext 2.1.1.f rtf-Format

Dieses Dokument besitzt die Struktur des Rich Text Formates und wird innerhalb der Anwendung MsWord für den Menschen umstrukturiert und formatiert.

Allerdings besitzt diese Art von Dokumenten neben der Unleserlichkeit für den Anwender auch den großen Nachteil, daß die eigentlichen Daten zwar von Word dargestellt werden können, aber kaum ein anderes Programm die Daten für eine Weiterverarbeitung extrahieren kann.

Hinzu kommt, daß die Präsentations- bzw. Darstellungsinformationen oftmals auf ein Präsentationsmedium abgestimmt sind, was die Anforderung an eine Weiterverarbeitung z.B. für ein anderes Präsentationsmedium oftmals verhindert.

Somit kommt man zu der Feststellung, daß die Vorteile der Präsentationskomponente eines Dokuments den Menschen dienen und für Computer in vielerlei Hinsicht eine Hürde darstellen.

Dokumente ohne Präsentationskomponente

Trennt man die Präsentationskomponente von den zwei anderen Dokumentkomponenten, so ergeben sich rein "sachliche" Dokumente. Folgende Auswirkungen der Präsentationskomponente auf den Menschen entfallen.

- Die Dokumente haben keine emotionale Schicht- bzw. Stimmungskomponente.
- Die Wahrnehmung der Daten nur über die Struktur, ohne den Zusatz der Aufbereitung durch die Präsentationskomponente, dauert länger und bedarf gründlicherem Lesen (kein Überfliegen oder selektives Lesen möglich).

Übrig bleiben strukturierte Daten, welche die folgenden Eigenschaften besitzen:

- medienunabhängig:
  Man erkennt eine Adresse auf einem Briefumschlag ebenso wie bei einer Powerpoint-Präsentation. Das später verwendete Ausgabemedium hat keinen Einfluß auf die Erstellung der Dokumente
- darstellungsunabhängig - keine Präsentationskomponente
- sprachunabhängig:
  kennt man das Schema (struktureller Aufbau) z.B. einer amerikanischen

Adresse, so weiß man diese einzuordnen, auch wenn man die Sprache
nicht beherrscht

- frei (firmenunabhängig):
  es ist unvorstellbar, daß jemand das alleinige Recht auf das "Schema"
  Adresse besitzt und man bei jeder Verwendung in irgend einer Form dafür
  zahlen müßte
- beliebig erweiterbar:
  Anrede, Land, Kategorie (geschäftlich/privat) sind beispielsweise Erweiterungen, die man beliebig der Adresse hinzufügen kann
- portabel:
  Man kann die Adresse seinem Nachbar erzählen und dieser versteht sie.

Nun sei zu untersuchen, wozu der Mensch im Stande ist, wenn ein Dokument
nur aus sachlichen, strukturierten Daten besteht. Strukturierte Daten alleine ermöglichen jede Art der "Verarbeitung" der Daten im Gehirn, wenn sie einem bekannten "Schema" zuzuordnen sind oder in einem bekannten Kontext stehen. Ein
paar wesentliche Vorgänge bei der Dokumentverarbeitung durch das menschliche
Gehirn sollen hier aufgezeigt werden. Auch der weitgehende Begriff "Intelligenz"
wird oft den Fähigkeiten unseres Gehirns beim Umgang mit den Dokumenten und
den bekannten "Schematas" zugeordnet.

Verifizieren

Schon bei der Frage "was ist das?" während unserer Präsentation begann das
Publikum zu verifizieren. Das heißt, es verglich den 3-Zeiler mit dem "Adress-
Schema", daß jeder erlernt hat und kommt zu dem Schluß, daß es sich hierbei um
eine Adresse handeln muß. Auch eine erweiterte Adresse um die Elemente Anrede, Land und Kategorie Freunde hätte die Antwort Adresse hervorgebracht.

Zerlegen

Beim Verifizieren wurde automatisch auf Strukturelemente hin überprüft. Dabei
wurde das Dokument z.B. in die Bestandteile Name, Strasse, Postleitzahl und Ort
zerlegt.

Validieren auf Gültigkeit

Möchte man die Adresse nun verwenden, so validiert man. Das heißt, man
überpüft, ob alle Bedingungen, die in unserem "Schema" Adresse vorgegeben
sind, erfüllt sind. Fehlt zum Beispiel der Name in einer Adresse, die dadurch nur
einen Wohnblock beschreibt, so ist diese Adresse nicht gültig. Das heißt, daß diese Adresse nicht unserem Schema entspricht und nicht ihren Zweck erfüllen wird.
Der Empfänger ist nicht bekannt. Ebenso beinhaltet eine gültige Adresse beim
Postversand keine unnötigen Erweiterungen wie z.B. Kategorie Freunde. Somit
unterscheidet der Mensch zwei Stufen der Verifizierung. Zum einen eine allgemeine Verifizierung und zum anderen die Verifizierung auf Gültigkeit hin, Validierung
genannt.

kontextsensitive Verarbeitung

Wir Menschen ziehen fast alle unsere Schlüsse aus dem Kontext, speichern sie
als Erfahrung oder Erlerntes und ordnen Begriffe nach dem Erlernten ein. Den
gleichen Begriff in einem anderen Kontext eine andere Bedeutung zukommen zu
lassen ist sicherlich ein Teil unserer "Intelligenz". Dies soll an drei Namen verdeutlicht werden:

- Boris Becker
  ist ein Name. Wir assoziieren sofort einen Menschen mit roten Haaren, der
  einmal gut im Tennis war.

- Mercedes-Benz
  ist ebenfalls ein Name. Diesmal assoziieren wir eine Firma und damit verbunden auch ein Produkt.
- Kiwi
  ist auch ein Name, allerdings ruft dieser unterschiedliche Assoziationen hervor. Hier sind die Erfahrungswerte sicherlich unterschiedlich. Die einen assoziieren damit den Namen der Frucht "chinesische Stachelbeere", andere den blinden, flugunfähigen Vogel und Neuseelandbesucher wissen, daß sich die Einwohner von Neuseeland selbst Kiwis nennen.

Doch auch der Adresse kommt in einem anderen Kontext eine andere Bedeutung zu. So ist in dem "Schema" eines gängigen Geschäftsbriefes das "Adress-Schema" zweimal enthalten. Ist die Adresse an der obersten Position des "Brief-Schemas" so spricht man von dem Absender. Der Absender umfaßt dabei komplett das "Adress-Schema". Der Empfänger ist genauso aufgebaut, hat allerdings die Bedeutung der Zieladresse und steht im Kontext nach dem Absender.

Fazit der Dokumentanalyse

Menschen können nur mit strukturierten Daten umgehen. Die Struktur ermöglicht es uns erst, Daten zu erfassen und zu verarbeiten. Die Komponente "Struktur" ist uns nicht ständig bewußt und auch die darauf basierenden Verarbeitungsmöglichkeiten geschehen instinktiv und unterbewußt. Die Präsentationskomponente hingegen ist für uns seit Urzeiten erfaßbar und auch die Bedeutung und Macht dieser "emotionalen Komponente" ist den Menschen präsent und wurde gezielt eingesetzt. Da die Menschen die Struktur über die Präsentation erfassen, und dadurch das Schema mit der Erinnerung an die Darstellungsform verbinden, erscheint die Trennung der Dokumentkomponenten uns abstrakt und erfordert ein Umdenken.

Bei den meisten Menschen war das Bewußtsein der Präsentationskomponente und die Unwissenheit der Bedeutung der Struktur so ausgeprägt, daß Datenformate entstanden sind, die eine menschenähnliche, intelligente Dokumentverarbeitung (statt Datenverarbeitung)nicht ermöglichten.

Um die Vorteile der Struktur auch für die Maschine nutzbar zu machen, wären Formate wünschenswert, welche die natürlichen Gegebenheiten der Daten übernehmen.

- medienunabhängig
- darstellungsunabhängig
- sprachunabhängig
- frei (firmenunabhängig)
- beliebig erweiterbar
- portabel

Das Format sollte außerdem wohldurchdachte Strukturen unterstützen um somit folgende "intelligente" Verarbeitungsmöglichkeiten zu eröffnen:

- verifizieren auf verschiedenen Stufen (1. verifizieren, 2.validieren). Dazu muß eine Syntax bereit stehen, um dem Computer unsere "Schematas" beizubringen.
- Dokumente zerlegen können, um somit z.B. Teildokumente wiederverwenden zu können
- kontextsensitiv verarbeiten

2.1.2. Philosophie hinter XML

Die Philosophie hinter XML basiert auf den Erkenntnissen der Dokumentanalyse. Sie läßt sich in zwei Kernaussagen zusammenfassen:

- Trennung der Präsentation von Struktur und Daten

- Dokument- statt Datenverarbeitung

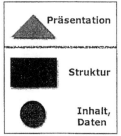

Präsentation

Struktur

Inhalt,
Daten

Abb. 2.1.2.a Trennung der Komponenten

XML geht den in 2.1.1. Dokumentanalyse ausführlich geschilderten Weg der Trennung der Präsentationskomponente von der Struktur und den Daten. Diese Trennung ermöglicht das bewußte Strukturieren der Daten und somit eine qualitätsorientierte und wohl durchdachte Vorgehensweise und nicht eine präsentationsorientierte Erstellung des Dokumentes. Diese Philosophie wird ebenfalls von den Programmierern praktiziert. Dies präzisiert Ralf I. Pfeiffer [IBM98] mit folgenden Worten:"This is analogous to the practice of model/view seperation in good object-oriented design. An example of model/view seperation is Java's JFC Swing components. Two different instances of JFC presentation components can share the same model."

So sieht schließlich die Adresse in XML wie folgt aus:

```
<adresse>
    <name>
        <vorname>A.</Vorname>
        <nachname>Lee</nachname>
    </name>
    <strasse>S-Weg</strasse>
    <hausnr>2</hausnr>
    <postleitzahl>99999</postleitzahl>
    <ort>Gern</ort>
</adresse>
```

Quelltext 2.1.2.a adressen.xml

Die Elementbezeichnungen bzw. Tagnamen beinhalten die Bedeutung (semantische Tags) der darauf folgenden Daten und keine darstellungsspezifischen Tags, wie z.B. bei HTML.

XML wurde unter anderem geschaffen, um Auszeichnungssprachen zu definieren, die Dokumente für den Computer als auch für den Menschen lesbar machen und somit eine Weiterverarbeitung zu ermöglichen, die von bisherigen Datentypen (SGML außen vorgelassen) nicht erreicht wird. Konkret heißt das, wenn man z.B. dieses strukturierte Dokument (Quelltext 2.1.2.a adressen.xml) übermittelt und nicht nur die Daten, dann ist eine kontextsensitive Verarbeitung möglich. Somit ist nun auch die Maschine (bei entsprechender Implementierung) im Stande zu ermitteln, daß A.Lee nicht der Name eines Produktes ist, sondern der Name, der zu einer Adresse gehört. Dieser Name läßt sich dann noch in Vor- und Nachnamen zerlegen.

XML erweitert den Produktionsprozess von Dokumenten um den Schritt der bewußten Strukturierung und entfernt sich von dem Präsentationsdenken,daß präsenter ist.

2.1.3. Qualitätskriterien Analyse

XML ist keine eigenständige Software und auch die XML-Dokumente sind nicht "ausführbar", trotzdem kann man XML, genauso wie SGML als formale, deskriptive Sprache bezeichnen.

Die Vor- und Nachteile von XML lassen sich dadurch anhand der internen und externen Qualitätskriterien gut analysieren und beschreiben.

Dabei ist zu beachten, daß verschiedene Qualitätskriterien an unterschiedlichen Schichten einer XML Anwenderarchitektur (multilayer application architecture) ansetzten können. Aus diesem Grund soll hier eine einfache Architektur dargestellt werden, auf welche sich die nächsten Abschnitte bei Bedarf beziehen.

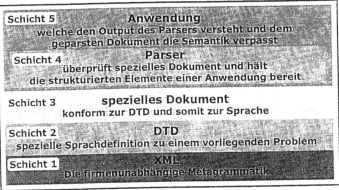

Schicht 5 — **Anwendung**
welche den Output des Parsers versteht und dem geparsten Dokument die Semantik verpasst

Schicht 4 — **Parser**
überprüft spezielles Dokument und hält die strukturierten Elemente einer Anwendung bereit

Schicht 3 — **spezielles Dokument**
konform zur DTD und somit zur Sprache

Schicht 2 — **DTD**
spezielle Sprachdefinition zu einem vorliegenden Problem

Schicht 1 — **XML**
Die firmenunabhängige Metagrammatik

Abb. 2.1.3.a Beispiel XML-System

2.1.4. Interne Qualitätskriterien

Die internen Qualitätskriterien sind Kriterien, die auf der XML-Spezifikation beruhen und unabhängig von der Verwendung und der verarbeitenden Software sind. Die Gegebenheiten der Spezifikation sollen hier unter folgenden Punkten zusammengefasst und erläutert werden:

- basiert auf jahrzentelanger Erfahrung
- Trennung der Dokumentkomponenten (Philosophie)
- Strukturiertheit
  - logische Struktur
  - physikalische Struktur
- Kommentiert
- Metadaten, Parameter, Datentypen
- Wohlgeformtheitsbestimmungen
- Schema für Maschinen – DTD
- Sprachunabhängigkeit
- Medienunabhängigkeit
- Firmenunabhängigkeit

2.1.4.1. Basiert auf jahrzehntelanger Erfahrung

Die eXtensible Markup Language ist, wie bereits erläutert, eine Art "light-version" von SGML, die in einigen Punkten vereinfacht und verbessert wurde. Bei der Erstellung der XML-Spezifikation arbeiteten viele SGML-Experten mit. Das Wissen und die Erfahrung von SGML ist dabei in die XML-Spezifikation eingeflossen. Die Philosophie und das Prinzip gehen sogar auf die Entwicklung von GML (Generalized Markup Language) zurück, die Ende der 60er Jahre entwickelt wurde.

2.1.4.2. Trennung der Dokumentkomponenten (Philosophie)

Bereits ausführlich unter 2.1.1. Dokumentanalyse und 2.1.2. Philosophie behandelt, darf allerdings bei den internen Qualitätskriterien nicht fehlen.

2.1.4.3. Strukturiertheit

Wie bereits unter 1.4.4. XML-Dokumente erwähnt, besitzt laut Spezifikation jedes XML-Dokument eine logische als auch eine physikalische Struktur [spec-de98]. Die Strukturiertheit ist das Kernstück von XML und soll daher ausführlicher erläutert und analysiert werden.

In Bezug auf unser Schichtenmodell hat die logische Struktur Auswirkungen in fast alle Schichtebenen. So ist in Schicht 1 unseres Modells die Basis und einheitliche Grundlage (Wohlgeformtheit) der logischen Struktur jedes Dokumentes definiert. In Schicht 2 wird die Struktur spezialisiert, in Schicht 3 instanziert, in Schicht 4 validiert und für die Schicht 5 entsprechend aufbereitet.

Logische Struktur ~ Elemente

Wie aus 1.4.3 Vom Datenobjekt zum wohlgeformten XML-Dokument bereits bekannt, ist der gemeinsame Nenner aller XML-Dokumente die Wohlgeformtheit. Eine der Wohlgeformtheitsbestimmungen erfordert eine korrekte Verschachtelung der Elemente. Diese Verschachtelung wiederum ermöglicht eine genaue Beschreibung (Position, Kontext) jedes Elementes, so daß Programme gezielt auf die Daten zugreifen und zu deren Zweck diese weiterverarbeiten können.

Anhand eines Beispiels lassen sich die Beziehungen gut aufzeigen:

```
<?XML version="1.0" encoding="UTF-8" ?>
<Kapitel>
    <Titel>Einführung</Titel>
        <Abstract>Die Einführung soll einen kurzen Überblick über die
XML-Komponenten und das Verhältnis zu SGML und HTML näher-
bringen</Abstract>
        <Absatz>
            <Titel>XML Überblick</Titel>
                <Inhalt>Wenn man von XML spricht, müßte...</Inhalt>
        </Absatz>
        <Absatz>

        </Absatz>
</Kapitel>
```

Quelltext 2.1.4.3.a Beispiel für logische Struktur

Dies ist ein kleiner XML-Auszug, der ein Kapitel eines Buches oder dieser Diplomarbeit sein könnte. Er ist für den Menschen lesbar und führt in den Tags die Bedeutung (Semantik) für die einzelnen Abschnitte. Deutlicher wird die Struktur allerdings, wenn man die logische Struktur des Dokuments als Schachtel (Box Diagramm, Russian Doll) und/oder als Baum darstellt.

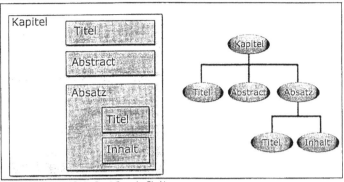

Abb. 2.1.4.3.a grafische Darstellung der Struktur

Was für Vorteile bringt nun eine solche Struktur mit sich:
* Navigation durch das Dokument
* Elementbeschreibung
* Granularitätsbestimmung
* Übersichtlichkeit und Lesbarkeit
* Grundlage für kontextsensitive Verarbeitung

Navigation

Das Verhältnis der Elemente zueinander ist in der XML-Spezifikation mit festen Begriffen definiert, die wiederum vom DOM (siehe 2.4.) und von der XPointer-Spezifikation (siehe 2.2.) in ähnlicher Form übernommen wurden.

Begriff	Bedeutung
parent: Eltern(teil)	ist in unserem Baumdiagramm das Element, daß sich eine Ebene höher befindet als seine dazugehörigen (child) Elemente. z.B. "Kapitel" ist parent von "Titel", "Absatz und "Abstract" und das "Absatz" Element ist parent von "Titel" und "Inhalt".
child: Kind(er)	befinden sich eine Ebene unterhalb des parent-Element. z.B. "Inhalt" ist child von "Absatz"
sibling: Geschwister	sind Elemente der gleichen Ebene mit dem selben parent. z.B. "Absatz", "Abstract" und "Titel" sind sibling zueinander.
ancestors: Vorfahren	sind Elemente, die eine oder mehrere Hierarchieebenen über dem Element stehen und zwischen denen es eine Verbindung gibt. z.B. ancestors von "Inhalt" sind sowohl das "Absatz" Element als auch das "Kapitel" Element.
descendants: Nachkommen	sind Elemente, die eine oder mehrere Hierarchieebenen unter dem Element stehen und zwischen denen es eine Verbindung gibt. z.B. descendants von "Kapitel" sind "Titel", "Absatz", "Abstract" als auch die darunterliegenden Elemente "Titel" und "Inhalt"

Tabelle 2.1.4.3.a Navigationsbeschreibung

Elementbeschreibung

Bäume gehören zu den grundlegenden Visualisierungsmethoden, um Strukturen darzustellen. Sei es in der Genealogie oder in der Informatik. Daher hat man
auch bestimmten Elementen diese weit verbreiteten Namen zugeteilt.

Begriff	Bedeutung
Document Element Wurzel	Das Document Element ist das erste Element (Root Ele- ment, Wurzel Element). Es ist das einzige Element, das kei- nen parent und keine sibling besitzen darf.
Leaf Element Blätter	Leaf (Blätter)Elemente nennt man Elemente, die keine child- Elemente besitzen.

nested Element	nested Element ist ein Element, das auf sich selbst (direkt
	oder indirekt) verweisen kann oder Instanzen von sich selbst
	beinhalten kann. Dies ermöglicht endlose Rekursio-
	nen.[Bra98]
	z.B.:
	
	`<Liste>`
	`  <Item>`
	`    <Liste>`
	`      <Item> Nummer eins </Item>`
	`      <Item> Nummer zwei </Item>`
	`    </Liste>`
	`  </Item>`
	`  <Item>...`
	`</Liste>`
	
	Quelltext 2.1.4.3.b Rekursion

Tabelle 2.1.4.3.b Elementbeschreibungen

Granularitätsbestimmung

Der Grad der Dokumentenorganisation, auch Granularität (granularity) genannt,
kann schnell ermittelt werden. Dies hilft einerseits bei der Erstellung der Anwendung, andererseits z.B. bei der Dimensionierung und Erstellung der darunterliegenden Datenbank. Dabei bezeichnet man Dokumente mit wenigen Nachkommen
(descendants) als grobe Granularität (coarse granularity) und Dokumente mit vielen Nachkommen als feine Granularität (fine granularity).

Übersichtlichkeit und Lesbarkeit

Aufgrund der Struktur fällt es leicht, Dokumente übersichtlich und lesbar zu erstellen. Schon die Dokumenterstellung profitiert von der Struktur und kann diese
schnell mit Hilfe der Tabulatoren sichtbar machen.

Grundlage für die kontextsensitive Verarbeitung

Wenn man es schafft, daß der Computer die gleichen Sachverhalte an unterschiedlichen Situationen angepaßt handhabt, so ist er dem Menschen einen Schritt
näher und um einen gewissen Grad "intelligenter".
Dies wird ermöglicht durch die logische Struktur. So ist in Quelltext 2.1.4.3.a zweimal das Element "Titel" vorhanden. Einmal ist es der Titel des Kapitels und einmal
der Titel des Absatzes. Für uns ist dies logisch, da es sich in beiden Fällen auch
um einen Titel handelt.

Damit der Computer merkt, daß es sich bei den Titeln um zwei unterschiedliche Titel handelt, ging man bisher so vor, daß man jedem Titel einen anderen Namen zuteilte. Dabei passierte es oft, daß man bei großen Dokumenten schnell an die Grenzen der Phantasie stieß.

Die logische Struktur von XML ermöglicht nun die Namen so zu vergeben, wie es uns sinnvoll erscheint. Programme könnten nun gleiche Elementnamen je nach Position innerhalb des Dokumentes unterschiedlich behandeln. So können z.b. diwe zwei Titel in einer Anwendung anderes dargestellt werden. Das W3C rät auch zu der Vergabe von logischen Namen, wie auch ein altes Sprichwort sagt "man soll das Kind beim Namen nennen", oder in der besseren englischen Version "call a spade a spade".

Wichtig! XML-Elemente sind case-sensitiv und daher werden z.B. "Titel", "TITEL" und "titel" als unterschiedliche Elemente behandelt.

Physikalische Struktur ~ Entities

Konzept

Die XML Spezifikation beinhaltet die Möglichkeit, jeden Teil eines Dokuments physikalisch getrennt oder isoliert am Anfang des Dokuments zu speichern. So kann man z.B. jedes Kapitel unseres Buches getrennt speichern und bei Bedarf an der (oder den) entsprechenden Stelle(n) einbinden. Ebenso werden benötigte Bilder extern einmal gespeichert und an allen benötigten Stellen eingesetzt bzw. eine Referenz an die entsprechende Anwendung übergeben. Jedes Teilstück, das man an beliebigen Stellen einbinden kann, nennt man *Entity*. Jedem Entity muß zur Identifikation ein Name zugeteilt werden. Das einzige Entity ohne Namen, ist das *document entity*, also das (Haupt-)Dokument, welches die anderen Entities beinhalten soll und an den Parser weitergegeben wird. Somit kann im Extremfall ein Dokument nur ein Framework sein, das sich aus Entities aufbaut.

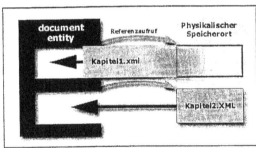

Abb. 2.1.4.3.b Zusammensetzbarkeit durch Entities

Auch die Entities haben in der Spezifikation genaue Bezeichnungen erhalten, um dadurch wirklich jeden Teil eines XML-Dokumentes beschreiben zu können:

Begriff	Bedeutung
document entity	Das document entity ist das Hauptdokument, das an den Parser weitergeleitet wird und dabei innerhalb dieses Dokumentes die Ersetzung der Entities stattfindet.
entity declaration	Die Entity-Deklaration steht am Anfang des XML Dokumentes und definiert die Referenzen oder den Ersetzungstext.
entity reference	Die entity reference ist die Stelle, an der das Entity eingebunden werden soll.

general entity	Ein general Entity ist ein Entity, das in einem XML Dokument oder der DTD deklariert wurde und im XML Dokument per "&...;" aufgerufen wird..
parameter entity	Ein parameter entity ist ein Entity, das in der DTD deklariert wurde und nur in dieser per "%...;" zum Aufruf kommt.
parsed entity	Parsed entities sind alle text entities, da sie beim parsen ersetzt (replacement text) werden können.

Tabelle 2.1.4.3.c Entitiebegriffe

Man unterscheidet verschiedene Arten von Entities, welche die unterschiedlichsten Funktionalitäten mit sich bringen. Neben den character entities, die das einbinden von ASCII, ISO 8859/1 und Unicode Zeichen nach ISO10646 erlauben, gibt es noch weitere, wovon die wichtigsten hier erläutert werden sollen.

Interne Text Entities (internal text entities)

Interne Text Entities (internal text entities) dienen der Textersetzung und werden am Anfang innerhalb des Zieldokumentes definiert. So können z.B. Wörter, die häufig verwendet werden, schwer zu buchstabieren sind oder anderweitig den Schreibfluß erschweren, wie z.b. der Begriff "eXtensible Markup Language", einmal korrekt definiert werden:

```
<!ENTITY xml "eXtensible Markup Language">
```

Quelltext 2.1.4.3.c interne Text Entitie Definition

und später innerhalb des Textes an beliebiger Stelle mit einem einfachen Referenzaufruf:

```
&xml;
```

Quelltext 2.1.4.3.d Entitie Referenzaufruf

eingebunden werden. Der Parser ersetzt diese Ausdrücke dann beim parsen.
Auf dieselbe Art und Weise lassen sich auch Zeichen einbinden, die dem Parser Schwierigkeiten bereiten würden und daher fest definiert sind (built-in). Dazu gehören die Zeichen '<'; '>'; '&'; " ' "; ' " ' .

Externe Text Entity (external text entities)

Externe Text Entities dienen ebenfalls der Textersetzung, werden aber extern gespeichert. Dies bringt den Vorzug, besonders große Dokumente (wie z.B. eine Diplomarbeit) in viele kleine Teildokumente zu zerlegen und diese am Ende zusammenfügen zu können.
Ebenso ermöglichen externe Text Entities, diese Teildokumente anderen Dokumenten zur Verfügung zu stellen. So kann z.B. eine genaue Erläuterung, was das Wort Napoleon bedeutet und wo es herkommt, extern gespeichert werden. Dieses Dokument kann nun von den unterschiedlichsten Dokumenten wiederverwendet werden. So ist es vorstellbar, daß das Teildokument Napoleon.xml in einer Abhandlung über psychiatrische "Fälle von Persönlichkeitsspaltung", in einem Bericht über das Rennpferd der Saison "Napoleon" oder in einem Geschichtsbuch über französische Generäle wiederzufinden ist.
Ein external text entity wird wie folgt am Anfang des Document Entity deklariert:

```
<!ENTITY kapitel1 SYSTEM "/kapitel/kapitel1.xml">
```

```
//oder falls das Dokument auf einer anderen Domain liegt.

<!ENTITY kapitel1 SYSTEM
"http://www.neurotec.de/diplarbeit/kapitel/kapitel1.xml">
```

Quelltext 2.1.4.3.e Definition externer Text Entities

Der Aufruf erfolgt genau wie beim internen Entity durch:

```
&kapitel1;
```

Quelltext 2.1.4.3.f Entitieaufruf

Als externe Text-Entities sind ebenfalls die standardisierten ISO-Entities deklariert. Diese ISO-Entities sind eigentlich die typischen internen Text-Entities, da sie nur kleine Ersetzungen, genauer gesagt, Buchstaben und Zeichen, die nicht durch ASCII abgedeckt sind, enthalten. Man hat dabei Gruppierungen gebildet, die als externe Text-Entities zur Verfügung stehen. ISOnum z.B. enthält Symbole, ISOgrk1 enthält die griechischen und ISOlat1 die westeuropäischen Zeichen um nur ein paar zu nennen.

Binär-Entities (binary entity)

Binär-Entities müssen extern gespeichert werden, weil sie Daten enthalten, die der Parser nicht akzeptieren würde. Somit ist ein Binär-Entitie kein *parsed entity*. Dementsprechend kann der Parser auch diese Daten nicht an der entsprechenden Stelle einsetzten bzw. ersetzen. Statt dessen müssen die Binärdaten direkt der Anwendung bereitgestellt werden, die diese versteht. Der XML Prozessor hält den Namen und den physikalischen Speicherort von der entsprechenden Datei bereit. Ebenso übergibt er einen Vermerk (siehe 2.1.4.3. Portabilität-Notation Deklaration) für was die Datei benutzt werden soll. So kann eine Anwendung, wie ein Browser z.B. eine Grafik direkt einbinden, ohne daß der Benutzer etwas merkt. Ebenso ist es vorstellbar, daß ein Browser einen Button bereit hält, der das entsprechende Malprogramm für die Grafik aufruft.

Die Deklaration eines Binary Files kann wie folgt aussehen:

```
<!ENTITY Foto1 SYSTEM "/bilder/Foto1.tif" NDATA TIFF>
<!ELEMENT pic EMPTY>
<!ATTLIST pic name ENTITY #REQUIRED>
```

Quelltext 2.1.4.3.g Definition Binär Entities

Der Aufruf von Binary Entities muß als Attribute erfolgen:

```
<pic name="Foto1"/>
```

Quelltext 2.1.4.3.h Beispielaufruf Binär Entitie

Vorteile:

Die Vorteile, welche die Entities von XML bringen sind von den bekannten Modularitätskriterien der OO-Programmierung übertragbar.

- Zerlegbarkeit → Reduktion der Komplexität, Lösung des Gesamtproblems durch Teillösungen
- Zusammensetzbarkeit → Ganze Dokumente können aus vielen kleinen Dokumenten aufgebaut werden und das eigentliche Hauptdokument (document entity) besteht nur aus einem Framework (so sind auch viele modulare DTDs aufgebaut)
- Verständlichkeit→ jedes Teildokument kann für sich eine abgeschlossene Einheit bilden, wie z.B. das Teildokument über Napoleon.
- Kontinuität→ ändert sich ein Teil eines Dokuments, so muß nur dieser Teil umgeschrieben werden

- Wiederverwendbarkeit→ im Dokumentenbereich ist kopieren zeitaufwendig und wiederholte Eingaben fehleranfällig. Gerade deshalb ist die Wiederverwertung (*Component re-use*) wichtig.
- Portabilität→beinhaltet das Dokument Daten, die zu einem anderen Format als XML konform sind, so kommen die Binär-Entities zum Einsatz. Dadurch wird 100% Portabilität und Systemunabhängigkeit von XML Dokumenten gewährleistet ohne auf das wichtige Parsen (um die Konsistenz und Qualität zu erhalten) verzichten zu müssen.

Nachteile:

Entities erhöhen die Funktionalität und Flexibilität von XML Dokumenten in einem hohen Maße. Allerdings gibt es beim Arbeiten mit Entities ein paar Punkte zu beachten, die das ansonsten leichte Erstellen von XML-Dokumenten erschwert.
- der objektorientierte Ansatz liegt zu Grunde. Das bedeutet, daß der System-Erstentwurf genauer und dadurch denk-, zeit- und kostenintensiver gestaltet.(was sich wiederum im nachhinein besonders in der Wartung auszahlt).
- general entities und parameter entities dürfen nie den gleichen Namen besitzen um Konflikte zu vermeiden. (def. Tabelle 2.1.4.3.c)
- Entities müssen eine "Hierarchie" besitzen [Bra98]. So darf ein aufgerufenes Entity, nennen wir es A zwar wiederum ein Entity B aufrufen, aber es mußt sichergestellt sein, daß Entity B nicht direkt oder indirekt Entity A wieder aufrufen kann. Kurz gesagt der Aufruf muß "endlich" sein.
- Tritt der Fall ein, daß ein Entitie zweimal deklariert wurde, so benutzt der Parser die erste Deklaration. Dies kann bewußt ausgenutzt werden, um die DTD flexibler zu machen.

2.1.4.4. Kommentiert

XML-Dokumente sind selbstbeschreibend (deskriptiv) und sollten von sich aus schon den Sinn und Zweck des Dokumentes beschreiben. Die Tags bezeichnet man auch als semantische Tags, da sie die sinnvolle Bedeutung der enthaltenen Daten beschreiben sollten.

Trotzdem bietet die Spezifikation zusätzlich die Möglichkeit Kommentare in folgender Form einzubinden:

```
<!-- Hier steht ein Kommentar -->
```

Quelltext 2.1.4.4.a Beispielkommentar

Aus Kompatibilitätsgründen zu SGML wurde dieser Syntax der Kommentare übernommen und ist daher auch als Deklarationsanweisung in der Spezifikation beschrieben.

2.1.4.5. Metadaten, Parameter, Datentypen

Neben den eigentlichen Daten zwischen dem Starttag und dem Endtag besteht die Möglichkeit, zusätzliche Daten in Form von Attributen im Starttag unterzubringen. Das kann wie folgt aussehen:

```
<preis waehrung="Euro">1999,99</preis>
```

Quelltext 2.1.4.5.a Element mit Attribut waerung

Diese zusätzliche Information macht es für den Anwender, der das Dokument öffnet, noch einfacher den Inhalt einzuordnen. Zusätzlich besteht die Möglichkeit, den Inhalt der Attribute per Software auszulesen und dafür hält das Document

Object Model (DOM) (siehe 2.4.) auch schon Schnittstellen bereit, die implementiert werden müssen.

Den vollen Mehrwert der Attribute ermöglicht aber erst die Verwendung einer Document Type Definition (DTD), in der die Attributtypen festgelegt werden können (siehe Tabelle 2.1.4.7.b Attributbestimmung). So kann z.B. das "Waehrungsattribut" als Schalter der erlaubten Währungen dienen und wie folgt in der DTD definiert werden:

```
<!ATTLIST preis waehrung (Euro|DM|US$)>
```
Quelltext 2.1.4.5.b Attributdefinition in der DTD

Somit werden beim Validieren einer Dokumentinstanz nur die drei definierten Währungen akzeptiert. Jeder andere Wert ruft eine Fehlermeldung beim parsen hervor.

Die Möglichkeit Zusatzinformationen in das Starttag zu packen, macht den Entwickler noch freier in seinen Dokumententwurf und führt unweigerlich dazu, sich früher oder später zu fragen, was soll man in ein Attribut packen und was gehört als Daten ins Element?

Dafür gibt es keine allgemeingültige Lösung und erst die Erfahrung wird eine Lösung bringen. Allerdings raten die SGML-Entwickler, die sich schon länger mit dem Problem beschäftigen dazu ‚Daten in ein Element zwischen den Tags zu schreiben und Parameter, welche die Daten genauer beschreiben, in Attribute zu verpacken. Diese Parameter, welche zusätzliche Informationen über Daten geben, nennt man auch Metadaten.

Ebenso besteht die Möglichkeit, sämtliche Informationen in ein sogenanntes leeres Element (empty element) einzubetten, dann könnten dieselben Daten wie folgt aussehen:

```
<preis waehrung="euro" summe="1999"/>
oder
<preis waehrung="euro" summe="1999"></preis>
```
Quelltext 2.1.4.5.c leere Elemente

Allerdings gibt es für die Summe keinen sinnvollen Attributtyp (Datentyp), so daß sie wahrscheinlich doch besser zwischen den Tags stehen sollte.

flexibel und zukunftsfähig

Einen gewissen Grad an Flexibilität wurde bei der Syntax der Attribute eingeräumt, so muß der Parameter nicht in doppelten Hochzeichen stehen, sondern kann auch in einfachen Hochzeichen stehen. Dies macht besonders im folgenden Beispiel Sinn:

```
<monitor    groesse='21"'    preiskategorie="hoch">eizo23313
</monitor>
```
Quelltext 2.1.4.5.d flexible Hochzeichen für Attributwerte

Um zumindest einen Konflikt bei der Namensvergabe von Attributen in Zukunft zu vermeiden, wurden laut Spezifikation bestimmte Attribute reserviert, die mit dem Wort xml: beginnen. Hierbei ist besondere Rücksicht auf die Ländercodes genommen worden. So kann man nach dem Ausdruck xml:lang einen Länder Code nach ISO693(z.B. xml:lang="en" für englisch), IANA(z.B. xml:lang="I-yi" für hebräisch") oder nach ISO3166(z.B. xml:lang="en-GB" für englisch in Großbritannien) angeben.

2.1.4.6. Wohlgeformtheitsbestimmungen
Die 28 fest definierten Wohlgeformtheitsbestimmungen (nachzulesen unter [spec-de98]), deren jedes XML-Dokument unterliegen muß und somit die Basis für

einen (sogar branchenübergreifenden) Dokumentenaustausch ermöglicht, sind die Grundlage für das externe Qualitätskriterium der Verifizierung. Zur Überprüfung dieser Gesetzmäßigkeiten stehen im Web kostenlose Softwaremodule, sogenannte non-validating Parser bereit. [LeLeFu98]

Das Überprüfen der Dokumente auf Wohlgeformtheit sollte in jeder Anwendung der erste Schritt sein und bietet bei positivem Resultat die Gewißheit, daß alle Dokumente korrekt auf derselben Grundgrammatik beruhen und somit auf dieser Basis, Programme für den Export, Import und die Konvertierung leichter zu realisieren sind.

2.1.4.7. Schema für Maschinen - (DTD)

Der Deklarationssyntax, der es erlaubt, die Elemente und die Struktur einer auf XML basierenden Auszeichnungssprache (manchmal auch Protokolle genannt) fest zu definieren, bezeichnet man als Document Type Definition (DTD). Die DTD definiert das "Schema" für den Computer, das wir im Kopf haben (siehe Dokumentanalyse 2.1.1.). Die wesentlichen Möglichkeiten, welche die DTD eröffnen, sollen aufgrund der großen Bedeutung für den Dokumentenaustausch auf Basis einheitlicher Auszeichnungssprachen bzw. –protokolle hier erläutert werden.

Vorgehensweise

Um die Möglichkeiten nicht technisch (korrekt in Extended Backus Nauer Form, EBNF), sondern analytisch darzustellen, werden die folgenden Schlagworten als Zusammenfassung benutzt und mit Beispielen vertieft:
- Anforderung an eine DTD
- Interoperabilität
- DTD Struktur
- Strukturbestimmung
- Quantitätskontrolle
- Attributbestimmung
- Qualitätskontrolle
- Overriding
- Bedürfnis angepasste DTD - conditional sections
- Kritik

Anforderung an eine DTD

Jeder, der XML verwenden will, muß die Anforderungen, die er an sein XML–System hat, genau untersuchen. Dabei muß die Beschaffenheit der Daten und das Einsatzgebiet untersucht werden. Auf den Ergebnissen dieser Untersuchung beruht die zukünftige DTD des XML – Systems.

Bevor man eine eigene DTD schreibt, sollte man genau prüfen, ob nicht schon eine DTD vorhanden ist, welche die Aufgabenstellung lösen könnte. Als Startadresse kann hierbei der Anhang unserer Diplomarbeit dienen. Es ist auch möglich, und bei SGML bisher eine gängige Methode, eine vorhandene DTD an die eigene Aufgabenstellung anzupassen. Die Möglichkeit mehrere DTDs zu einer zu verschmelzen kann als Lösung ebenfalls in Betracht kommen.

Interoperabilität

Um die Interoperabilität von Anwendungen sowie des Webs zu gewährleisten, haben und werden sich branchenorientierte Gruppen bilden, die DTDs für ihren jeweiligen Anwendungszweck entwickeln und standardisieren werden. Dies splittert zwar auf den ersten Blick die Interoperabilität in die jeweiligen Branchen auf, aber der Vorteil innerhalb dieser Branche durch den vereinfachten Datenaustausch sollte diesen Nachteil aufwiegen. Außerdem ist ein Mappen benötigter Daten aus einem anderen Standard auf den eigenen, aufgrund der gemeinsamen XML Syntax, kein so komplizierter Akt, wie er unter gängigen bisherigen Firmenstandards ist.

Abb. 2.1.4.7.a exemplarische Übersicht auf XML basierender Sprachen

Man sollte außerdem berücksichtigen, daß jegliches Datenformat, basierend auf XML, über ein passendes XSL–Dokument präsentiert werden kann. Dies bedeutet, daß die interoperable Präsentation zwischen den Branchen gegeben ist. Somit wäre auch hier ein Fortschritt zu verzeichnen, wenn in Zukunft eine brancheninterne Interoperabilität vorhanden ist.

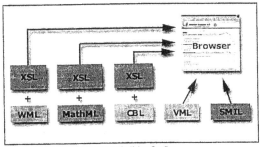

Abb. 2.1.4.7.b. Darstellung unterschiedlicher Quellen

DTD Struktur

Die Struktur einer DTD ist in der Reihenfolge der Deklarationen nicht festgelegt. Die Klassifizierung der einzelnen Deklarationen erfolgt durch Schlüsselwörter, die in die Deklarationszeichen <!.....> eingebunden sind. Die häufigsten Schlüsselwörter sind:
- ELEMENT (definiert den Namen des Elementes, sprich des Start- und Endtags, die Reihenfolge und Quantität der folgenden Elemente)
- ATTLIST (definiert Attribute)
- ENTITY (definiert Entities)
- NOTATION (definiert Datentyp Notationen)

Strukturbestimmung

Die Struktur der Dokumente wird durch die DTD hinter dem Schlüsselwort ELEMENT und dem darauffolgenden Namen bestimmt. Steht mehr als ein Elementenname oder Schlagwort hinter dem vorangegangenen Elementenname so bezeichnet man diesen Abschnitt als Model Group.

```
<!ELEMENT beispiel (leer, p, antwort)>
```

```
<!ELEMENT leer EMPTY>
<!ELEMENT p (a, c, d, ANY)>
<!ELEMENT antwort (fakt|ausrede)>
a, c, d, fakt, ausrede müssten jetzt noch definiert werden
```

Quelltext 2.1.4.7.a Strukturdefinition durch Elementdefinition

Die kürzeste Elementbeschreibung ist neben dem Element, das nur ein weiteres Element beinhaltet (wie hier "a" beinhaltet "antwort") das Schlagwort EMPTY. So definiert der Ausdruck EMPTY ein leeres Element, das keine weiteren Elemente und keine Daten zwischen den Tags beinhalten darf.

Ansonsten sind die Elementnamen der darauffolgenden Elemente mit einem Komma (bestimmt die Abfolge) oder dem Pipezeichen "|" (legt eine Auswahl fest) voneinander getrennt.

ANY ist wie EMPTY ein fest definiertes Schlüsselwort, allerdings erlaubt ANY das Einbinden aller in der DTD definierten Elemente. Man geht davon aus, daß das Schlüsselwort ANY (abgesehen von Links) keine große Anwendung findet, da es der Dokumentenstruktur zuviel Freiheit einräumt und daher dem Ziel eines gut strukturierten und definierten Dokumentes eher hinderlich ist.

So ist im Beispiel von Quelltext 2.1.4.7.a das "beispiel-Element" das erste Element und somit das document element. Es legt fest, daß im Dokument innerhalb des "beispiel-Elementes" die Elemente "leer", "p" und "antwort" vorkommen müssen und zwar in der gegebenen Reihenfolge. Innerhalb des Elementes p müssen die Elemente "a" gefolgt von "c" gefolgt von "d" und dann jedem beliebigen weiteren Element vorkommen. In dem Element "antwort" kommt entweder das "fakt-Element" oder das "ausrede-Element" vor.

Eine weitere Regel der Spezifikation besagt, daß die beiden Zeichen Komma und Pipe nicht gemischt in einer Model Group verwendet werden dürfen. Somit muß geklammert werden und jede Klammer wird als eigene Model Group gesehen.

```
<!ELEMENT adresse ((name, strasse, hausnr, plz,
ort)|ami_adresse)>
```

Quelltext 2.1.4.7.b Modelgroups in Klammern

So ist "ami-adresse" die Alternative zu "name" + "strasse" + "hausnr" + "plz" + "ort".

Auch das Vorkommen von Text und somit der eigentlichen Daten wird explizit in der Elementdeklaration durch das Schlüsselwort #PCDATA definiert.

Wenn innerhalb eines Elements Text und Kindelemente vorkommen, so muß eine strikte Reihenfolge eingehalten werden. Als erstes Token in der model group wird #PCDATA genannt. Die model group muß eine Auswahlgruppe sein und optional und wiederholbar sein.

Das ganze wird mixed content model genannt.

```
<!ELEMENT normal (#PCDATA | fett)*>
<!ELEMENT fett (#PCDATA )>

<normal>wichtige<fett>Infos</fett>zu XML</normal>
```

Quelltext 2.1.4.7.c Mixed Content Model

Quantitätskontrolle

Die oben genannten Beispiele geben eine sehr starre Struktur aufgrund der zwingenden Reihenfolge der Elemente in der Instanz wieder. Aus diesem Grund hält die Spezifikation eine Quantisierungsmethode zur Auszeichnung des erlaubten Vorkommens jedes einzelnen Elementes bereit. Diese Quantisierung wird durch den validating-parser der entsprechenden Anwendung ebenfalls überprüft. Hierbei wird in 4 Kategorien unterschieden, wobei ein Zusatz hinter das Element der Model Group geschrieben wird:

Zusatzzeichen	Bedeutung
keinen Zusatz	das Element kommt genau einmal vorkommen. (Wie bisher in den Beispielen)
?	steht für null oder einmal. Dieses Element ist optional und muß nicht vorkommen, falls doch, so höchstens einmal
+	steht für mindestens einmal (oder eben mehrmals)
*	steht für null, einmal oder mehrmals (optional oder beliebig oft)

Tabelle 2.1.4.7.a Quantisierungszeichen

Diese Zeichen können nicht nur einzelnen Elementen zugewiesen werden, sondern auch model groups!

```
<!ELEMENT c (a,b)+ >
```

Quelltext 2.1.4.7.d Zuweisung eines Quantisierungszeichens

Dies bedeutet die Abfolge a,b muß mindestens einmal, darf aber auch öfter vorkommen.

Um z.B. in einer Liste sicherzustellen, daß mindestens zwei Einträge vorkommen (sonst wäre es keine Liste) kann dies folgendermaßen definiert werden.

```
<!ELEMENT Liste (Listenelement, Listenelement+)>
```

Quelltext 2.1.4.7.e Liste mit min.2 Listenelemente

Attributbestimmung

Attribute werden getrennt vom Element in einer Attributliste deklariert. Die Deklaration wird durch das Schlüsselwort ATTLIST gekennzeichnet, gefolgt von dem zugehörigen Elementnamen.

```
<!ATTLIST vorname ... >
```

Quelltext 2.1.4.7.f Attributedefinition

Der Begriff ATTLIST symbolisiert, daß es sich hierbei um eine Liste von Attributen handeln kann, die dem Elementnamen zugeordnet werden. Eine Attributliste besteht neben dem Elementnamen aus mindestens einer Attribut Definition. Diese definiert den Namen des Attributs , den Attributtyp und gegebenenfalls einen Vorgabewert. Die Erstellung des Attributnamens unterliegt denselben Regeln wie die des Elementnamens.

Die Angabe des Attributtyps beschreibt und beschränkt den Wert, den das Attribut aufnehmen kann. Hierbei unterscheidet man sieben verschiedene Typen.

Datentyp	Bedeutung
CDATA	definiert einen beliebigen characterstring
NMTOKEN	definiert ein Wort oder Token, das/der nach den Regeln der Attributnamen aufgebaut werden muß
NMTOKENS	nimmt mehrere Tokens durch Leerzeichen getrennt auf
ENTITY	definiert eine ENTITY – Referenz
ID,IDREF, IDREFS	nehmen Werte auf, die innerhalb des Dokumentes einmalig sein müssen und dienen als Sprungadresse für die einfachste Art der Hyperlinks

NOTATION	besagt, daß innerhalb des Elements non – XML Daten stehen vom Typ, der in NOTATION angegeben wird
(Wert1|Wert2|...|...)	explizite Angabe des "Wertebereichs" (eine Auswahl von zulässigen Daten), auf den das Attribut beschränkt wird. Dabei kann es sich auch nur um eine Angabe handeln, die dann automatisch impliziert wird.

Tabelle 2.1.4.7.b. Datentypen für Attribute

Qualitätskontrolle

Als Qualitätskontrolle möchten wir vor allem, neben dem Attributtyp, den letzten Parameter der Attributdefinition bezeichnen. Die Qualität des Dokumentes steigt dadurch, daß die Attributdaten auf das Vorhandensein geprüft werden können. Hierzu stehen drei Schlüsselwörter und eine Auswahlliste zur Verfügung.

Schlüsselwort	Bedeutung
#REQUIRED	Attribut muß immer angegeben werden
#IMPLIED	Werte sind optional und können eventuell durch die Anwendung ermittelt werden
#FIXED	fester Vorgabewert, der immer zugewiesen wird
(defaultwert)	vorgegebenem Standardwert

Tabelle 2.1.4.7.c Qualitätsschlüsselwörter von Attributen

Somit sollen hier exemplarisch ein paar typische Attributdeklarationen aufgezeigt werden:

```
<!ELEMENT Mitarbeiter (#PCDATA|Bild|Position)*>
<!ATTLIST Mitarbeiter
          Id       ID                 #REQUIRED
          Zugriff  (privat|public)    "privat"
          Firma    NMTOKEN            #FIXED      "Neurotec">
<!ELEMENT Bild EMPTY>
<!ATTLIST Bild
          source   NMTOKEN            #REQUIRED
          lenght   NMTOKEN            #IMPLIED
          width    NMTOKEN            #IMPLIED
<!ELEMENT Position #PCDATA>
```

Quelltext 2.1.4.7.g DTD mit Attribute

Der dazugehörige XML-Dokumentenauszug könnte wie folgt aussehen:

```
<Mitarbeiter ID="ma57">
<!--Der Parser ergänzt das Dokument um den Zugriff = "privat" und
Firma = "Neurotec" -->
Hier kann der Text erfolgen
    <Bild source = "/ma57.gif" lenght= "50" />
    <!--Eventuell kann width durch die Anwendung ermittelt werden -
-->
    <Position>Projektleiter</Position>
</Mitarbeiter>
```

Quelltext 2.1.4.7.h XML-Dokument zu Quelltext 2.1.4.7.h

Overriding

So mancher OO-Programmierer wird jetzt wahrscheinlich stutzig. Man kennt overriding z.B. aus Java. Dort kann man in einer abgeleiteten Klasse einer Methode mit gleicher Signatur und gleichen Return-Typs eine neue Bedeutung zuweisen. Wie kommen wir nun darauf, dies auf XML übertragen zu können und dabei dem bedeutenden Wort overriding gerecht zu werden. In XML gibt es keine Methoden und auch den Begriff Bedeutung müssen wir beugen.

Die DTD könnte man mit einer Klasse vergleichen und zwar mit einer Klasse von Dokumenten. Jedes Dokument, das zu dieser Klasse konform ist, wird als Instanz (document instance) [Bra98] dieser DTD bezeichnet.

Es gibt interne und externe DTDs. Bisher gingen wir davon aus, daß eine interne oder eine externe DTD vorhanden ist.

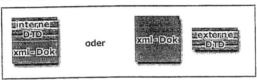

Abb.2.1.4.7.c interne oder externe DTD

Nun gibt es aber die Möglichkeit, ein Dokument, das konform zu einer externen DTD ist, um eine interne DTD zu erweitern. Hierbei ist von entscheidender Bedeutung, wie der Parser das Dokument und die dazugehörige DTD abarbeitet.

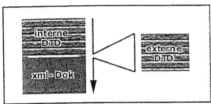

Abb. 2.1.4.7.d Reihenfolge beim Parsen

Wie man sieht, arbeitet der Parser zuerst die interne DTD ab und dann die externe DTD. Findet der Parser eine Deklaration zweimal, so nimmt er die erste Deklaration und ignoriert die Zweite. Somit hat man die Möglichkeit, mit Hilfe der DTD innerhalb der Instanz, gegebene Deklarationen zu überschreiben und somit neu zu definieren. Damit geht einher, Dokumente den Bedürfnissen schnell anpassen (umstrukturieren, erweitern) zu können.

Bedürfnis angepasste DTD - Conditional sections

Ebenfalls der Anpassung an unterschiedliche Bedürfnisse dienen die conditional sections. Dies bedeutet, daß Teile einer DTD als optionale Segmente definiert werden können. Diese können hinzugefügt oder entfernt werden, um alternative Dokumentmodelle zu erzeugen.

Wurde ein Segment einmal markiert, so kann es durch ändern eines einzigen Schlüsselworts sichtbar oder unsichtbar gemacht werden. Dazu muß das DTD – Segment mit einer "included section" deklaration umrandet sein, die folgendermaßen aussieht:

```
<![INCLUDE[ . . . . . . . . ]]>
```

Quelltext 2.1.4.7.i Conditional sections als Deklaration

Durch das Schlüsselwort INCLUDE wird das Segment mitberücksichtigt. Will man es aussparen, so muß das Schlüsselwort INCLUDE durch IGNORE ersetzt werden.

Portabilität - Notation Deklarationen

Ein Element oder Entity kann non–XML Daten beinhalten. Eine Elementdeklaration muß festlegen, welche Daten im Element vorkommen können. Eine Entity-Deklaration muß festlegen welches Format in ihr enthalten ist. In beiden Fällen geschieht dies durch einen Notationsnamen, der in einer Notationsdeklaration definiert wird.

```
<!NOTATION doc SYSTEM ".. \winword.exe">
```

Quelltext 2.1.4.7.j Notationen

Der Notationsname ist hier "doc". Dazu wird eine Anwendung samt Pfad angegeben, welche die Daten verarbeiten kann.

In einer Entity-Deklaration wird mittels NDATA auf die Notationsdeklaration verwiesen.

```
<!ENTITY dokument SYSTEM "text.doc" NDATA doc>
```

Quelltext 2.1.4.7.k Entitie Deklaration

Der Parser kann nun die für ihn unbrauchbaren Daten an das angegebene Verarbeitungsprogramm weitergeben.

Kritik

Die DTD ist der einzige Kritikpunkt der ansonsten sehr ausgereiften XML Spezifikation. Hierbei werden vor allem zwei Forderungen laut:
- die Forderung nach Vererbung
- die Forderung nach mehr Datentypen (z.B. boolean)

Für beide Forderungen wurden bereits Lösungen gefunden, die auf XML basieren und von unterschiedlicher Seite entwickelt worden sind.
- XML-Data
- XSchema
- Document Content Description (DCD)
- Schema for object-oriented XML (SOX)
Als Sprungadresse zu diesen Themen möchten wir auf Datenblättern im Anhang A verweisen.

2.1.4.8. Sprachunabhängigkeit

XML basiert auf dem Unicode-Schriftsatz.
Dieser Schriftsatz ist 16 Bit lang und seit 1992 ein Teil des 4 Byte großen Universal Character Set (UCS4), der mit der Nummer ISO 10646 standardisiert ist. In diesen 4 Bytes sind die oberen zwei Bytes noch keinem Zeichen zugeordnet. Die unteren zwei Bytes nennt man Basic Multilingual Plane (BMP) und sind identisch mit dem Unicode.
Von den 65.535 möglichen Zeichen sind heute noch ca. 18.000 für zukünftige Zwecke verfügbar. Unicode kann überdies noch als Superset zu den gebräuchlichen 8 Bit Zeichensätzen gesehen werden. So beinhaltet Unicode z.B. ASCII, ISO-8859-1 (Latin 1) usw.

Man geht davon aus, daß alle Betriebssysteme und Anwendungen zum Unicode Standard übergehen werden. Java unterstützt ebenfalls den Unicode-Zeichensatz (Perl leider noch nicht).

Der Unicode Standard hat die folgenden Hauptziele:
- universell
  Das Repertoire an unterstützten Zeichen muß groß genug sein, um die Mehrheit der gebräuchlichsten Zeichen der natürlichen Sprachen, aber auch der speziellen Gebiete wie Mathematik zu unterstützen.
- effizient, leistungsfähig
  Im Unicode haben alle Zeichen dieselbe Größe von 2 Bytes. Es ist leichter, Systeme zu entwerfen, die mit einer festen Zeichengröße umgehen können, als mit Zeichensätzen, die z.B. Endzeichen (escape sequence) benötigen
- eindeutig
  Jede 16 Bit lange Nummer steht für genau ein Zeichen.

Nun gibt es immer noch Systeme, die nur mit 7 oder 8 Bit Zeichensätzen umgehen können. Hierfür gibt es das Unicode Transformation Format (UTF), daß es ermöglicht 16 Bit Unicode in 8 Bit oder 7 Bit Zeichen umzuwandeln und wieder zurück ohne Informationsverluste. Diese Formate nennt man UTF-8 und UTF7. Außerdem gibt es noch UTF-16, das es ermöglicht, (noch nicht existierende) 4byte ISO 10646 Zeichen in Unicode (16 Bit) umzuwandeln.

2.1.4.9. Medienunabhängigkeit

Die eXtensible Markup Language wurde mit dem Aspekt der Medienunabhängigkeit entwickelt. Das heißt, man hat bei der Entwicklung dieses Standards darauf geachtet, daß keine Einschränkung entsteht, indem der Grundsyntax nicht für ein Medium optimiet wurde.

Die Medienunabhängigkeit kann dabei zum Beispiel so aussehen, daß die gleichen Daten eines XML-Dokumentes im Internet dargestellt, für den Printbereich als PDF und RTF formatiert und ebenfalls an Mobilgeräte wie Pager, Notebooks und Palmtops übertragen werden können.

Auch das Übertragungsmedium spielt dabei keine Rolle, was vom WAPFORUM sofort erkannt wurde. Das WAPFORUM setzt sich aus einer Vielzahl internationaler Firmen der Telekommunikationsbranche zusammen. Deren Ziel ist es, XML-Dokumente, die ihrem Standard der Wireless Markup Language (WML) entsprechen, über die Mobilnetze aller Länder zu übertragen.

2.1.4.10. Firmenunabhängig

Die eXtensible Markup Language Spezifikation wurde von einem firmenunabhängigen Konsortium aus den Bedürfnissen des Marktes heraus entwickelt. Es ist nicht irgendeine technologische Entwicklung einer Firma, die daraus Kapital schlagen will.

Dies brachte und bringt den enormen Vorteil, daß unentgeltlich dieser Standard verwendet werden darf und Parser und Programme in kürzester Zeit kostenlos im Netz zur Verfügung standen und stehen.

Die Vorzüge der Firmenunabhängigkeit sind
- keinen Marktvorteil durch Lizenzrechte und dadurch keine lizenzkostenbedingte Marktzutrittsschranken für Mitbewerber
- abweichende Implementierungen einzelner Hersteller vom Standard kann der Markt durch XML-Standard-konforme Alternativlösungen ausgleichen

2.1.4.11. Fazit der internen Qualitätskriterien

Die XML Spezifikation ist ein sehr ausgereifter Standard, dem die eingebrachte Erfahrung der SGML Branche zugute kommt. Die Evaluierung der technischen Möglichkeiten (aus der Spezifikation) ergab, daß XML zukunftsträchtig ist und vielen Anforderungen gewachsen sein wird, die heutige Formate und Dokumente nicht erfüllen. Somit können wir schon heute im Vorfeld sicher sein, daß der Prototyp, den wir zu realisieren gedenken auf einer ausgereiften, zukunftsträchtigen und geeigneten Technologie basiert.

Internen Qualitätskriterien führen zu den externen Qualitätskriterien" [Walter1], die allerdings im Falle von XML stark von der Implementation der verarbeitenden Software abhängt.

2.1.5. externe Qualitätskriterien

Die externen Qualitätskriterien variieren sicherlich je nach Einsatzzweck und Schicht bzw. Software. Daher sollen an dieser Stelle nur das Ergebnis unserer Analyse dargelegt werden.

Interne Qualitätskriterien bewirken externe Qualitätskriterien. Aus diesem Grund wurden schon so manche externe Qualitätskriterien im vorherigen Abschnitt vorweg genommen:

- effizient durch eindeutige, universelle Schriftzeichen
- konsistent durch DTD und Parsen
- exportierbar, importierbar, transformierbar durch gemeinsamen Nenner (2.1.4.6. Wohlgeformtheitsbestimmungen)
- kompatibel – Deklarationssyntax= Teilmenge von SGMLs Deklarationssyntax
- zerlegbar, zusammensetzbar, verständlich, Kontinuität, portabel (siehe 2.1.4.3. Entities)

Zusätzlich zu diesen erfüllten Kriterien folgen die externen Qualitätskriterien, die für XML relevant sind.[Walter1]

Robustheit
Dieses Kriterium erfüllt XML alleine dadurch, daß XML schließlich nur Dokumente sind und keine Funktionalitäten besitzen. Richtiger im Zusammenhang wäre es, dieses Qualitätskriterium umzutaufen in "Lebensdauer". XML-Dokumente besitzen eine enorm lange Lebensdauer. Das heißt, ein XML Dokument ist in 50 oder 100 Jahren immer noch verständlich und lesbar. Heutzutage beinhalten Dokumente und Datenformate oftmals softwarespezifische Tags und Verarbeitungsanweisungen.
Software altert – Dokumente mit semantischen Tags nicht.

Erweiterbarkeit
XML-Dokumente sind, solange sie sich in der Schicht 1 unseres Modells befinden, beliebig erweiterbar, solange man sich an die Wohlgeformtheitsbestimmungen hält.
Komplizierter wird es, sobald das Dokument konform zu einer DTD sein muß, es sich also dabei um ein gültiges Dokument handelt. Doch auch hier hat man die unterschiedlichsten Möglichkeiten berücksichtigt. So kann man die DTD erweitern oder kann Teile mit einer internen DTD überschreiben (siehe 2.1.4.7. Overriding).

Wiederverwendbarkeit
Die Wiederverwendbarkeit ist eines der hervorstechenden Merkmale und Dreh- und Angelpunkt von XML. Durch die vollkommene Trennung der Daten + Struktur von der Darstellung sind XML-Dokumente beliebig wiederverwendbar. Hinzu kommt die Zerlegbarkeit (beschrieben unter 2.1.4.3. physikalischer Struktur-Entities), welche die Wiederverwendung nur einzelner Dokumentkomponenten erlaubt.
Grund: Strukturiertheit, Trennung von Darstellung und Struktur+Inhalt

Integrierbarkeit
  XML ist in jedem Produkt und Anwendungsbereich vorstellbar und wird vor allem als ergänzender Partner zu Java seinen Einsatz finden.
  Grund: Portabilität, Sprach-, Medien-, Firmenunabhängig

Effizienz
  XML-Dokumente werden ein breites Einsatzgebiet finden, wodurch die Effizienz unterschiedlich ausfallen wird.
  Es ist heute schwer einzuschätzen wie sich XML auf die Webeffizienz auswirken wird. Kommen XML-Dokumente zum Einsatz, so erhöht sich auf den ersten Blick betrachtet die Netzlast. XML-Dokumente können je nach Granularität sehr groß ausfallen. Hinzu kommt, daß für die Darstellung zusätzlich ein Stylesheet benötigt wird und optional für das clientseitige Parsen die entsprechende DTD.
  Dem entgegen stehen mehrere Faktoren, welche die Netzlast wiederum verringern können, wenn sie zukünftig implementiert werden.
  • XML-Dokumente ermöglichen clientseitige Funktionalitäten, die keine weitere Serveranfrage bedürfen, z.B. suchen, sortieren, umformatieren für den Druck, exportieren in eine andere Anwendung.
  • component-reuse. Wenn ein XML-Dokument Elemente (Komponenten) benötigt, die zuvor übertragen wurden, so können diese dort eingebunden werden und müssen nicht mehr übertragen werden.
  • serverseitig validierte oder auch nur verifizierte Dokumente sorgen für ein "funktionales Netz", indem keine Performance durch "unbrauchbare" Dokumente verschwendet wird.
  • Hinzu kommen noch die Vorteile, die unter Hypertext-Links 2.2. besprochen werden und das Netz noch effizienter gestalten können.

Portabilität
  XML ist komplett portabel
  Grund: medien-, firmen-, sprachunabhängig, Handling der Binär-Entities

Verifizierbarkeit
  Verifizierbar in 2 Stufen. Verifizierung auf Wohlgeformtheit ist die Grundvorraussetzung, um ein Datenobjekt XML-Dokument nennen zu dürfen. Darüber hinaus kann das Dokument auf die DTD hin validiert werden und somit ein gültiges XML-Dokument ergeben.

ease-of-use
  XML ist für die Maschine als auch für den Menschen lesbar.
  XML-Dokumente können in jedem x-beliebigen Editor angesehen und verändert werden.
  Es gibt kostenlose Parser und Klassen, welche die Implementation von XML in das eigene System erleichtern.
  DTD's ermöglichen es die Struktur einer Datenbank zu reflektieren.

Wartbarkeit
  Die Wartbarkeit ist ebenfalls das Argument, das den XML-Markt beschleunigen wird. Deshalb soll an dieser Stelle genauer auf die häufigsten Wartungsanforderungen eingegangen werden.
  1. Änderungen in den Benutzeranforderungen
     Die Trennung der strukturierten Daten von der Darstellung ermöglicht es, schnell auf die Anforderungen zum Userinterface zu reagieren ohne auf die XML-Dokumente bzw. auf die Datenbank zugreifen zu müssen. Erfordern die Änderung eine Erweiterung, so ist die Lösung ebenfalls mit XML schnell und kostengünstig zu realisieren.
  2. Fehlerbehebung
     XML-Systeme bestehen aus mehreren Komponenten und Schichten. Daher können die Fehler schnell eingegrenzt und modular behoben werden.

3. Änderungen in den Datenformaten
   Basieren unterschiedliche Datenformate auf der gemeinsamen Schnittstelle (Grundgrammatik) der wohlgeformten XML-Dokumente, so ist ein umstellen, erweitern, importieren und exportieren schnell zu gewährleisten.
4. Hardwareänderungen
   sind komplett unabhängig von XML
5. Dokumentation
   XML ist selbstbeschreibend. Aus dieser Aussage entwickelten wir die Idee der grundlegenden Dokumentationserstellung aus den semantischen Tags heraus. Ein, wie wir meinen, innovativer Ansatz, der einer weiteren Studie bedarf.

2.1.5. XML Fazit

Nach gründlicher Untersuchung der Spezifikation auf die internen Qualitätskriterien hin und die Darlegung ein paar externer Qualitätskriterien kommen wir zu folgendem Ergebnis.

Mit XML wurde ein ausgereifter, qualitativ hochwertiger, offener Standard entwickelt, der nur wenige Kritikpunkte zuläßt (DTD). Dieser offene Standard läßt die Prognose zu, daß eines Tages alles auf XML basieren kann. So wie heute fast jedes Format (abgesehen von Binärdateien) in einem Standardeditor zu betrachten ist, so können vielleicht eines Tages fast alle Dateien in einem XML-Editor betrachtet werden.

Die Entwicklung von XML und somit das Kommerzialisieren von SGML war sicherlicher in den Grundzügen kein innovative Neuentwicklung aber ein sehr bedeutender Meilenstein in der Geschichte der IT-Branche.

Die Spezifikation ist so ausgereift, daß unbedenklich XML-Systeme und somit auch interne Architekturen heute schon entworfen und implementiert werden können. Dies beweisen auch zahlreiche Firmenseiten, die verraten, daß zukünftige Produkte intern eine XML-Architektur besitzen (z.B. Word9 bzw. Office2000, Corel Suite).

Unser Prototyp wird darüber sicherlich mehr verraten.

2.2 Hypertext links

2.2.1. Vorbemerkung

Der erste Working Draft von Juli 1997 nannte sich eXtensible Linking Language (XLL) und diese Abkürzung wird heute noch oft verwendet. Allerdings wurde dieser Entwurf am 3.März 1998 in 3 Teile aufgeteilt:

1. XML Linking Language (Xlink) (beschreibt Linkmechanismen)
2. XML Pointer Language (XPointer) (beschreibt das Adressierungsschema)
3. Design Principles Note

Alle Beschreibungen berufen sich auf die momentan vorliegenden Drafts vom 3.März 1998. Änderungen, Ergänzungen oder eine Reduktion der Inhalte können in diesem Stadium bis zur endgültigen Recommendation jederzeit geschehen. Während man mit den gegebenen Möglichkeiten des Drafts von XSL auch schon experimentieren kann, so gibt es für die Drafts von XLL noch keine (Beta) Anwendung. Um eine vollständige Analyse über XML und seine Komponenten zu gewährleisten, soll hier ein Preview gegeben werden über das, was Hypertext im Bezug zu XML bedeuten könnte.

Die Note (Anmerkung) der Design Principles beinhaltet grundlegende Entwurfsrichtlinien, die man selbst (unter http://www.w3.org/TR/NOTE-xlink-principles) nachlesen kann. Die eventuellen Möglichkeiten der beiden Drafts XLink und XPointer sollen an dieser Stelle untersucht werden.

2.2.2. einfachste Links = Referenzen

Die primitivste Art von Links ist schon in der XML-Spezifikation festgelegt und erlaubt das Springen innerhalb eines Dokuments, wenn das Starttag des Links den gleichen ID-Wert als Attribut besitzt wie das Starttag des Zielelementes. Dies muss in der DTD festgelegt werden.

```
<!ELEMENT Referenz (...)>
<!ELEMENT Referenz link IDREF #REQUIRED>

<!ELEMENT Glossar(...)>
<!ATTLIST Glossar ziel ID #REQUIRED>
```

Quelltext 2.2.2.a DTD-Referenzlinks laut XML-Spezifikation

Somit wurde das Element "Referenz" als Quelle und das Element Glossar als Ziel definiert. Ein Teil des dazugehörigen XML-Dokumentes könnte wie folgt aussehen:

```
<p>Die <Referenz link="xml">XML</Referenz> Spezifikation ...</p>

<Glossar ziel="xml">Die eXtensible Markup Language ...
</Glossar>
```

Quelltext 2.2.2.b XML-Dokument Referenzlinks laut XML-Spezifikation

Überprüft man dieses Dokument im Anschluß an die Erstellung mit einem validating-parser und dieser liefert keine Fehlermeldung, so kann man sich sein, daß diese Links auch funktionieren.

2.2.3. Bekannte Links = HTML Links

Im nachfolgenden Text werden englische Begriffe in Klammern aufgeführt, die den Zweck erfüllen, Syntaxbegriffe von XLink in einem verständlichen Kontext einzuführen!

Von HTML kennt man zwei Tags, die auf unterschiedliche Art und Weise andere Quellen aufrufen(actuate) und darstellen(show). Konkret handelt es sich hierbei
um die folgenden zwei Tags

```
<a href = "http://...>text</a>
<img src = "http://...>
```

Quelltext 2.2.3.a HTML-Verweise

Die Software, in aller Regel Browser, die diese Elemente verarbeiten können
richten sich nach den Schlüsselwörtern "<a" und "<img". In der Software ist das
Aufrufverhalten (actuate) und die Darstellungsart (show) fest implementiert. Dies
sieht wie folgt aus:

Schlüsselwort	Aufruf = actuate	Darstellung = show
<a...	Link wird erst traversiert (ver-folgt), wenn der Benutzer (User) auf den Ankerpunkt klickt.	Der Inhalt des Zieldokumentes ersetzt (replace) den alten Browserinhalt komplett.
<img...	Link wird automatisch (auto) traversiert, sobald die Software auf das Schlüsselwort trifft.	Das gefundene Bild wird in den Seiteninhalt an der Stelle des Aufrufs eingebettet (embed)

Tabelle 2.2.3.a Verweise in HTML

Jedes Anker- bzw. Image-Tag kann immer nur eine Zieldatei bzw ein Zieldokument ansprechen, dessen Adresse innerhalb (inline) des HTML-Dokumentes definiert sein muß. Somit erlauben die Linktechniken von HTML, einfache (simple),
Sprünge in eine Richtung zu vollziehen. Dies bedeutet, daß das Zieldokument
keine Angaben darüber beinhaltet, woher man kam bzw. welches Dokument auf
dieses gezeigt hat. Um zurück zu dem letzten Dokument zu kommen, haben die
Browserhersteller den Backbutton eingeführt, der sich die Informationen allerdings
nicht aus den Dokumenten, sondern aus der History-Liste holt.

2.2.4. XML Linking Language - XLink

XLink bietet viele Funktionalitäten, die weit über die Möglichkeiten der von
HTML bekannten Linktechniken hinausgeht. Genau wie der ISO-Standard SGML
als Vorbild für XML diente, so dient der ISO-Standard HyTime als Vorbild für XLink.
"HyTime goes significantly beyond XLink allowing linking between anything in any
place at any time"[DDJ12/98]. Daß HyTime zu komplex war um sich durchzuset-
zen, läßt dieses Zitat leicht erahnen. Was XLink bieten könnte, sind die folgenden
Punkte, die anschließend genauer untersucht werden.
- Kompatibilität
- Erweiterbarkeit
- Verifizierbarkeit
- Darstellung- Attribut show
- Aufruf – Attribut actuate
- Linkinhalt – Attribute content-role und content-title
- Linkauswahl
- externe Linkliste
- bi- und multidirektionale Links

Kompatibilität

Kompatibilität ist sicherlich ein wichtiger Punkt, um XML eine gute Zukunft vor-
hersagen zu können. Da HTML von heute auf morgen nicht wegzudenken ist, muß
die Linksprache von XML ebenfalls HTML-Link kompatible sein.
Die einfachte Art der Links, die XLink definiert, sieht wie folgt aus:

```
<a xml-link="simple" href = "http://..." >hier klicken</a>
```

Quelltext 2.2.4.a einfacher XML-Link

Dieses Attribut ist erforderlich und würde HTML gegenüber ein inkompatibles Erscheinungsbild liefern.

XLinks können genauso aussehen wie HTML-Links, allerdings erfordert dies, die Angabe des benötigten Attributes in der zugehörigen DTD (im Dokument oder extern).

```
<!ELEMENT a ANY>
<!ATTLIST a   xml-link   CDATA #FIXED "simple"
               href       CDATA #REQUIRED>
```

Quelltext 2.2.4.b DTD zur Anpassung an HTML-Verweise

Somit sieht ein Link der zu XLink und HTML konform ist wie folgt aus:

```
<a href="...">klicke hier</a>
```

Quelltext 2.2.4.c XML-Verweis kann wie HTML-Verweis aussehen

Erweiterbarkeit

In HTML symbolisiert das "a" und das "img" Tag, daß es sich hierbei um Links handelt. Somit ist das Schlüsselwort (Keyword) für die Software der Elementenname. XLink sieht hingegen das "href-Attribut" als Schlüsselwort für zukünftige Anwendungen vor. Dies bedeutet, der Name des Elementes ist frei wählbar, beliebig erweiterbar und somit kann jedes Element als Link dienen, sofern es ein "href-Attribut" besitzt.

Deshalb wurde im Quelltext 2.2.3.b aus Gründen der Korrektheit die Elementendefinition mit aufgelistet. So könnte das Linkelement auch "egal" heißen und man könnte diesem Element eine feste Sprungadresse zuweisen. Die Zuordnung erfolgt dann (wie immer) beim Parsen.

```
<!ELEMENT egal ANY>
<!ATTLIST egal xml-link CDATA #FIXED "simple"
               href              CDATA #FIXED "http://www.new-
media-group.com">
```

Quelltext 2.2.4.d Verweis-Defintition DTD

Der entsprechende XML Auszug sähe dann wie folgt aus:

```
<egal>Dies ist ein Link zur new-media-group</egal>
```

Quelltext 2.2.4.e Verweis als solcher nicht zu erkennen

Verifizierbarkeit

Eine der größten Schwachstellen des heutigen World Wide Webs ist, daß HTML-Dokumente im Netz liegen, die weder auf ihren Syntax noch auf ihre Links hin überprüft worden sind. Somit ist das Ergebnis einer langwierigen Suche nach der erhofften Information oftmals nur

"URL...not found"

XML Dokumente durchlaufen mindestens einmal einen Parser. Dies würde bedeuten, daß Links innerhalb (inline) des Dokumentes mitüberprüft werden. Bestünde das WWW dann nur aus XML-Dokumenten, so wäre die Folge ein Netz ohne "Broken Links".

Die bisherigen verfügbaren non-validating- und validating-parser sind nicht im Stande Links zu überprüfen. Sobald die jetzigen Entwicklungen (Drafts) den Status der Empfehlung (Recommendation) erreicht haben, rechnet man mit kostenlosen "XLL-Prozessoren" die diese Leistung vollbringen sollen.

Darstellung- Attribut show

Neben- dem Attribut xml:link können dem Linkelement noch weitere Attribute vergeben werden. Das Ergebnis der Aktivierung eines Links (auch traversieren genannt) kann in XML auf verschiedene Art und Weise dargestellt werden. Dies wird in einem Attribut im Verlinkungselement (oder in der entsprechenden DTD) festgelegt. Hierzu stehen 3 vordefinierte Attribute zur Verfügung:

- *replace* ersetzt den gesamten Inhalt des Browser-Fensters mit dem Ergebnis des traversierten Links.(wie beim Ankertag in HTML)
- *new* ein neues Browserfenster wird geöffnet und das Ergebnis dort dargestellt (bekannt aus Java-Script)
- *embed* fügt den Inhalt des Links genau an der Stelle im Text ein, an welcher der Verweis stand (wie beim Image-Tag von HTML)

Aufruf – Attribut actuate
Ein weiteres Attribute im Starttag des Linkelementes bestimmt den Zeitpunkt des Aufrufs des Links:
- *user* der Link wird aktiviert, wenn der User darauf klickt (wie beim Ankertag in HTML)
- *auto* der Link wird aktiviert, sobald die Seite geladen wird(wie beim Image-Tag in HTML)

Somit ist es gut vorstellbar, daß man fremde Quelltexte direkt beim Start in eigene Dokument einbinden wird und der User nichts davon merkt.

Linkinhalt – Attribute content-role, content-title, role und title
Wenn man einen Link aktiviert, weiß man oft nicht, welche Information man bekommt. Daher wäre es sehr sinnvoll, wenn z.B. eine zusätzliche Information erscheint, sobald man über den Link mit der Maus fährt.

Diese Information kann in zusätzlichen Attributen role, title, content-role (Kategorie) und content-title (Inhalt) abgelegt werden. Die DTD für ein Element, daß zwei dieser Attribute besitzt, könnte dabei wie folgt aussehen:

```
<!ELEMENT link ANY>
<!ATTLIST link xml:link    CDATA #FIXED "simple"
               href        CDATA #REQUIRED
               show        (embed|replace|new)
               actuate CDATA #FIXED "user"
               content-role   CDATA #IMPLIED
               content-title  CDATA #IMPLIED>
```

Quelltext 2.2.4.f Attribute content-role, content-title

Ein dazugehöriges XML-Element sähe dann wie folgt aus:

```
<link href="..."
      show="replace"
      content-role="Wissenschaft"
      content-title="Napoleons Kurzbiographie">
Napoleon</link>
```

Quelltext 2.2.4.g XLink mit content-role und content-title

Linkauswahl
Ist der Wert des xml:link Attributes auf simple gesetzt, so kann man, genau wie bei HTML, von einer Adresse zu <u>einer</u> anderen springen. Man spricht auch von *one-directional links*.

Wünschenswert wäre es, eine Auswahlliste zu erhalten, die mehrere Zieladressen beinhaltet und deren Inhalt kurz beschreibt. Um dies in Zukunft zu ermöglichen, gibt es die erweiterten (extended) Links. Dazu muß man dem bereits erwähnten Attribut xml:link den Wert *extended* zuweisen. *Extended* beschreibt eine erweiterte Auswahl an Links. In dem extended Linkelement eingebettet, können mehrere Links stehen. Diese müssen mit dem *locator* Wert gekennzeichnet sein. Man geht davon aus, daß eines Tages Browser in der Lage sein werden, dynamisch die Links zwischen diesen Lokationen zu erstellen, da sie in einer Relation stehen. Bei extended Links sind die Attribute title, role, content-title und content-role unerläßlich um eine angemessene Wahl des zu verfolgenden Links zu treffen.

Als Beispiel soll hier wiederum Napoleon dienen, der uns schon im *Kapitel 2.1.4.3.* externe Text Entities nützlich war.

```
<!ELEMENT erweitert ANY>
<!ATTLIST erweitert
                xml:link CDATA #FIXED "extended"
                content-title  CDATA #IMPLIED
                content-role  CDATA #IMPLIED>
<!ELEMENT lokation EMPTY>
<!ATTLIST lokation
                xml:link CDATA #FIXED "locator"
                href          CDATA #REQUIRED
                title         CDATA #IMPLIED
                role          CDATA #IMPLIED>
```

Quelltext 2.2.4.h erweiterte Links – DTD

Ein sinnvolles XML-Dokument sieht dann wie folgt aus:

```
<psychologie>
In der Psychologie gibt es das sogenannte
<erweitert content-title="Psychologie" content-role="Referenz">
Napoleon
<locator title="Staatsmann" role="Fakten" href="..."/>
<locator title="Rennpferd" role="Sport" href="..."/>
</erweitert>
-syndrom
</psychologie>
```

Quelltext 2.2.4.i erweiterte Links – XML-Dokument

Das Ergebnis in einem Browser der Zukunft könnte sich dann wie folgt präsentieren:

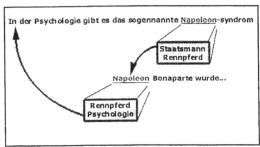

Abb. 2.2.4.a. Beispiel für extended links mit content-title

Fährt man über das Wort Napoleon, so erhält man die Auswahl zwischen den Titeln der Locator "Staatsmann" und "Rennpferd". Klickt man auf den Staatsmann, so besteht die Möglichkeit, daß der Browser in der Auswahlliste des Wortes Napoleon auf der Staatsmannseite, den Link zurück unter dem Begriff "Psychologie" auflistet (geholt vom content-title der eigenen Seite).

externe Linkliste
Erweitert man den Quelltext 2.2.3.h um ein weiteres Attribut namens *inline* und setzt diesen Wert auf *false*, so ermöglicht dies die Erstellung einer externen Linkliste. Man spricht dann auch von *out-of-line links*. Standardmäßig ist das inline-Attribut auf *true* gesetzt, um die in-line links zu kennzeichnen.
Liegt eine Linksammlung extern vor, so ergeben sich folgende Vorteile:
- bessere Wartbarkeit (Linkmanagement)
- Verknüpfung mit read-only Medien (CD-ROM)
- bidirektionale und multidirektionale Navigation

bi- und multidirektionale Links

Sind Links in einer externen Datei gespeichert, so ist diese Datei der Knoten-punkt der Linktraversierung. Das heißt es gibt in dem bisherigen Sinn keine Quell- und keine Zielseite des Sprunges mehr. Somit sind alle Seiten gleichwertig und man kann jederzeit wieder über die Linkliste an die Seite gelangen, von der man gekommen ist. Somit sind Links nicht mehr nur one-directional, sondern bi- bzw. multidirectional.

Dieser Schritt der externen Linklisten zieht eine lange Kette von Spekulationen und endlosen Diskussionsforen in Mailinglisten mit sich. Aufgrund des frühen Sta-diums und des Umfangs unserer Diplomarbeit möchten wir nicht in die Untiefen der XLL-Prozessor-Probleme bei externen Linklisten eintauchen, sondern abwarten, was die final recommendation mit sich bringen wird.

Als Anmerkung soll hier nur erwähnt werden, daß die Implementierung, Verifi-zierung, Sicherheit und viele andere Aspekte bei dem schönen Bild der gut wartba-ren Links beachtet werden sollten.

2.2.4. Bekannte Adressierungschemas

Von HTML kennt man zwei Adressierungsschemas. Man kann eine komplette Seite durch Eingabe der URI (Universal Resource Identifier) anfordern und gelangt dann an den Anfang dieser Seite. Oder man kann durch den Zusatz des Frag-mentzeichens ('#') an eine bestimmte Stelle springen, wobei auch hierbei die ge-samte Seite übertragen wird, falls man nicht schon auf dieser Seite ist.

Eine Form der Adressierung von XML wurde schon unter 2.2.2. Referenzen aufge-zeigt. Doch der XPointer-Draft verspricht noch mehr.

2.2.5. XML Pointer Language - XPointer

Auch XPointer hat einen großen und komplexen Vorfahren, die Text Encoding Initiative (TEI), aus deren Erfahrung heraus XPointer entwickelt wird. Der XPointer Draft beschäftigt sich vor allem damit, wie man an eine Stelle springen kann, wenn sie keine ID besitzt. XPointer stützten sich dabei auf die Struktur des Dokumentes und ihre verwandtschaftliche Beziehung, wie bereits unter 2.1.4.3. Navigation ange-sprochen. Dazu bedienen sich die XPointer der Möglichkeit, nach einem Universal Resource Identifier (URI) mit dem Fragmentzeichen ('#') einen XPointer folgen zu lassen.

XPointer beschreiben einen Ort oder Bereich innerhalb einer XML-Instanz. Die Vorteile von XPointer lassen sich kurz zusammenfassen:

1. Man kann auf die unterschiedlichste Art und Weise auf fast jeden Teil eines Dokumentes zugreifen
2. Man kann bestimmen welchen Bereich man dargestellt haben will.

zu Punkt 1.

Nach dem Fragmentbezeichner ('#') können fünf Arten der Adressierung erfol-gen. Vier davon sollen unter diesem Punkt kurz erläutert werden:

- Absolute Verweisausdrücke
  sie dienen in aller Regel um einen Startpunkt für den Adressierungsvorgang festzulegen, Folgende 4 Schlüsselwörter finden hierbei Verwendung *ori-gin()*, *root()*, *id(...)*, *html(...)*
- Relative Verweisausdrücke
  sie nutzen die logische Struktur. Erlaubte Schlüsselwörter sind *child(...)*, *descendant(...)*, *ancestor(...)*, *preceding(...)*, *following(...)*, *psibling(...)*, *fsi-bling(...)*. Diese Schlüsselwörter können mit *InstanceorAll* oder *NodeType* spezifiziert werden.
  - *InstanceorAll*
    Benennt, um das wievielte Element es gehen soll. Dabei gehen positive Zahlen vom ersten gefundenen Element und negative vom letzten ge-

fundenen Element aus. Steht hier *all*, so wählt der Prozessor alle Elemente für die weitere Verarbeitung aus, auf die der Ausdruck zutriff.

- *NodeType*
  Der NodeType kann durch folgende Werte spezifiziert werden: Name, #element, #pi, #comment, #text, #cdata, #all
- Attributverweisausdrücke
  Attributverweisausdrücke haben das Schlüsselwort *attr*, das den Wert des Attributs enthält.
- Stringverweisausdrücke
  ermöglichen einen Verweis auf beliebige Stellen in Zeichendaten zu plazieren. Dabei kann ein Stringverweisausdruck folgende Parameter enthalten: *string(wievieltesVorkommen, String, Position, Länge)*

In der Regel würde ein Verweisausdruck aus einer Mischung der möglichen Verweisausdrücke bestehen. Ein paar Beispiele sollen die Art der Verweise verdeutlichen. Alle Ausdrücke könnten an das Fragmentzeichen des Beispielaufrufs folgen:

```
http://www.neurotec.de/diplomarbeit/gesamt.xml#
```

Quelltext 2.2.5.a. Beispielaufruf, der allen XPointern vorrangeht

```
root().child(1,kapitel).child(2,abschnitt).id(13).child(2,p)
verkürzte Schreibweise
root().child(1,kapitel).(2,abschnitt).id(12).child(2,p)
```

Quelltext 2.2.5.b XPointerbeispiel

Dies bedeutet: Verweise von der Wurzel ausgehend auf den zweiten Paragraphen (erster Paragraph=1 und nicht wie in JavaScript=0) innerhalb des Elementes mit der id=13, welches wiederum im zweiten Abschnitt innerhalb des ersten Kapitels vorkommt.

```
id("13").preceding(1,#element)
```

Quelltext 2.2.5.c XPointerbeispiel

Hierbei zeigt der Ausdruck auf das erste Element vor dem Element mit der id=13.

```
ancestor(1,#element,attr,1).(1,DIV)
```

Quelltext 2.2.5.d XPointerbeispiel

Dieser Ausdruck verweist auf den nächsten Vorfahren, der die Verweisquelle enthält (in dem sich das Element befindet) und der das Attribut *attr* mit dem Wert 1 hat. Innerhalb dieses Elementes wird auf das erste DIV verwiesen.

```
root().string(all,"WICHTIG",1,200)
```

Quelltext 2.2.5.e XPointerbeispiel

Und schließlich der Stringverweisausdruck, der förmlich ein Suche nach dem passenden String erlaubt und alle Ergebnisse (sozusagen als Liste) zurückliefern könnte, wenn es eine passende Software dazu gibt. Dieses Beispiel verweist auf alle Textstellen, die den String "WICHTIG" enthalten und zwar vom ersten Zeichen bis zum zweihundertsten. Dabei ist es unabhängig ob zwischen dem ersten und dem zweihundertsten ein neues Element beginnt.

zu Punkt 2
Der fünfte Verweisausdruck erlaubt es, Bereiche anzusprechen. Dies bedeutet, man kann die <u>Quantität</u> des Verweises festlegen und nur die gewünschten Berei-

che z.B. auf seiner eigenen Seite einbinden. Der *SpanTerm* spannt einen Bereich zwischen den Punkten auf, die durch das Komma im *Span*ausdruck getrennt sind.

```
root().descendant(-2,DIV).span(child(1),child(2))
```

Quelltext 2.2.5.f Beispiel SpanTerm

So wird ausgehend vom Wurzel-Element, innerhalb des vorletzten DIV ein Bereich zwischen dem ersten und zweiten Kindelement aufgespannt.

2.2.6. Schlußbemerkung

Was und wieweit dieser Draft jemals in die Browser implementiert wird, wird sich zeigen. Es wird damit sicherlich vielerlei Probleme geben. Sei es die externen Links dem Browser zugänglich zu machen, Schreibrechte in den Linkgruppen zu erteilen oder die Schritte abzuschätzen, die ein Parser gehen soll um das dazugehörige Dokument für gültig anzuerkennen. Zumindest wurde mit dem *step* Attribut in dem Groupelement eine Möglichkeit geschaffen, überhaupt zu parsen, ohne das ganze Web bei der Validierung durchforsten zu müssen.

Auch das Traversieren einer Zieladresse per relativer Verweisadressierung wird nur bei den Seiten Sinn machen, die selten einer Veränderung unterliegen, da ansonsten zwar der Parser keinen Fehler liefert, aber der Inhalt dessen, was der Wegbeschreibung jetzt entspricht, nicht das gewünschte Ergebnis liefert. Dieses Problem wird sich vermeiden lassen, wenn man fast jedem Element eine ID zuweist, so daß man später eindeutig, sprich absolut referenzieren kann.

Doch angenommen, es wird streng nach dem Draft umgesetzt und es besteht auch hierbei die Möglichkeit, wie bei allen XML Komponenten mit einem Prozessor (Parser) die Links zu überprüfen, so ergeben sich daraus für uns folgende Schlußfolgerungen:

- Die Kopieren-Einfügen Zeiten sind vorbei. Man verweist immer auf die aktuelle und originale Referenz und bestimmt dabei die Quantität der Inhalte des erwünschten Zieldokumentes→Qualität im Netz steigt
- Das 'auto'matische Laden von Links ermöglicht die Wiederverwendung einzelner Passagen und man kann seine Seiten modular aufbauen.
- Das Einbinden (embed) von Quellen direkt an der Stelle an der der Link stand, ermöglicht z.B. eine sinnvolle didaktische Gestaltung von Web Based Trainings.
- Hilfsreferenzen können leichter eingebunden werden
- extended out-of-line links sollen ein Netz ermöglichen, in dem Seiten automatisch verlinkt werden (cross-referenz), die einen Bezug zueinander haben. [Gra98]
- Werden den Links in der Auswahlliste sinnvolle Beschreibungen gegeben, so ist dieser innovative Ansatz sicherlich eine Bereicherung und die kosten- und zeiteffektivste Lösung für den Anwender, seine "Ziele" erfolgreich zu verfolgen.

2.3 Analyse der eXtensible Style Language XSL

2.3.1 Trennung von Information und Präsentation

Da XML-Dokumente keinerlei Informationen zur Präsentation beinhalten, ist ein zweites Dokument, das Stylesheet genannt wird unbedingt erforderlich, will man XML-Dokumente zur Ausgabe bringen. Dies mag auf den ersten Blick umständlich erscheinen, bringt aber enorme Vorteile mit sich. Denn gerade die Idee, Inhalt und Präsentation zu trennen, macht eine Wiederverwendbarkeit der Informationen erst möglich. Dabei können die Eigenschaften des jeweiligen Ausgabemediums ideal ausgeschöpft werden.

Ein Beispiel soll dies Veranschaulichen:

Ein Text, der zum Beispiel in einer Werbebroschüre Verwendung findet, soll auch auf einer Webseite eingesetzt werden. Das Problem bisher war, daß der Text für die Werbebroschüre fest mit den Ausgabecharakteristika wie, Absatz, Überschrift und den damit verbundenen Stilangaben wie Schriftgröße, Schriftart, Textfarbe usw., verknüpft war. Diese Ausgabeformatierungen sind aber auf das Printmedium bezogen, so zum Beispiel auf das Seitenlayout einer DIN A 4 Seite, und nicht für die Ausgabe innerhalb eines Browsers geeignet. Um den Werbetext nun auf die Webseite zu übertragen, mußte man per Copy und Paste den Inhalt in einen HTML-Editor importieren und dort die gewünschte Ausgabeformatierung vornehmen. Es gibt zu diesem Zweck zwar Konvertierungsprogramme, die z.B. Worddokumente in HTML konvertieren, deren Ergebnisse lassen jedoch zu wünschen übrig und erfordern manuelle Nacharbeit. Ganz zu schweigen von der Datenredundanz, die innerhalb des Systems zunimmt (siehe auch 3.2 XML im Content Management), da zweimal derselbe Inhalt, nur mit einer anderen Ausgabeformatierung vorhanden ist.

Hier ist die Trennung von Inhalt und Präsentation eine ideale Lösung. Bezogen auf voriges Beispiel, wird zuerst der Inhalt, also der reine Text der Werbebotschaft in Form eines XML-Dokuments erstellt. Dabei wird der Text strukturiert, das heißt mit Markierungen, wie z.B. Titel, Untertitel, Slogan, oder ähnlichem versehen. Diese Markierungen bilden nun die Haltegriffe, an denen das Stylesheet ansetzt, um Formatierungen und Stilangaben zuzuweisen. Nun kann man für jedes Ausgabemedium ein extra Stylesheet erstellen, das die Ausgabemöglichkeiten des jeweiligen Mediums ideal nutzt. Dieses Stylesheet wird nun mit dem XML-Dokument verbunden um die Ausgabe zu ermöglichen. Dabei gibt es zwei unterschiedliche Vorgehensweisen die im Kapitel 2.3.3 erläutert werden..

2.3.2 Herkunft von XSL

Die Idee von XML, Information und Präsentation zu trennen ist nicht neu, sondern wird schon in SGML verwendet. So ist auch XSL keine Neuentwicklung, sondern wurde ebenfalls wie XML von einer bestehenden Sprache abgeleitet. Diese Sprache heißt Document Style Semantics and Specification Language kurz DSSSL. Sie dient dazu SGML-Dokumente anzeigen zu können. Die Sprache ist genauso komplex und umfangreich wie SGML selbst, so daß sie schwerlich in Browser zu integrieren wäre. Es gibt bis heute kaum Software, welche die volle Funktionalität von DSSSL unterstützt. Diese Tatsache wurde schon bei SGML erkannt, wodurch man DSSSL-O einführte, eine für Online-Zwecke abgespeckte Version der eigentlichen DSSSL.

Eine zweite Entwicklung, kommt von HTML her und beeinflußt die Entwicklung von XSL. Auch bei HTML hat man erkannt, daß es nützlich ist die Darstellungsinformationen von den Inhalten zu trennen und entwickelte die Cascading Style Sheets kurz CSS.

XSL soll zu CSS kompatibel sein und die Funktionalitäten von DSSSL-O beinhalten. Dabei sind XSL-Stylesheets in XML-Syntax verfaßt, inklusive DTD und somit ebenfalls eine XML-Anwendung. Dies ist bei DSSSL-O nicht der Fall, diese Sprache verwendet *Scheme* beziehungsweise *Lisp-Syntax.*

2.3.3 Präsenation von XML mit XSL

Um ein XML-Dokument als Printmedium ausgeben zu können wird das XML-Dokument mit dem zugehörigen XSL-Dokument durch ein Prozessor, wie zum Beispiel das Programm Jade, verarbeitet. Als Ergebnis liefert dieses Programm zum Beispiel ein rich text format-Dokument (rtf), auch die Ausgabe als HTML-Dokument ist möglich.

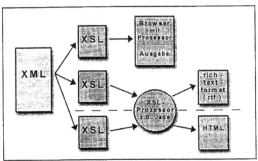

Abb. 2.3.3 a Präsentationsarten von XML

Der zweite Weg findet bei der Ausgabe innerhalb eines Browsers Anwendung. Hierbei wird das XML-Dokument zusammen mit dem XSL-Dokument an den Browser übertragen, dieser verarbeitet die beiden Dokumente mit seinem integrierten Prozessor und bringt den Inhalt zur Ausgabe.

Bei beiden Vorgehensweisen findet ein sogenannter Prozessor Anwendung. Der Prozessor ist ein Softwaremodul und nicht zu verwechseln mit dem Hardwarebaustein. Im folgenden ist mit Prozessor immer das Softwaremodul gemeint. Die Funktion und Arbeitsweise des Prozessors wird im Unterkapitel 2.3.6 Der XSL-Prozessor erläutert.

Da im Bereich e-commerce, wie auch speziell im Prototyp, die Ausgabe über den Browser als Benutzer Front-End im Vordergrund steht, wird im weiteren Verlauf die Evaluierung von XSL auf den Einsatz mit Browsern bezogen.

2.3.4 Präsentation von XML mit Cascading Style Sheets

Wie schon erwähnt ist XSL zu den Cascading Style Sheets kompatibel. Man kann also XML-Dokumente mit Hilfe von CSS präsentieren. Um die Möglichkeiten von CSS zu erläutern muß man ihre Funktionsweise kennen. Diese soll anhand eines kleinen Beispiels verdeutlicht werden. Dazu wird folgendes XML-Dokument verwendet:

```
<?XML:stylesheet type="text/css" href="demo-css.css"?>
  <xdoc>
    <greetings>Hello Sam!</greetings>
    <question>Can you clone me?</question>
    <nameobject>Sam</nameobject>
  </xdoc>
```

Quelltext 2.3.4 a demo.xml

Dieses Dokument kann in folgendem Dokumentbaum dargestellt werden:

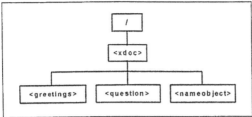

Abb. 2.3.4 a Dokumentbaum

Die Möglichkeiten von CSS beschränken sich darauf, jedem dieser Elemente Stilinformationen zuzuweisen. Dies bedeutet, zu jedem beliebigen Element innerhalb des Dokumentbaumes läßt sich sein Aussehen bestimmen.
Nachstehendes Stylesheet zeigt dies:

```
greetings,question,nameobject{display:block}
Xdoc{
        font-family:times new roman, serif;
        font-size: 12pt;
    }

nameobject{
        font-size:16pt;
    }
```

Quelltext 2.3.4 b demo-css.css

Im CSS Quellcode erkennt man, wie den Elementen greetings, question, und nameobject exakt eine Anzeigeformatierung (hier, block) zugewiesen wird. Block ist ein Formatierungsobjekt, das am Anfang und Ende ein Zeilenvorschub bewirkt. Es werden jedoch nicht allen Elementen Stilangaben zugewiesen, sondern nur den Elementen xdoc und nameobject. Bei diesem Vorgehen macht man sich die Vererbungseigenschaften von CSS zunutze. Dem Element xdoc, welches über allen anderen Elementen steht werden Stilangaben zugeordnet. Diese sind „font-family:times new roman, serif;" und „font-size: 12pt;". Alle Elemente, die sich unterhalb von xdoc im Dokumentbaum befinden erben diese Stilangaben, solange sie diese Angaben nicht überschreiben. Das Element nameobject überschreibt die Stilangabe der Schriftgröße, erbt aber weiterhin die Stilangabe zur Schriftfamilie. Die Darstellung des XML-Dokuments sieht demnach wie folgt aus:

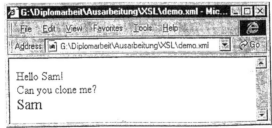

Abb. 2.3.4 b XML Darstellung mit CSS

Mit Hilfe von Cascading Style Sheets ist es also möglich XML-Dokumente darzustellen und jedem Element,wenn nötig, ein eigenes Aussehen zuzuweisen. Diese Funktionalität reicht für einfache Anwendungen aus.

2.3.5 Anforderungen an eine Stilsprache

Innerhalb eines Dokuments können Informationsredundanzen entstehen.. Über die Wege zur Vermeidung dieser Redundanzen lassen sich direkt Anforderungen an eine Stilsprache ableiten.

Als Beispiel soll dieses Mal ein Buch dienen. Ein Buch besteht aus verschiedenen Kapiteln und den zugehörigen Unterkapiteln. Dieses Gerüst bildet die Struktur der im Buch enthaltenen Informationen. Zusätzlich gibt es ein Inhaltsverzeichnis, welches aus den einzelnen Kapitelüberschriften besteht. Dieses Inhaltsverzeichnis ist für den Leser sehr nützlich, um sich im Buch zurecht zu finden. Genauer betrachtet verfügt das Inhaltsverzeichnis aber über keine neuen Informationen, da es nur aus den Kapitelüberschriften des Buches besteht. Die Schlußfolgerung daraus lautet, da das Inhaltsverzeichnis keine neuen Informationen bereithält, sondern nur vorhandene aufbereitet, gehört es auch nicht zum Informationsteil des Dokuments, sondern zu seiner Präsentation. Daraus ergeben sich die Anforderungen an eine Stilsprache. Sie muß vorhandene Informationen eines Dokuments, innerhalb des Dokuments mehrmals verwenden und die Struktur des zu präsentierenden Dokuments im Vergleich zum Ausgangsdokument ändern können. Diese Änderung beinhaltet die Umstrukturierung, Ergänzung und Reduzierung des ursprünglichen Dokuments durch den Prozessor. Das neue Dokument wird im Arbeitsspeicher erstellt, ohne daß dabei das Original von den Änderungen selbst betroffen wird. In dem genannten Beispiel würde dies bedeuten, daß das Dokument nur aus den ausreichend strukturierten Kapiteln besteht. Das Inhaltsverzeichnis wird von der Stilsprache aus dem Dokument selbst generiert und an den Anfang des neu entstehenden Dokuments eingefügt.

Im Gegensatz zu den Cascading Style Sheets, welche den Dokumentbaum nicht umformen können, erfüllt XSL diese Anforderungen. Dabei ist XSL eine Sprache, basierend auf XML, welche die genannten Anforderungen in Form von Verarbeitungsregeln bereit hält. Diese Verarbeitungsregeln dienen dem Prozessor, zur Erstellung des resultierenden für die Präsentation aufbereiteten Dokuments.

Um die Möglichkeiten von XSL verstehen zu können muß man die Funktionsweise des Prozessors kennen.

2.3.6 Der XSL-Prozessor

Der Prozessor ist eine Programmiereinheit, welche die XML-Dokumente entsprechend den Verarbeitungsanweisungen in dem zugehörigen Stylesheet formatiert. Dabei geht der XSL-Prozessor Element für Element durch das XML-Dokument wobei er für jedes Element im Stylesheet nachschaut, ob es hierfür eine Verarbeitungsregel gibt. Aus dieser Vorgehensweise ergibt sich ein rekursiver Prozeß, innerhalb dessen das neue Dokument generiert wird. Ein XSL-Prozessor ist somit in der Lage aus wenigen Konstruktionsregeln ein komplexes Ausgabeformat zu generieren.

Der Ablauf läßt sich grob untergliedern in zwei Schritte. Im ersten Schritt erstellt der Prozessor aus dem Dokumentbaum des XML-Dokuments anhand der Konstruktionsregeln des Stylesheets den Ergebnisbaum (result tree). Dabei kann der ursprüngliche Dokumentbaum umgeordnet, Blätter des ursprünglichen Baumes kopiert, und / oder um Elemente und Text erweitert werden.

Im zweiten Schritt werden nun, anhand der im Stylesheet enthaltenen Stilregeln, dem resultierenden Baum die Darstellungsinformationen zugeordnet. Als Resultat ergeben sich die sogenannten „Styled Flow Objects"

Dieses Konzept unterscheidet sich von dem der Cascading Stylesheets, bei denen die „Styled Flow Objects" immer auf dem ursprünglichen Dokumentbaum basieren.

2.3.7 Möglichkeiten der eXtensible Style Language

Aus der Funktionsweise des XSL-Prozessors ergibt sich der Aufbau der eXtensible Style Language. Sie besteht aus zwei Teilen, zum einen aus einer Sprache um XML-Dokumente zu transformieren und zum anderen aus einem Vokabular um Formatierungen zu spezifizieren. Die Sprache zur Transformation von XML-

Dokumenten ist in dem Working Draft unter Punkt 2 "Tree Construction" zu finden. Die Formatierungssprache unter Punkt 3" Formatting Objects".

Auch hier soll ein Beispiel zur Veranschaulichung dienen, als XML-Dokument soll das aus dem Unterkapitel „2.3.5 Präsentation von XML mit Cascading Style Sheets" bekannte Dokument dienen. Lediglich die erste Zeile, in der auf die CSS-Datei referenziert wird, muß durch folgende Zeile ersetzt werden:

```
<?XML:stylesheet type="text/xsl" href="demo-xsl.xsl"?>
```

Quelltext 2.3.7 a Stylesheetreferenz

Nun verweist das XML-Dokument auf die zugehörige XSL-Datei, die in diesem Fall im selben Verzeichnis wie das Dokument selbst liegen muß.

Das XSL-Dokument sieht folgendermaßen aus:

```
<xsl:stylesheet
  xmlns:xsl="http//www.w3.org/tr/WD-xsl"
  xmlns:fo="http://www.w3.org/tr/wd-xsl/FO"
  result-ns="fo">

  <xsl:template match="/">
    <fo:page-sequence
        font-family="times new roman serif"
        font-size="12pt">
      <xsl:process-children/>
    </fo:page-sequence>
  </xsl:template>

  <xsl:template match="nameobject">
    <fo:block
        fontsize="16pt"
      <xsl:text>YES I CAN!</xsl:text>
      <xsl:process-children/>
      <xsl:process-children/>
    </fo:block>
  </xsl:template>
</xsl:stylesheet>
```

Quelltext 2.3.7 b demo-xsl.xsl

Dies führt zu folgender Ausgabe

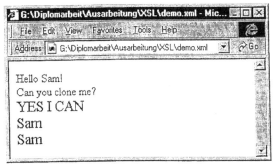

Abb. 2.3.7 a XSL im Internet Explorer 5 beta

Man sieht nun, daß der ursprünglichen Dokumentbaum, wie er unter „2.3.4 Präsentation von XML mit Cascading Style Sheets" dargestellt wurde, durch ein Text-Element und ein weiteres nameobject-Element erweitert wurde. Dieser neue Dokumentbaum wird im Speicher gehalten und über den Browser zur Ausgabe gebracht. Das ursprüngliche Dokument ist von dieser Veränderung nicht betroffen und kann über die Browserfunktion „View Source" betrachtet und beim Benutzer gespeichert werden.

Momentan ist kein Browser in der Lage, die in der Spezifikation beschriebenen "Formatting Objects" zu verarbeiten. Lediglich der Internet Explorer 5 beta von Microsoft hat XSL-Funktionalitäten implementiert. Diese beinhalten den Part "tree construction" der Spezifikation.

Ohne in endlosen Syntaxerklärungen von XSL zu enden, sollen die allgemeinen Blöcke und ihre Funktionalitäten und damit die Möglichkeiten von XSL, erläutert werden. Für Detailinformationen wird auf die Spezifikation verwiesen.

2.3.8 Das XSL-Dokument

XSL-Dokumente sind in XML verfaßt und damit auch XML-Dokumente. Diese können auch durch einen Parser validiert werden, da es auch eine DTD für XSL gibt. Um nun ein XSL-Dokument als solches zu kennzeichnen, muß dieses mit dem Element xsl:stylesheet ausgezeichnet werden. Der Inhalt dieses Elements ist mit einem Header vergleichbar, indem bestimmte Vereinbarungen getroffen werden. So besagt z.B. result-ns="fo", daß der zu konstruierende Ergebnisbaum das Vokabular der Formatierungsobjekte benutzt, wie sie im Working Draft definiert sind.

2.3.9 Das Ergebnisdokument

Um aus dem Dokumentbaum des ursprünglichen Dokuments den Ergebnisbaum zu generieren bedarf es zweier Informationen. Zum einen, welche Elemente des ursprünglichen Dokumentbaumes sollen verarbeitet werden und wie sollen diese Elemente verarbeitet werden. Diese Informationen werden in den Template-Regeln (template rules) des Stylesheets definiert. Folglich bestehen diese Template-Regeln aus zwei Teilen

- Generierung des Ergebnisbaums
- Darstellungsanweisungen für den Ergebnisbaum

Generierung des Ergebnisbaums

Die Generierung des Ergebnisbaums besteht wiederum aus zwei Teilen. Im ersten Teil, wird das Element bzw. die Elemente bestimmt, die verarbeitet werden. Dies geschieht über bestimmte Ausdrücke, den sogenannten „patterns", die als Wert dem Attribut „match" zugeordnet werden. Im Working Draft ist deshalb auch von match patterns die Rede. Der zweite Teil besteht aus dem Template selbst. Dieses bestimmt die Verarbeitung der in dem Ausdruck bestimmten Elemente. Bezogen auf das obige Beispiel wird die letzte Template-Regel auf alle nameobject-Elemente angewendet. Dabei wird den Elementen das Formatierungsobjekt fo:block zugewiesen. Dies bewirkt, daß jedes Element in einer eigenen Zeile dargestellt wird. Auch auf das eingeschobene Text-Element „YES I CAN" wird das Formatierungsobjekt angewendet. Die nachfolgende Anweisung <xsl:process-children/> bewirkt, daß auch alle Kindelemente mit diesem Template verarbeitet werden. Die zweifache Ausführung dieser Anweisung bewirkt, daß ein weiteres nameobject-Element (und falls vorhanden Kindelemente von nameobject) in den Ergebnisbaum eingefügt wird.

Die Ausdrücke, die besagen, welche Elemente mit den zugehörigen Templates verarbeitet werden, sind mächtig und können so gestaltet werden, daß sie vom allgemeinen Dokument bis zu einem einzelnen Element zutreffen.

Der Working Draft spezifiziert dazu Zeichen, Ausdrücke und Kombinationen. Nachfolgend soll ein Überblick über die Mächtigkeit dieser Ausdrücke gegeben werden:

Ausdruck	Funktion
/	Der Schrägstrich steht als root für das gesamte Dokuments, nicht zu verwechseln mit dem root-Element. Hier werden allgemeine Stilregeln definiert, somit können diese an alle Knoten vererbt werden.
*	Der Wildcard-Ausdruck betrifft hier alle Elemente des

	Dokument inklusive dem root-Element. Nicht aber das Dokument selber (/).
titel	Ist für alle titel-Elemente zutreffend.
titel|buch	Oder-Operator → titel oder buch Element.
kapitel//titel	Vorfahre-Pattern→betrifft alle titel-Elemente, die ein kapitel-Element als Vorfahre haben.
kapitel/titel	Eltern-Operator → Regel wird auf alle titel-Elemente angewendet, die ein kapitel–Element als Eltern-Element haben.
id(A17)	Betrifft genau ein Element, nämlich dasjenige, welches die eineindeutige id A17 besitzt.
kapitel [attribute(nr)="0"]	Trifft für alle kapitel-Elemente zu, die ein nr-Attribut besitzen und dessen Wert auf 0 steht.
kapitel[einleitung]	Kindbeziehung, gilt für alle kapitel–Elemente die ein einleitung–Element als Kind besitzen.
kapitel[first-of-type()]	Positionsangaben, hier betrifft es das erste kapitel–element. „first-of-type()" ist ein Schlüsselwort weitere werden in der Spezifikation definiert.

Tabelle 2.3.9 a match patterns

Dies ist nur ein Auszug, man kann die Ausdrücke aber in ihrer Anwendung in Gruppen einteilen. Zuerst wäre die Gruppe der alternativen Ausdrücke zu nennen. Diese benutzten den oder-Operator. Der oder-Operator darf nur mit der nachfolgend genannten Gruppe der Verwandtschaftsverhältnisse benutzt werden. Die Gruppe, der Verwandtschaftsverhältnissen, spezifiziert betreffende Elemente mit Ausdrücken wie „Nachfahre von", „Eltern von" und ähnliches. Eine eigene Gruppe bildet der Ausdruck, der genau ein bestimmtes Element betrifft, es ist die Gruppe der sogenannten Anker. Diese werden im Ausdruck durch die eineindeutige id des jeweiligen Elements spezifiziert. Die einfachste Gruppe bezieht sich auf Elementtypen. Der Ausdruck besteht dabei aus dem Elementnamen. Eine weitere Gruppe bilden die Bezeichner (qualifier), sie werden in eckige Klammern geschrieben. Durch die Bezeichner wird ein Elementtyp weiter eingeschränkt, so zum Beispiel durch die Angabe eines Attributs, oder durch die Angabe eines Attributs, welches einen bestimmten Wert besitzen muß. Auch die Angabe eines nachfolgenden Elements kann den Elementtyp näher einschränken. Aber auch eine Positionsangabe, z.B. „first-of-type(), als Bezeichner in der eckigen Klammer ist möglich. Neben diesen Möglichkeiten entstehen weitere indem man die oben genannten miteinander kombinieren kann.

Wurden nun mit einem Ausdruck die zu verarbeitenden Elemente definiert, so folgt nun das Template selbst, das auf die Elemente angewendet werden soll. Innerhalb eines Templates können neue Attribute definiert werden, die auf die Elemente angewendet werden sollen. Auch Text, der als zusätzlicher Textknoten in den Dokumentbaum eingefügt wird ist möglich.

Die angegebenen Templates werden durch die Anweisung <xsl:process-children/> auf die selektierten Elemente und alle ihre Nachfahren angewendet. Es besteht jedoch auch die Möglichkeit, innerhalb der selektierten Elemente eine weitere Selektion vorzunehmen. Dies geschieht über die Anweisung <xsl:process select="Ausdruck"/> wobei der Ausdruck wiederum aus den oben unter match pattern genannten Möglichkeiten bestehen kann. Dieser Ausdruck wird, da es sich um eine weitere Auswahl handelt im Working Draft als select pattern bezeichnet. Eine weitere Möglichkeit bietet die Anweisung <xsl:for-each select="Ausdruck"> Template/s </xsl:for-each>. Diese Anweisung ist mit einer Schleife vergleichbar und verarbeitet jedes Element, welches in Ausdruck selektiert wird mit den in der Anweisung enthaltenen Templates. Dies ist nützlich ,wenn das Ergebnis eine regelmäßige Struktur hat, die von vornherein bekannt ist. Ergänzend hierzu gibt es noch zwei bedingte Anweisungen. Die Erste ist eine if-Anweisung mit folgender Syntax <xsl: if test="Ausdruck"> Template/s </xsl:if> ; werden zu dem Ausdruck ein oder mehrere zutreffende Elemente gefunden wird der Inhalt der if-Anweisung, die Templates, verarbeitet. Die Zweite ist der switch-Anweisung in C/C++ sehr ähnlich. Hierzu ein Syntaxbeispiel:

```
<xsl:choose>
  <xsl:when test='Ausdruck 1'>
    Template/s a
  </xsl:when>
  <xsl:when test='Ausdruck 2'>
    Template/s b
  </xsl:when>
  <xsl:otherwise>
    Template/s c
  </xsl:otherwise>
</xsl:choose>
```

Quelltext 2.3.9 a XSL-choose

Definiert wird die bedingte Anweisung mit <xsl:choose>, im folgenden werden verschiedene Fälle angegeben, die sich durch unterschiedliche Ausdrücke des test-Attributes unterscheiden. Der XSL-Prozessor verarbeitet die Templates der ersten Anweisung, deren Ausdruck zutrifft, sollten die Ausdrücke nachfolgender Anweisungen ebenfalls zutreffen werden diese trotzdem nicht verarbeitet. Trifft kein Ausdruck zu und es ist das optionale <xsl:otherwise>-Element vorhanden, so werden dessen Templates verarbeitet. Es ist also sinnvoll, die Ausdrücke in einer Reihenfolge von spezifisch nach allgemein anzuordnen.

In XSL können auch die Werte von Attributen, sowie die Inhalte von Elementen innerhalb von Template-Regeln ausgelesen werden und weiterverarbeitet werden. Dies geschieht über die Anweisung <xsl:value-of expr="Ausdruck">.

Es sei noch erwähnt, daß es möglich ist, Anweisungen als Macros zu definieren. Nicht jedoch gesamte Template-Regeln, sondern nur die in ihnen enthaltenen Templates selbst. Dabei wird das Macro mit einem Namen versehen, nach der Definition des Macros kann dies innerhalb des Stylesheets durch einen bestimmten Aufruf in Kombination mit seinem Namen angewendet werden. Macros dienen somit der Wiederverwendbarkeit von Templates und erleichtern die Pflege von Stylesheets. Aber nicht nur einzelne Templates lassen sich wiederverwenden, sondern auch ganze Stylesheets. Dies wird dadurch ermöglicht, daß sich Stylesheets miteinander kombinieren lassen, dabei gibt es zwei unterschiedliche Vorgehensweisen.

Der Stylesheet Import, muß am Anfang des Stylesheets durch das Element <xsl:import href="URI"/> angegeben werden. Dabei können beliebig viele Stylesheets importiert werden. Dies ergibt die Möglichkeit Stylesheets modular aufzubauen. Hierbei kann das Problem auftreten, daß in verschiedenen Stylesheets Template-Regeln definiert werden, die denselben Ausdruck des match pattern besitzen aber unterschiedliche Templates. Diese Konfliktsituation wird durch die Festlegung gelöst, daß das importierende Stylesheet die höchste Priorität besitzt. Die Priorität der importierten Stylesheets untereinander ist so gelöst, daß das zuletzt importierte Stylesheet die höchste Priorität besitzt, absteigend bis zum Stylesheet, welches als erstes importiert wurde und somit die niedrigste Priorität besitzt.

Aber auch innerhalb desselben Stylesheets kann es zu Konfliktsituationen kommen, wenn zwei Template-Regeln durch ihren Ausdruck im match pattern auf ein Element zutreffen. Dieser Konflikt ist so gelöst, daß diejenige Regel angewendet wird, deren Ausdruck der spezifischere der beiden Ausdrücke ist.

Es zeigt sich, daß es umfangreiche Möglichkeiten gibt, den Ergebnisbaum zu erstellen und zu manipulieren.

Darstellungsanweisungen für den Ergebnisbaum

Bislang sind dem Ergebnisbaum noch keine Stilinformationen zugeordnet, die sein Aussehen definieren. Dies geschieht im zweiten Teil der Template-Regeln durch die Zuordnung von sogenannten Formatierungsobjekten zu den Elementen des Ergebnisbaums. Praktisch sieht dies so aus, daß innerhalb der Template-Regel das Element des Formatierungsobjekts das Element der Verarbeitungsregel umgibt. Dadurch wird an die Elemente des Ergebnisbaums, die durch die Verarbeitungsregel definiert werden, die Stilinformation gebunden. Im verwendeten Beispiel sind dies folgende Zeilen:

```
<fo:page-sequence
    font-family="times new roman,serif"
    font-size="12pt">
    <xsl:process-children/>
</fo:page-sequence>
```

Quelltext 2.3.9 b Formatierungsobjekte

Hier wird den Elementen, die durch „<xsl:process-children/>" verarbeitet werden, das Formatierungsobjekt page-sequence zugewiesen. Man erkennt auch, daß das Formatierungsobjekt „page-sequence" Attribute beinhaltet, wie hier „font-family" und „font-size". Über diese Attribute läßt sich das Verhalten und Aussehen der Formatierungsobjekte näher beschreiben und steuern. Welche Formatierungsobjekte es gibt und welche Attribute diese besitzen, sowie die Werte, die diesen Attributen zugewiesen werden können, ist im Working Draft festgelegt. Derzeit sind achtzehn Formatierungsobjekte definiert, diese lassen sich in Gruppen zusammenfassen, deren Möglichkeiten im Folgenden dargestellt werden.

Gruppe	Möglichkeiten
Layout	definieren grundsätzliche Layouteigenschaften für das gesamte Dokument, und bilden die Grundlage um weitere Objekte aufzunehmen. So kann hier z.B. eine Kopf- oder Fußzeile, sowie andere Bereiche wie Spalten definiert werden, die für das gesamte Dokument gelten.
Container	sammeln andere Formatierungsobjekte und deren Inhalt um diese Sammlung bestimmten Bereichen, die in den Layouteigenschaften festgelegt wurden zuzuordnen.
Listen	beinhalten die Eigenschaften von geordneten und ungeordneten Listen
Optik	bietet zusätzliche Gestaltungsmöglichkeiten wie Rahmen, Blöcke mit anderer Hintergrundfarbe, highlighting, horizontale Linien und ähnliches
Online	unterstützt Interaktionen
Mathematik	beinhaltet Komponenten zur Darstellung von mathematischen Formeln und Gleichungen.
Tabelle	bietet Komponenten zur Erstellung von Tabellen

Tabelle 2.3.9 b Gruppen von Formatierungsobjekten

Im Working Draft wird auf die baldige Entwicklung von Komponenten der Gruppen Tabelle und Mathematik sowie auf zusätzliche Komponenten der anderen Gruppen hingewiesen. Die momentan vorhandenen achtzehn Formatierungsobjekte reichen für eine ansprechende Darstellung von XML-Dokumente noch nicht aus.

Nutzung von XSL ohne Formatierungsobjekte

Die eXtensible Stylesheet Language kann aber auch ohne Formatierungsobjekte verwendet werden. Diese Möglichkeit wird auch im Working Draft berücksichtigt.

Dabei gibt es zwei Anwendungsgebiete. Erstens, die Konvertierung von XML-Dokumente in andere XML-Dokumente und Zweitens die Erstellung von HTML-Dokumente aus XML-Dokumenten. Wobei sich beide Vorgehensweisen nicht voneinander unterscheiden und in Zukunft, wenn HTML auf XML basieren wird, ist das zweite auch nur noch ein spezieller Fall des ersten Anwendungsgebiets.
Die Vorgehensweise soll kurz anhand eines Beispiels erläutert werden.

```
Dokument 1
<buchladen>
  <buch>
    <titel>Grundlagen XML</titel>
    <autor>Hans Schmidt</autor>
  </buch>
  ... hier folgen weitere Bücher
</buchladen>

Dokument 2
<bookshop>
  <book>
    <title>Grundlagen XML</title>
    <author>Hans Schmidt</author>
  </book>
  ... hier folgen weitere Bücher
</bookshop>
```

Quelltext 2.3.9 c Konvertierung von XML-Dokumenten

Das Dokument1 unterscheidet sich in seiner Struktur nicht von Dokument 2, die Elementnamen sind jedoch verschieden. Nun kann Dokument 1 mit Hilfe eines XSL-Dokuments in Dokument 2 konvertiert werden. Das zugehörige Stylesheet sieht dabei folgendermaßen aus:

```
<?xml version="1.0"?>
<xsl:stylesheet xmlns:xsl="http://www.w3.org/TR/WD-xsl">
<xsl:template match="/">
  <bookshop>
  <xsl:for-each select="buchladen/buch">
  <book>
  <title>
    <xsl:process select="titel"/>
  </title>
  <author>
    <xsl:process select="autor"/>
  </author>
  </book>
  </xsl:for-each>
  </bookshop>
</xsl:template>
</xsl:stylesheet>
```

Quelltext 2.3.9 d XSL zur XML Konvertierung

Als erstes wird das root-Element <bookshop> erstellt Danach wird für jedes buch-Element, das ein buchladen-Element als Eltern-Element besitzt eine Schleife durchlaufen. Innerhalb der Schleife wird das book-Element erstellt und darin die Elemente title und das englische "author", wobei diese mit den Inhalten der Elemente titel und dem deutschen "autor" aus dem ursprünglichen Dokument gefüllt werden. So erhält man als Ergebnis das Dokument 2. Dieses Beispiel ist sehr einfach gehalten, wie jedoch in dem Unterkapitel „Der Ergebnisbaum" dieses Kapitels ausgeführt wird, sind auch die Erstellung von Attributen und das Auslesen von Attributwerten möglich, so daß durchaus komplexere Dokumente konvertiert werden können. Reicher strukturierte Dokumente können auch in weniger strukturierte Dokumente konvertiert werden. Nur der umgekehrte Fall ist nicht möglich und stellt eine Einschränkung der Konvertierungsmöglichkeiten dar. Bezogen auf reale Anwendungen, die ihre XML-Dokumente unterschiedlich auszeichnen, ist es aber durchaus plausibel, daß sich diese Dokumente in ihrer Struktur ähnlich sind. So wird sich zum Beispiel das Dokument Rechnung der einen Anwendung in seiner Struktur nicht stark von dem Dokument Rechnung der anderen Anwendung unterscheiden. Diese Dokumente können nun aber sehr einfach konvertiert werden, ganz im Gegensatz von bisherigen unterschiedlichen Datenformaten verschiedener Anwendungen. Der Konvertierungsvorgang verlangt zwar ein entsprechendes Stylesheet, aber die Konvertierungssoftware, der XSL-Prozessor, kann für jeden Konvertierungsvorgang verwendet werden und ist auf dem Markt frei erhältlich. Dies stellt eine weitere wesentliche Vereinfachung des bisherigen Problems der Datenkonvertierung dar.

Das zweite Anwendungsgebiet die Darstellung von XML-Dokumente als HTML-Dokumente benötigt Stylesheets folgender Art:

```xml
<?xml version="1.0"?>
<xsl:stylesheet xmlns:xsl="http://www.w3.org/TR/WD-xsl">

<xsl:template match="/">
  <HTML>
  <HEAD>
  <TITLE>Buchladen</TITLE>
  </HEAD>
  <BODY>
  <TABLE>
  <TBODY>
    <xsl:for-each select="buchladen/buch">
    <TR>
    <TD>
      <xsl:value-of select="titel"/>
    </TD>
    <TD>
      <xsl:value-of select="autor"/>
    </TD>
    </TR>
    </xsl:for-each>
  </TBODY>
  </TABLE>
  </BODY>
  </HTML>
</xsl:template>
</xsl:stylesheet>
```

Quelltext 2.3.9 e XSL zur HTML Generierung

Grundsätzlich wird hier genauso verfahren wie in obigem Beispiel. Zuerst wird der HTML-Kopf generiert und danach eine Tabelle, in der für jedes buch-Element eine Zeile angelegt wird. Diese besteht aus zwei Spalten, in die der Titel und der Autor eingefügt werden.

Der Vorteil dieses Verfahrens ist, daß nun ein HTML-Dokument im Speicher des Browsers als Ergebnisbaum vorhanden ist. So lassen sich nun per Scriptsprache interaktive Funktionen implementieren. Der Internet Explorer 5 beta von Microsoft bietet diese Möglichkeiten, die auch im Prototyp genutzt werden. Gerade die Navigation des Prototypen verwendet solche Interaktiven Funktionalitäten.

Aber gerade die Verwendung von Scriptsprachen innerhalb von eXtended Stylesheets ist momentan Bestandteil von verschiedenen Diskussionen.

2.3.10 Scriptsprachen in XSL

Der Draft zu XSL, sieht die Verwendung von Scriptsprachen innerhalb von XSL nicht vor. Diese Tatsache wird in den jeweiligen Newsgroups kontrovers diskutiert.

Die Gegner von Scriptsprachen in XSL führen dazu folgende Argumente an:
- Die Verwendung von Scriptsprachen bringt das Paradigma einer prozeduralen Sprache in das bisherige Paradigma.
- Die Verwendung von Scriptsprachen innerhalb von XSL ist stark anwendungsorientiert und macht somit die Stylesheets kaum wiederverwendbar.
- Funktionalitäten, welche Scriptsprachen realisieren, sollen in XSL integriert, werden um somit im selben Paradigma zu bleiben und die Anwendung von Scriptsprachen überflüssig zu machen.
- Scriptsprachen innerhalb von XSL erschweren die Erstellung von WYSIWYG-Editoren für XSL.
- Scriptsprachen sind fehleranfällig und können nicht vor der Übertragung validiert werden, wie das mit XSL-Dokumenten möglich ist.

Die Argumente der Befürworter lauten:
- Die Funktionalität, welche Scriptsprachen ermöglichen, werden gebraucht und können nie in vollem Umfang als XSL-Funktionalitäten umgesetzt werden.
- Die Implementierung von XSL-Funktionalitäten dauert zu lange und verzögert den professionellen Einsatz von XML.
- Die Verwendung von Scriptsprachen ist jetzt schon möglich (Microsoft Internet Explorer 5 beta), weshalb also warten.

Es bleibt abzuwarten, ob die endgültige Spezifikation Scriptsprachen innerhalb von XSL berücksichtigt. Der neue Draft vom 16.12.98 tut dies nicht. Selbst wenn die endgültige Spezifikation Scriptsprachen nicht berücksichtigt, werden diese wohl verwendet, solange die Möglichkeit dazu besteht.

2.3.11 Der neue Draft zu XSL vom 16.12.98
Wie schon erwähnt, finden Scriptsprachen auch im neuen Draft keine Berücksichtigung. Dieser ist um einige wenige Funktionalitäten erweitert worden, vor allem im Bereich der Formatierungsobjekte und den zugehörigen Formatierungseigenschaften. Die grundsätzlich geschilderte Arbeitsweise ist jedoch gleich geblieben.

2.3.12 Fazit
Für Dokumente, die auf irgendeine Art und Weise zur Ausgabe gebracht werden, ist XSL eine zwingend notwendige Komponente. Sie ist Teil der Philosophie von XML, die Trennung von Inhalt und Darstellung. Dabei ermöglicht es XSL, die Ausgabe gleicher Informationen auf verschiedenen Ausgabemedien optimal anzupassen, sei es z.B. im Print- oder Online-Bereich. Durch diese Funktionsweise wird eine universelle Wiederverwendbarkeit von Informationen ermöglicht. Dabei hat XSL nicht nur die Fähigkeit, die Informationen für die jeweiligen Medien anzupassen, sondern auch aufzubereiten. So können aus den gegebenen Informationen weitere für den Benutzer wichtige Informationen gewonnen werden. Die Generierung eines Inhaltsverzeichnisses sei in diesem Zusammenhang beispielhaft erwähnt. Dabei hält XSL einen Syntax bereit, der in seinem Umfang überschaubar bleibt, aber trotzdem mächtige Möglichkeiten bietet. Diese Syntax basiert auf Regeln, deren Verarbeitung der sogenannte Prozessor, ein Softwaremodul, übernimmt. Durch den überschaubaren Umfang des Syntax, ist die Implementation dieses Prozessors nicht zu umfangreich, so daß dieser auch in Browsern Verwendung finden kann. Da die Darstellung nicht auf einem bestimmten Programm beruht, sondern auf Regeln, ist es möglich diese plattformübergreifend einzusetzen. Lediglich das verarbeitende Programm kann nun plattformbezogen sein. Dabei bleibt XSL eine Anwendung von XML. Wie andere XML basierende Sprachen besitzt XSL eine DTD, und kann somit mit Standardsoftware, wie z.B. Parser verarbeitet werden.
Die Beschaffenheit der Regeln ist derart, daß sie allgemein für viele oder gar alle Elemente innerhalb eines Dokuments zutreffen können oder nur auf genau ein

Element. Somit ist es möglich, mit nur wenigen Konstruktionsregeln umfangreiche Dokumente zur Darstellung zu bringen.

Durch die Möglichkeit, mehrere Stylesheet innerhalb eines Dokuments zu verwenden, können Stylesheets modular aufgebaut sein, vom allgemeinen bis zum speziellen, so daß verschiedene Stylesheets immer wieder verwendet werden können. Die Syntax der Konstruktionsregeln, welche nicht auf Elemente bezogen sein muß, sondern auch allgemeiner formuliert werden kann, sowie der Überschreibungsmechanismus, gewährleisten hierbei die Wiederverwendbarkeit von Stylesheets.

Mit dem Anwendungsgebiet, der XML-Dokument Konvertierung bieten Stylesheets ein weiteres mächtiges Einsatzgebiet, welches bei dem momentan herrschenden Dateiformatchaos nicht unterschätzt werden sollte.

Es zeigt sich, daß XML in Verbindung mit Stylesheets und der damit implementierten Philosophie der Trennung von Inhalt und Philosophie eine gut durchdachte und nützliche Technologie darstellt, deren Einsatzgebiete viel weitreichender sind, als die bisherige Kombination aus SGML und DSSSL.

2.4 Das Document Object Model (DOM)

2.4.1 Kurzbeschreibung des DOM

Das Document Object Model Level 1 wurde am 18.08.1998 vom W3C als Spezifikation verabschiedet. Das Abstract der Spezifikation beschreibt in Kürze die Aufgaben des DOM folgendermaßen: „ Diese Spezifikation definiert das Document Object Model Level 1, eine plattform- und sprachneutrale Schnittstelle, die es Programmen und Skripten erlaubt, dynamisch auf Inhalt, Struktur, und Aussehen von Dokumenten zuzugreifen und zu aktualisieren. Das Document Object Model bietet einen standard Satz von Objekten, um HTML und XML Dokumente wiederzugeben, ein standard Modell, das beschreibt, wie diese Objekte kombiniert werden können und eine Standardschnittstelle um auf diese Objekte zugreifen und diese manipulieren zu können. [DOM 1]

2.4.2 Die Entstehung des DOM

Den Grundstein für das DOM legte 1995 die Firma Netscape mit ihrem Browser Navigator 2.0. Dieser implementierte zum ersten Mal JavaScript – Funktionen mit denen man auf Elemente des HTML – Dokuments zugreifen konnte. Damit dies möglich war mußte er ein Dokumentmodell beinhalten. Dieses Dokumentmodell umfaßte nur wenige Elemente wie Formulare, Hyperlinks, Farben und verschiedene Browser-Attribute. Dieses erste Objektmodell wurde mit einer *Instanzhierarchie* erstellt, die den Aufbau der HTML – Seite widerspiegelte. An der Spitze der Hierarchie stand „window" – das Elternteil aller anderen Objekte. In der nachfolgenden Version 3.0 des Navigators wurden zusätzliche Objekte eingeführt. Auch die nächste Version 4.0 veränderte das DOM in keiner markanten Weise, wie bei der vorigen kamen nur neue Objekte hinzu. So konnte man nun auf Bilder, Schichten, Frames, Anker und weiteres zugreifen, aber eben begrenzt nur auf diese speziellen Objekte.

Eine bedeutende Änderung brachte die Version 4.0 des Microsoft Internet Explorers mit sich. Dieser beinhaltet das neue Objekt „all", welches die Gesamtheit aller Elemente auf einer Seite darstellt. Außerdem öffnet das DOM von Microsoft im Unterschied zu Netscape jedem Element die Welt der Ereignisse. Diese definieren, wie ein Browser Anwenderereignisse wie zum Beispiel Betätigungen der Maus oder Tastatureingaben erkennt und darauf reagiert. Darüber hinaus ist es möglich auf jedes Attribut innerhalb eines Elementes zuzugreifen und den Inhalt zwischen einzelnen *Tag-Gruppen* zu überprüfen und zu ändern. [DHTML 2]

Da das DOM bis zum Zeitpunkt der verabschiedeten Spezifikation keinerlei Standard darstellte sind die Objektnamen und Methoden von Browser zu Browser verschieden, was für Web – Entwickler zu erheblichem Mehraufwand bei der Erstellung von Webseiten führt.

2.4.3 Ziele des DOM

Laut W3C ist das DOM ein Application Programming Interface (API) für HTML und XML Dokumente. Es definiert die logische Struktur von Dokumenten und die Art und Weise, wie auf ein Dokument zugegriffen und dieses manipuliert werden kann. In der Spezifikation wir nochmals ausgeführt, daß XML in der Lage ist viele verschiedene Arten von Informationen aus verschiedenen Systemen abzubilden, und daß diese Informationen oftmals einfach als Daten angesehen werden, statt als Dokumente. Die Spezifikation betont aber, daß diese Sicht falsch ist, da XML sämtliche Informationen innerhalb eines Dokuments abbildet und nicht nur nackte Daten bereitstellt. Das DOM ermöglicht nun die Handhabung der Informationen des Dokuments und zwar in standardisierter Art und Weise.

Zitat: „Mit Hilfe des Document Object Models, können Programmierer Dokumente erstellen, innerhalb ihrer Struktur navigieren, sowie Elemente und Inhalte hinzufügen, verändern oder löschen. Alles was sich innerhalb von HTML und XML

Dokumenten befinden kann, kann erreicht, geändert, gelöscht oder hinzugefügt werden, indem man das Document Object Model benutzt, mit ein paar wenigen Ausnahmen" [DOM 2]

2.4.4 Umsetzung der Ziele

Im Dokument Objekt Modell besitzen Dokumente eine logische Struktur die an einen Baum erinnert.

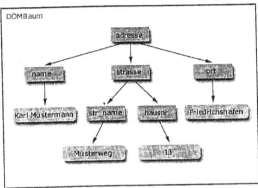

Abb. 2.4.4 a DOMBaum des mustermann.uaml Dokuments

Dennoch spezifiziert das DOM nicht, daß Dokumente als Baum implementiert werden müssen.

Es spezifiziert auch nicht wie Beziehungen zwischen Objekten implementiert werden müssen.

Das DOM ist ein logisches Modell, welches in jeglicher geeigneter Art und Weise implementiert werden kann. In der Spezifikation wird das Wort Struktur – Modell verwendet, um die baumartige Darstellung eines Dokuments zu beschreiben. Es wird bewußt auf Wörter wie Baum oder Blatt verzichtet, um zu verhindern, daß eine bestimmte Implementierung impliziert wird.

Eine wichtige Eigenschaft des DOM Struktur-Modells ist die strukturelle Isomorphie. Dies bedeutet, wenn zwei beliebige Implementierungen des DOM vorhanden sind, welche dasselbe Dokument darstellen, so erstellen sie auch dasselbe Strukturmodell, mit exakt denselben Objekten und Beziehungen. Wichtig ist, daß die einzelnen Teile des Struktur – Modells nicht als Daten angesehen werden könne, sondern als Objekte, die Daten beinhalten können, aber auch eigene Verhalten besitzen.

Die Spezifikation des DOM stellt einen Standard dar, der in seinem Bereich die Interoperabilität des Web gewährleisten soll, deshalb identifiziert das DOM:

- Die Schnittstellen und Objekte, welche das Dokument repräsentieren und manipulieren
- Die Semantik dieser Schnittstellen und Objekten, einschließlich ihrem Verhalten und ihren Attributen
- die Beziehung und Zusammenarbeit innerhalb dieser Schnittstellen und Objekte
  [DOM 3]

Die Implementierung, bleibt wie gesagt den Entwicklern überlassen.

Die Schnittstellen sind dabei eine Abstraktion, ähnlich wie abstrakte Klassen in Java, die ebenfalls vom Entwickler implementiert werden müssen. Aus diesem Grund wurden die Schnittstellen mit Hilfe der Interface Definition Language (IDL) der Object Management Group (OMG) spezifiziert. Die Spezifikation beinhaltet darüber hinaus folgende Aussagen: [DOM 4]

- Attribute, welche mit der IDL definiert wurden implizieren keine konkreten Objekte, die bestimmte Membervariablen besitzen müssen. Innerhalb der

Sprachbindungen werden sie als get- und set – Methoden übersetzt und ebenfalls nicht als Membervariablen.

- DOM – Anwendungen können zusätzliche Schnittstellen und Objekte beinhalten, welche nicht in der Spezifikation enthalten sind und bleiben trotzdem DOM – gefügig.
- Da Schnittstellen spezifiziert werden und keine konkreten Objekte, kann das DOM nicht auf Konstruktoraufrufe von Implementationen eingehen. Diese können sich daher von Implementierung zu Implementierung unterscheiden.

Der letzte Punkt zeigt sich sehr deutlich, wenn man die XML – API von Sun und IBM vergleicht. Beide halten Klassen bereit, mit derselben Funktionalität, benennen diese aber anders. So gibt es bei Sun die Klasse XmlDocument, die entsprechende nennt IBM TXDocument. Bezogen auf JavaScript beziehungsweise dem Standardisierten ECMA – Script, wären nun weiterhin unterschiedliche ECMA – Script Implementationen innerhalb der Browser möglich und die Interoperabilität des Webs würde nicht erreicht werden. Um dies zu verhindern beinhaltet die Spezifikation im Anhang das sogenannte "ECMA – Script Language Binding", die Sprachbindung für ECMA-Script . Diese trifft nun doch genau spezifizierte Aussagen über Objekte und Methoden mit konkreter verbindlicher Namensgebung. Dies ist auch sinnvoll um eben das bisherige Sprachenchaos von Skriptsprachen innerhalb von Browsern unterschiedlicher Hersteller zu unterbinden.

2.4.5 Gliederung des DOM

Das DOM teilt sich auf in zwei Teile. Dem DOM (Core) Level 1 der Schnittstellen für jegliche strukturierten Dokumente bereithält. Der Zugriff auf Elemente von strukturierten Dokumenten geschieht hier über allgemeine Funktionen, welche die Beziehungen der einzelnen Dokumentteile benutzt. So gibt es zum Beispiel, bezogen auf das ECMA – Script – Binding, das Objekt node (Knoten/Element) mit der Eigenschaft firstChild, welche sich auf das erste Kindelement also wieder ein Objekt node bezieht.

Der zweite Teil des DOM bezieht sich explizit auf HTML – Dokumente. So gibt es zum Beispiel das Interface HTMLTitleElement, welches sich auf das Titel Element bezieht. Innerhalb des ECMA – Script Language Binding gibt es hier das Objekt HTMLTitleElement mit der Eigenschaft "text", welche sich auf den Titeltext bezieht und vom Typ String ist.

Da die Spezifikation erst am 18.08.1998 verabschiedet wurde gibt es noch keinen Browser der das DOM mit der erwähnten ECMA – Script – Sprachbindung implementiert hat. Auch die im Prototyp verwendete Betaversion des Internet Explorers von Microsoft hat noch die Microsoft eigene Implementation des DOM integriert. Laut einer Information bezüglich einer früheren Vorabversion des DOM wird gesagt: "Microsofts Ansatz entspricht sicherlich der Empfehlung des W3C, obwohl es sich trotzdem um Microsofts Lösung handelt." [DHTML 3]

2.5. Abgrenzung zu HTML

2.5.1. Fallbeispiel

XML ist eine Metasprache, während HTML nur eine Auszeichnungssprache bzw. eine SGML-Anwendung ist. Trotzdem ist in diversen Fachzeitschriften oftmals der Ausspruch "XML das neue HTML" zu finden und auch Joe Lapp, Technologie-Analysist bei Web-Methods in Fairfax (Virginia, USA) bezeichnet XML als Alternative zu HTML mit den Worten: "One direction (of XML) is to serve as an alternative to HTML".[dev2.98]

Wieweit XML eine Alternative zu HTML sein kann, soll anhand eines Beispiels verdeutlicht werden. Mit dem Internet Explorer 5 beta 2 von Microsoft wurde ein Dokument dargestellt, daß den folgenden Screenshot ergibt:

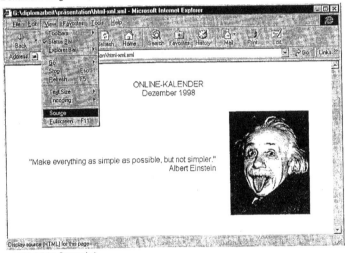

Abb.2.5.1.a Screenshot

Öffnet man den Source, so würde man sicherlich den HTML-Quellcode erwarten, der in der unteren Statusleiste des Browsers versprochen wird und wie folgt aussehen müßte um diesen Screen zu erzeugen:

```
<!DOCTYPE HTML PUBLIC "-//W3C//DTD HTML 4.0 Transitio-
nal//EN">
<html>
   <head><title>ONLINE-KALENDER</title></head>
   <body>
      <table align="center" cellspacing="10" cellpadding="10" bor-
der="0">
         <tr>
            <td colspan="2" align="center">
               ONLINE-KALENDER<br>Dezember 1998
            </td>
         </tr>
         <tr>
            <td align="right">
               "Make everything as simple as possible, but not
```

```
        simpler."<br>Albert Einstein
    </td>
    <td><img src="einst.jpg" width=167 height=212
        alt="einstein" border="0">
    </td>
    </tr>
</table>
</body>
</html>
```

Quelltext 2.5.1.a Monatsblatt in HTML

Schaut man allerdings in die Kopfzeile des Browsers so sieht man die Dateiendung "xml" an dem Namen "html-xml". Das wohlgeformte XML-Dokument, das dahintersteckt wird auch angezeigt, wenn man sich den Source zeigen läßt. Dieses XML-Dokument erscheint kurz und übersichtlich und kann auch zum Zweck der Weiterverarbeitung gespeichert werden. Der angezeigte XML-Source sieht wie folgt aus:

```
<?xml:stylesheet type="text/xsl" href="html-xml.xsl"?>
<KALENDER Titel="ONLINE-KALENDER" Grund="Vergleich XML-
HTML">
    <DATUM>Dezember 1998</DATUM>
    <ZITAT Verfasser="Albert Einstein">
    Make everything as simple as possible, but not simpler.
    </ZITAT>
    <BILD quelle="einst.jpg" breite="167" hoehe="212"
alt="einstein"/>
</KALENDER>
```

Quelltext 2.5.1.b Ergebnis der Sourceanzeige im Browser

Dieses wohlgeformte XML-Dokument war, aufgrund seiner minimalen Komplexität, genauso schnell zu Erstellen wie die HTML Seite und hält nun alle bereits (unter 2.1. XML-Analyse) besprochen Vorzüge für weitere Anwendungen bereit.

Allerdings verrät die Referenz in der ersten Zeile, daß ein dazugehöriges XSL-Dokument angefordert wurde, was eine erneute Netzlast und einen größeren Aufwand in der Erstellung aller benötigten Komponenten als Schluß zuläßt. Der für den Betrachter nicht sichtbare Source des (noch nicht standardisierten) Stylesheets wurde wie folgt implementiert:

```
<?xml version="1.0"?>
<DIV xmlns:xsl="http://www.w3.org/TR/WD-xsl" width="580"
align="center">
    <table align="center" cellspacing="10" cellpadding="10" bor-
der="0">
    <tr>
        <td colspan="2" align="center">
        <xsl:value-of select="KALENDER/@Titel"/>
        <br />
        <xsl:value-of select="KALENDER/DATUM"/> </td>
    </tr>
    <tr>
        <td align="right">
        "<xsl:value-of select="KALENDER/ZITAT">
        </xsl:value-of>"<br></br>
        <xsl:value-of select="KALENDER/ZITAT/@Verfasser">
        </xsl:value-of></td>
        <td><IMG>
        <xsl:attribute name="src">
```

```
        <xsl:value-of select="KALENDER/BILD/@quelle"/>
      </xsl:attribute>
      <xsl:attribute name="width">
        <xsl:value-of select="KALENDER/BILD/@breite"/>
      </xsl:attribute>
      <xsl:attribute name="hight">
        <xsl:value-of select="KALENDER/BILD/@hoehe"/>
      </xsl:attribute>
      <xsl:attribute name="alt">
        <xsl:value-of select="KALENDER/BILD/@alt"/>
      </xsl:attribute> </IMG> </td>
    </tr>
  </table>
</DIV>
```

Quelltext 2.5.1.c nachgeladenes XSL-Dokument

Resultat des Fallbeispiels

Das Fallbeispiel hat verdeutlicht, daß XML-Dokumente mit Hilfe von Stylesheets schon heute genauso gut (im Internet Explorer 5 beta 2) zur Darstellung gebracht werden können wie HTML-Dokumente und daher durchaus als Alternative zu berücksichtigen sind. Das XML in diesem Fall zu aufwendig und daher die schlechtere Lösung war hat folgende Gründe:

- keine clientseitigen Funktionalitäten integriert (sortieren etc.)
- keine clientseitige Weiterverarbeitung vorgesehen
- zwei Serverabfragen für eine Seite mit einem Mehrwert=0
- keine lange Lebensdauer des Dokumentes vorgesehen
- kein anderes Ausgabemedium vorgesehen

Diese Seite ist eine reine Internetpublikationsseite und daher eignet sich HTML eindeutig besser als XML.

Leider ist diese Entscheidung nicht immer so leicht zu treffen wie in diesem Fall. Daher sollen die wesentlichen Vor- und Nachteile der unterschiedlichen Standards hier aufgelistet werden, anhand dieser eine Entscheidung für die unterschiedlichsten, zukünftigen Fälle getroffen werden kann.

2.5.2. Vorteile HTML

Vorweg sollte man die Anerkennung gegenüber der lingua franca des Webs namens HTML gewähren, der dieser millionenfach benutzten Auszeichnungssprache zusteht. HTML hat die Entwicklung und Akzeptanz des World Wide Webs in einem enormen Maße beschleunigt, wie keine andere Technologie zuvor. Zehn Jahre hat sie den Anforderungen stand gehalten und das ist um so erstaunlicher, wenn man folgendes Zitat betrachtet: "Despite this success, the language started out with simple goals; in many ways it is a paradigmatic example of a prototype too quickly made into a product." [LeLeFu98]

Doch die Gründe für den Erfolg sind leicht an den Vorteilen ersichtlich:

- HTML ist sehr leicht zu erlernen und sehr einfach, weil es nur aus ein paar Dutzend Tags besteht, wovon ungefähr die Hälfte den häufigsten Einsatz finden.
- HTML Browser sind kostenlos oder kostengünstig erhältlich.
- HTML schränkt den Inhalt der Daten nicht ein.
- HTML Dokument-Browser-Schnittstellen können leicht erstellt und somit schnell und kostengünstig in existierende Produkte integriert werden.
- Das einfache Hypertextmodel, das es erlaubt Dokumente von den unterschiedlichsten Systemen abzurufen und darzustellen durch einfachen Referenz- bzw. Adressaufruf fand sofort hohe Akzeptanz. Vor allem hat sich HTML so bewährt, weil jedermann diese Links bedienen kann.

- Heutzutage: Ausgereifte Editoren, die das Erstellen von HTML-Dokumenten noch schneller, effizienter und instinktiver gestalten. (What you see is what you get, WYSIWYG)
- Kostengünstige Software(-pakete), die HTML aus Datenbankinhalten und Templates heraus dynamisch erzeugen (PHP3, ASP)
- Weite Verbreitung (jeder Anwender im Web besitzt einen HTML-fähigen Browser, da diese schon mit dem Betriebsystemen ausgeliefert werden)
- HTML-Dokumente sind relativ klein, die Netzlast ist vorhersagbar.
- Die fest definierten Darstellungstags ermöglichten eine schnelle und einfache Positionierung und Dimensionierung des Textes, ohne Kenntnisse aus dem Printbereich zu besitzen.
- Ebenso schafft man es beim ersten Mal innerhalb von ein bis zwei Stunden sein erstes Formular aufzusetzen.

2.5.3. Nachteile HTML

HTML's Nachteile finden ihren Ursprung in dem Vorteil, der HTML so beliebt gemacht hat. Die Einfachheit. Dies beginnt schon bei der Art der Präsentation, die in dieser "Darstellungssprache" ebenfalls limitiert ist. So bietet HTML nicht mal die einfachsten, seitenorientierten Formatierungsmöglichkeiten wie z.B.

- hängender Einzug
- Abstände
- Silbentrennung
- automatische Numerierung
- Mehrfachkolumnen

Diese Nachteile können jedoch umgangen werden. So helfen Tabellen, um hängende Einzüge und Mehrfachkolumnen zu simulieren, und gif-Grafiken in Hintergrundfarbe erschwindelten den benötigten Abstand.

Die schwerwiegenden Kritikpunkte an HTML setzen an Stellen an, die HTML von sich aus schon lange nicht mehr erschwindeln kann und auch die Vielzahl der Plugins und Addons nicht auf Dauer bewältigen können.

- vordefinierte Datenstruktur
- kein offener Standard → nicht erweiterbar, bzw. ein Tag-Satz für alle Anwendungen
- vordefinierte Semantik für jeden Tag
- keine formale Validierung (keine Syntaxüberprüfung, Verifizierung → unzählige zerstörte Seiten im Web)
- limitierte Wiederverwendbarkeit (HTML und Print sind "zwei paar Schuhe")
- kein Datenaustauschformat für Computer, die Tags beschreiben keine Datenfelder, sondern das Erscheinungsbild.
- limitierte Automatisierung (Voraussetzung Konsistenz und Ausdrucksstärke)
- im ständigen Wandel→ instabil: HTML, HTML +, HTML 2.0, HTML 3.0, HTML 3.2, HTML 4.0, hinzu kommen die Eskapaden der Browserhersteller, die dazu führen, daß auf vielen Seiten folgendes zu sehen ist:" Best viewed with Microsoft Internet Explorer" oder "Optimized for Netscape".
- zu viele Suchergebnisse (genaue Beschreibung des Inhalts schwer möglich bzw. erfassbar)
- Broken Links durch ständigen Wandel der Seiten und keine zentralen Linksammlungen
- nur one-to-one Links und diese benötigen einen Anker im Quelldokument
- Internationalisierung; HTML mangelt es an Unterstützung für spezielle Zeichen (2Byte und mehr Zeichen und mathematische Formeln) bzw. sind diese Zeichen nicht eindeutig und inkonsistent. [Byte3.98]
- keine clientseitige Umformatierung möglich, ohne eine neue Seite zu laden oder Java als Allzweckmittel einzusetzen

- Kein objekt-orientierter Ansatz; HTML-Tags passen nur schwer in das Objektmodell, wonach die meisten Entwickler sich sehnen. Es gibt keine echte Modularität oder hierarchische Beziehung zwischen den Elementen.
- CSS ermöglichen es, Teilprobleme zu lösen, aus diesem Grund wird die Abgrenzung und Entscheidung für HTML oder XML in Zukunft erschwert.

2.5.4. Vorteile von XML und seinen Komponenten

Die Vorteile von XML wurden ausführlich bei der Analyse unter Punkt 2.1. bis 2.4. geschildert und sollen an dieser Stelle nur als Schlagwörter den eingeschränkten Möglichkeiten von HTML gegenüberstehen.

- erweiterbar
- verifizierbar und validierbar
- beliebig strukturierbar
- plattformunabhängig
- objekt-orientierter Ansatz (kann interne Strukturen reflektieren)
- professionelle Formatierungsmöglichkeiten (flow-objects, clientseitige Umformatierung...) getrennt wartbar
- professionelle Verlinkungstechniken (bidirectional, out-of-line Linkliste, überprüfte Links...) teilweise getrennt wartbar
- Internationalität durch Unicode-Schriftsatz
- Dokumentenaustauschformat verständlich für Computer und Menschen
- strukturiertes XML-Dokument unabhängig vom Wandel der Darstellungsstandards
- wiederverwendbar: Ein Dokument – unterschiedliche Ausgabeformate, bzw. Einbinden in andere Dokumente (component-reuse)
- agententauglich (bessere Suchergebnisse und Automatisierungsmöglichkeiten)
- konzeptionelles Inhaltsdenken statt Darstellungsdenken
- step-by-step Umsetzung möglich
  1. interne Struktur auf XML auslegen, eventuell Datenimport mit Filtern auf XML-Dokumentenbasis bringen und je nach clientseitigen Browser serverseitig in HTML runtertransformieren.
  2. Findet man XML fähige Geschäftspartner, so entfallen die Filter und die Transformation.
- Teildokumente übertragbar und anforderbar
- keine Anker nötig, Wegbeschreibung per XPointer möglich
- fertige Methoden für die Dokumentverarbeitung bereit (DOM)
- kostenlose und kostengünstige Browser und Programme (keine Lizenzgebühr, firmenunabhängig, Kampf um XSL)
- intelligente Dokumente (kontextsensitiv)
- Dokumente navigierbar
- benutzerspezifisches Darstellung (One-to-One Marketing, Web Based Training)

2.5.5. Nachteile von XML und seinen Komponenten

Die Nachteile, die hier erwähnt werden sollten, stehen in Relation zu HTML. Das heißt im Verhältnis zu HTML ist XML:

- schwerer zu erlernen
- facettenreicher, XLL,XSL,(eventuell DTD)
- XLL und XSL sind noch im Entwicklungsstadium
- resourcenintensiver (größere Dateien, eventuell höhere Netzlast, falls nicht durch clientseitige Funktionalitäten kompensiert)
- viel aufwendiger im Vorfeld (Analysen, Planung und somit Zeit und Kosten) besser wartbar und kostensparend im Nachhinein.
- das Auszeichnen von Hand ist sehr monoton, kosten- und zeitaufwendig
  Konkretes Beispiel:
  Laut "The Forrester Report" von Oktober 1997 kostet das manuelle Aus-

zeichnen von 15.000 Seiten 1998 $960.000. Die gleiche Seitenanzahl würde im Jahr 2001 über $2Millionen kosten. [wrev8/98]
- der Prozess Dokumente logisch zu strukturieren ist sehr schwer und bedarf Erfahrung
- Zukunft und Marktentwicklung heute schwer vorhersagbar

2.5.6. Zukunftsausblick

Das W3C hat angekündigt, daß es innerhalb der nächsten 18 Monate an einer HTML-Version auf der Basis von XML arbeiten will. Dazu soll eine Arbeitsgruppe geschaffen werden.

Die Erstellung einer XML-HTML Version wird sicherlich nicht so einfach sein, wie es auf den ersten Blick erscheint. HTML beherbergt viele Ausnahmeregeln, die in SGML definiert aber in XML nicht erlaubt sind. So entsprechen die meisten HTML-Dokumente im Web nicht den Wohlgeformtheitsbestimmungen von XML. Besonders das konsequente Schließen geöffneter Tags und somit das Verschachtelungsprinzip wird vom bisherigen HTML-Syntax nicht eingehalten. HTML-XML soll auch modular aufgebaut werden, um somit eine Erweiterbarkeit zu erreichen.

Den XML-Support haben alle großen Browser- (Netscape, Microsoft) und Officehersteller (Corel, Mircosoft) angekündigt und auch XML-Editoren kommen nach und nach auf den Markt.

In welchem Verhältnis sich XML gegenüber HTML überhaupt am Markt behaupten kann, hängt sehr stark von den Herstellern ab. Obwohl die XML-Spezifikation firmenunabhängig ist, haben die Hersteller die Macht, XML in seiner Funktionalität einzuschränken. Auf folgende Gefahren sollte man achten:

- Herstellerkontrolle über Standardschemas und DTDs (versucht Microsoft mit seinem XSL-Patent)
- unvollständiger Unicode Support
- unvollständiger XSL Support
- unvollständiger XLL Support

2.5.7. Fazit

So wie Postscript sich gut dafür eignet, Inhalte auf Papier zu bannen, für den alleinigen Zweck der Darstellung in dieser Form, so wird HTML auch weiterhin die erste Wahl sein, wenn es darum geht, Inhalte schnell und einfach im Web zu publizieren. Man könnte HTML als das Postscript des Webs, bezeichnen mit dem Unterschied, daß HTML-Dokumente leichter direkt zu erstellen sind als Postscriptdateien. Die billigste Lösung, aus Sicht des entstehenden Aufwandes ist HTML und wird es auch noch lange sein. Daher lohnt sich als Entscheidungshilfe im Vorfeld die Überlegung des Verwendungszwecks und der Anforderungen.

Jegliche Art von Dokumenten, die über den Zweck der Darstellung hinaus zusätzliche Anforderungen erfüllen müssen, kann XML dienen. Die genauen Einsatzgebiete unterliegen, aufgrund des offenen Standards, keiner Einschränkung. Die wesentlichen Entscheidungskriterien für XML sind die drei folgenden:
- benötigt man eigene Tags und Attribute
- benötigt man Strukturen, die beliebig komplex verschachtelt sein können, Datenbanken und objekt-orientierte Hierarchien wiederspiegeln können und somit intelligente Dokumente ermöglichen.
- benötigt man konsistente Dokumente, die überprüft und sogar mit einer externen Grammatik abgeglichen werden können.

Jon Bosak von Sun Microsystems riet, während der Präsentation [BoDez98] an der INRIA Rhônes-Alpes im Dezember 1998, dazu XML anstatt HTML zu verwenden, wenn eine Anwendung folgendes fordert:

- große und komplexe Datenmengen
- Daten, die an verschiedenen Stellen (Anwendungen) benutzt werden
- Daten mit langem Lebenszyklus, bzw. Lebensdauer
- Daten, die für Scripte und Java Applets bestimmt sind

3. Evaluierung der Einsatzgebiete

Die Einsatzgebiete von XML sind aufgrund des offenen Standards schwer eingrenzbar. Einfach ausgedrückt kann XML prinzipiell seinen Einsatz fast überall finden.

Im Internet sind eine Vielzahl von Entwicklungen XML-basierender Auszeichnungssprachen zu finden. Anhand 51 gefundener XML-Auszeichnungssprachen werden in **Auswertung Sprachen und Protokolle** die jetzige Situation und Trends repräsentativ dargestellt.

Im Rahmen dieser Diplomarbeit werden sieben e-commerce Entwicklungen untersucht. Dabei soll die jeweilige Situation kurz dargelegt werden und die XML-Lösungen vorgestellt und bewertet werden. Hierbei handelt es sich um folgende Sprachen und Protokolle:

- **Open Financial Exchange (OFX)**
- **Web Interface Definition Language (WIDL)**
- **XML/EDI**
- **(Internet) Open Trading Protokoll ((I)OTP)**
- **Common Business Library (CBL)**
- **Channel Definition Format (CDF)**
- **Open Software Description Format (OSD)**

Darüber hinaus darf das **Contentmanagement**, in der Evaluierung der Einsatzgebiete von einer Metasprache, die es erlaubt Dokumente zu erstellen, nicht fehlen.

Nachdem die DTD in 2.1.4.7 Schema für die Maschine analysiert wurde, sollen die Beziehung zwischen **XML und Datenbanken** aufgezeigt und somit die theoretische Grundlage für unseren erweiterten Prototypen gegeben werden.

3.1. Analyse XML-basierender Auszeichnungssprachen (und Protokolle)

Im Anhang A ist, in Datenblattform, eine Liste der recherchierten XML-basierenden Sprachen und Protokolle, die wir aus dem WWW zusammengetragen und nach unserem Verständnis eingeordnet haben. Die Recherche wurde am 20. November 1998 abgeschlossen. Alle Zahlen beruhen daher auf dem Stand des 20. November 1998. Das nachfolgende Kapitel bezieht sich auf die gesammelten XML-Auszeichnungssprachen und Protokolle, die dem Dokumentenaustausch dienen. Die Analyse bezieht sich nicht auf XML im Allgemeinen.

Für XML, daß noch nicht mal ein Jahr alt ist, sind noch keine Statistiken verfügbar. Die 51 gesammelten Auszeichnungssprachen und deren gut protokollierte und transparente Entwicklung lassen uns zu folgenden Schlüssen kommen.

3.1.1. Der XML-Markt

Repräsentativ

Die 51 Auszeichnungssprachen sind sicherlich nicht alle Entwicklungen, die auf XML beruhen. Die firmenunabhängige XML Spezifikation hat einen wahren Entwicklungsboom ausgelöst und im selben Moment, indem wir dies schreiben, werden eventuell drei weitere Auszeichnungssprachen veröffentlicht. Trotzdem gibt das Ergebnis unserer Recherche einen guten Überblick über Tendenzen am zukünftigen XML-Markt und unsere These der Markttransparenz erhöht die Wahrscheinlichkeit, daß diese Analyse repräsentativ ist.

Klassische Marktdefinition

Der Markt ist der Ort, an dem Angebot und Nachfrage aufeinander trifft.

XML-Markt Definition

Als XML-Markt soll der Markt bezeichnet werden, auf dem XML-Sprachen und -Protokolle zum Einsatz kommen werden. Der XML-Markt ist ein sehr neuer Markt. Im XML-Markt ist noch keine endgültige Positionierung der einzelnen Firmen erfolgt. Die Sprachen und Protokolle sind hierbei der Grundstein für den darauf basierenden Handel und die Produktentwicklung. Wir setzen hier aber bewußt Begriffe aus der Marktanalyse ein, da die Entwicklung einer Auszeichnungssprache mit der Schaffung eines eventuell zukünftigen Marktes äquivalent zu setzen ist. Die Prognose des zukünftigen XML-Marktes erlaubt uns die These der Markttransparenz.

These der Markttransparenz

Die meisten Entwicklungen liegen transparent im Web und erlauben ein Mitspracherecht für jeden. "Der jetzige XML-Markt ist ein sehr transparenter Markt". Zu dieser Schlußfolgerung gelangt man aus folgenden Gründen:

- Was nützt die beste Sprache, wenn Sie keiner spricht? Mitspracherecht in der Entwicklung erhöht die **Akzeptanz** und somit den späteren "Marktwert" der Auszeichnungssprache. Wurde eine Auszeichnungssprache von vielen Firmen entwickelt und akzeptiert, so ist der Startschuß für die Positionierung an diesem Markt erfolgt. Abgesehen von Microsoft hat kaum eine Firma momentan so eine starke Position, als daß sie ihre entwickelte Auszeichnungssprache als branchenspezifisches Austauschformat durchsetzen könnte. Selbst Microsoft, die an vielen Entwicklungen beteiligt sind, arbeiten oft auch mit ihren größten Mitbewerbern zu-

sammen, um eine hohe Akzeptanz der Auszeichnungssprache zu erreichen.
- Die "**Qualität**" steigt. Ein Forum aus Vertretern im gesamten Bereich der entsprechenden Branche können viel mehr Aspekte berücksichtigen als eine einzige Firma.

Aus diesem Grund wurden die unterschiedlichsten Möglichkeiten genutzt, um die Entwicklung transparent zu gestalten. So bilden Entwickler Foren, Arbeitsgruppen, neue Organisationen, diskutieren öffentlich ihre Ergebnisse in newsgroups, mailinglisten und publizierten die ersten Entwürfe auf Firmenseiten im Internet oder auf extra dafür angelegte neue Domains.

Oft werden die Ergebnisse den zuständigen, firmenunabhängigen Organisationen aus diesem Einsatzgebiet eingereicht, sei es zur Verifizierung und Erlangung des Grads einer Empfehlung (Standard) oder nur zur Veröffentlichung und weiteren Diskussion. Hierbei spielt wiederum das W3C eine große Rolle aber auch andere Organisationen, wie das IETF (Internet Engineering Task Force) und die OMG (Object Management Group) dienen als Anlaufstelle. Es gibt sicherlich einige XML-Entwicklungen, die nicht publiziert werden, doch wahrscheinlich dienen diese Entwicklungen entweder nicht dem Daten- und Informationsaustausch oder die Entwickler verschlafen den Trend, der sich im World Wide Web abzeichnet.

3.1.2. Bedarf

Die Entwicklung ist aus den Bedürfnissen der Online-Geschäftswelt entstanden. Es handelt sich hierbei nicht um eine Entwicklung einer Firma, die durch ihr Machtpotential einen neuen Standard einführen will, sondern um eine neue Lösung für Probleme im Web (und wie sich zeigt auch anderswo) die in einer Arbeitsgruppe des W3C entwickelt wurde und auf der Erfahrung von SGML beruht.

XML ist nun seit 10.Februar 1998 standardisiert und es gibt bereits 9 Monate danach mindestens 51 Auszeichnungssprachen, die auf diesem Framework beruhen. Dies allein ist ein Beweis, daß Bedarf besteht. Zumindest aus Entwicklersicht war der Markt reif für XML und Hersteller aus unterschiedlichsten Branchen stürzen sich geradezu auf diese neue Technologie.

3.1.3. Akzeptanz

XML hat in die unterschiedlichsten Branchen Einzug gehalten. Bei den meisten XML-Auszeichnungssprachen handelt es sich nicht um theoretische Entwicklungen von Universitäten oder Entwicklungen einzelner Firmen.

Im Gegenteil XML wurde sofort von den wichtigen Firmen der entsprechenden Branche als Lösung eines Spartenproblems erkannt. Ein paar Beispiel aus unterschiedlichen Branchen:

Branche	vertretene Firmen
Kommunikationsbranche	73 Firmen aus aller Welt. Mit dabei Bosch, Motorola, IBM, AT&T, T-Mobil, Bell, Alcatel...
Softwareentwicklung	IBM, Oracle, Daimler Benz, Mircosoft,...
Multimediabranche	Autodesk, macromedia, Microsoft, Netscape, IBM, Sun, Adobe, RealNetworks, Apple
Finanzen	Mastercard, VISA, CyberCash, intuit, Checkfree, SIZ (German GeldKarte), Wells Fargo Bank, Hewlett-packard, AT&T...
Datenaustausch (Geschäftsinformationen)	Allein mit der Entwicklung von XML/EDI befassen sich 1000 Firmen aus aller Welt. Mit dabei Deutsch Post AG, Süddeutsche Zeitung

Tabelle 3.1.3.a Branchenbeispiele XML-Einsatz

Diese Fakten aus den Datenblättern der Auszeichnungssprachen den Schluß zu, daß sich XML in der Geschäftswelt durchsetzen wird. Hinzu kommt die Unterstützung in Browsern. Der Internet Explorer 5 beta 2 von Microsoft unterstützt bereits XML und auch die nächste Netscape Version soll XML-fähig sein. Somit sind die Weichen für die Akzeptanz auch unter den Benutzern gestellt.

3.1.4. Entwicklungstrends

Kooperation

Im Gegensatz zu vielen Entwicklungen bisher in der IT-Branche gruppieren sich mehrere Firmen zusammen, um einheitliche Standards zu entwickeln. Dabei trifft man auch Mitbewerber wie Microsoft und Netscape zusammen in manchen Konsortien und Arbeitsgruppen wieder.

Interessant ist hierbei zu beobachten, wie die Auszeichnungssprachen entwickelt werden. Oft werden eigens dafür Arbeitsgruppen gebildet, welche die meisten Vertreter aus der entsprechenden Branche beinhaltet. So entstand die XML/EDI (elctronic data interschange) Gruppe mit über 1000 beteiligten Firmen. Vorbildlich ist auch die Zusammenarbeit in der Kommunikationsbranche, denn gerade hier wären verschiedene, zukünftige Standards ein Rückschritt. Aber auch die Entwicklung eines Standards (XSchema) innerhalb eines halben Jahres allein durch eine Mailingliste ist eine Entwicklungsmethode, die ihresgleichen sucht.

All dies weißt darauf hin, daß mit XML sich auch die Zeiten geändert haben, in denen jede Firma versucht, ihren Standard aufgrund ihrer Marktposition (Macht) durchzudrücken. Die Bedeutung einheitlicher Standards ist ins Bewußtsein der Entwickler gerückt (was sicherlich auch das Ergebnis der Arbeit des W3C ist).

Rivalenkämpfe

Trotzdem brechen auf manchen Gebieten die alten Rivalenkämpfe aus. So entwickelten Adobe, IBM, Sun und Netscape die Precision Graphics Markup Language(PGML) und reichten dieses Grafikformat beim W3C ein. Und auch Macromedia, Microsoft, Autodesk, HP und Visio entwickelten ein gleichwertiges Grafikformat, die Vektor Markup Language(VML) und übergaben sie ebenfalls dem W3C. Microsoft implementierte die VML bereits im Internet Explorer 5 beta 2 obwohl das W3C eine Arbeitsgruppe zusammenstellte um PGML und VML unter einen Hut zu bringen. Das W3C arbeitet derzeit an dem Kompromiß namens Scalable Vector Graphics (SVG).

Markt - Machtposition

Der XML-Markt ist noch nicht aufgeteilt. Momentan wird der für die Produktentwicklung vorbereitet, indem entweder vorbildlich gemeinsam Standards entwickelt werden oder eine Firma (wie früher üblich) ihren Standard sofort mit einem Produkt durchdrückt. Dies geschah hauptsächlich am Anfang der XML-Entwicklung noch bevor XML den W3C Status der Empfehlung erreichte. Damals entwickelte Microsoft das Channel Definition Format (CDF), das bereits im Internet Explorer 4 zum Einsatz kam und den Channel Button ins Leben rief. Diese (Pseudo) Push-Technologie fand jedoch nicht den erwarteten Anklang. Trotzdem ist im Betriebssystem Windows 98 der Channel-Button sogar auf der Desktopleiste integriert. Ebenso entwarf Frontier die XML-RPC (Remote Procedure Call) Sprache, die speziell auf ihr gleichnamiges Produkt zugeschnitten war. Eine weitere interessante Entwicklung war eine Auszeichnungssprache von Data Channel genannt WebBroker. Sie dient der Kommunikation verteilter Objekt, ähnlich wie COM+ und CORBA. Allerdings soll WebBroker ein Mix aus den Vorteilen von CORBA, COM+ und JAVA sein. WebBroker wurde dem W3C als Note vorgelegt, arbeitet bisher jedoch nur mit dem Produkt von Data Channel zusammen.

Fast keine der Einzel-Entwicklungen hat es bisher geschafft sich am XML-Markt zu etablieren, sondern höchstens die Produkte für die Kunden um ein Feature bereichert.

Microsoft hingegen hat die nötige Machtposition, um ihre Entwicklungen durchzudrücken. Microsoft ist sehr stark an den meisten Entwicklungen beteiligt und lieferte oft auch den ersten innovativen Entwurf. So hat sich auch ein Standard in den Staaten durchgesetzt, der von Microsoft, Intuit und CheckFree entwickelt wurde. Open Financial Exchange (OFX) ist ein Sprache, die einheitlich Bankgeschäfte beschreibt. OFX ist der Standard, den die meisten amerikanischen Banken Microsofts Money98 und Quicken Deluxe unterstützt. Der Internet Explorer 5 beta 2 (IE5beta2) wurde von XML Entwicklern mit Spannung erwartet und erfüllte die Erwartungen. Er unterstützt XML und ist in der Lage mit Hilfe der XSL Version von Microsoft die Inhalte darzustellen. Leider befindet sich offziell XSL noch in der Entwicklung beim W3C, so daß noch nicht abzusehen ist, in wieweit Mircosofts Implementation konform zum zukünftigen Standard sein wird. IE5beta2 beinhaltet auch die VML, was bei großer Benutzung einen großen Druck auf das W3C ausüben könnte, um SVG konform zur VML zu entwickeln.

Umsetzungen(Portiert)

Ein weiterer Trend in der Entwicklung von Auszeichnungssprachen zeichnet sich ab, indem vorhandene "Standards" an XML angepaßt werden. Sei es, daß SGML Standards wie SGML/Open Catalogs (Socats) umgesetzt werden (somit entsteht XMLs XCatalog), das LogFormat der NCSA auf XML angepaßt wird (Extensible Log Format XLF) oder die komplizierten EDIFACT-Ausdrücke in XML/EDI übertragen werden.

Globalisierung

Die Globalisierung macht auch vor der Entwicklung von neuen Auszeichnungssprachen nicht halt. Oft arbeiten Vertreter aus Firmen unterschiedlichster Länder in einer Arbeitsgruppe oder virtuell z.B. per Mailingliste zusammen. So können die unterschiedlichsten Aspekte und Ansprüche schon im Vorfeld abgedeckt werden.

Entwicklungsschub

Wenn man die Definition in der XML Spezifikation anschaut, so wäre man kaum darauf gekommen, daß XML als Grundlage eines neuen Grafikformats dienen wird. Es scheint so, als ob XML die Lösung aller Probleme ist. Seien es

- Log-Files, Bookmarks
- verteilte Objekte
- Push-technologien, Distribution
- Authoring
- Query Languages
- Signieren von Dokumenten
- Softwarebeschreibung, UML, CASE
- Webseitenstruktur
- intelligente Softwareagenten
- Zensur, Suchmaschinen, Bibliotheken
- automatische Prozesse
- Grafikformate
- Mobilkommunikation
- Multimediapräsentationen
- Finanzgeschäfte
- Datenaustausch
- Handelsprotokolle
- Formulare
- Mathematik, Chemie, Biologie, Astronomie, Genealogie, Wetter
- Konzeption
- Personalverwaltung
- Tutoriate
- neue Verifikationsmöglichkeiten(bessere DTDs)

3.2. Online Banking mit Open Financial eXchange (OFX)

Situation
Finanzinstitute gehören zur Gruppe der welt-größten Anwender von Informationstechnologien (IT). Genaugenommen stützt sich die gesamte kommerzielle Infrastuktur auf IT. Jeder Kontoauszug, jede Bankbewegung besteht aus digitalen Daten. Dieser Sektor ist inzwischen fest verwurzelt voller weltweit inkompatibler Daten, die den Austausch solcher Daten enorm erschweren und kostenintensiv gestalten. Dieser Fakt spielte in der Vergangenheit nur eine untergeordnete Rolle. Seit man jedoch Geschäfte im Web weltweit tätigen und überdies noch seine Bankgeschäfte darüber abwickeln kann verlangt der Markt nach einer Lösung.

Allgemeine Lösung
Was benötigt wird ist ein webfreundlicher, international akzeptierter Standart, um Finanztransaktionen zu beschreiben. Der Standard muß erweiterbar sein, um neue Transaktionen in der Zukunft definieren zu können, allerdings ohne bisherige Transaktionen dadurch zu beeinflussen. Der Standard muß komplett offen und so definiert sein, daß er es ermöglicht auf einfache Weise Anwendungen zu programmieren.

OFX Lösung
OFX wurde von Microsoft, Checkfree und Intuit entwickelt. Als Einsatzgebiet sieht man die typischen Transaktionen zwischen Kunden und Institutionen. Dazu gehören Kontoführung, Aktienverwaltung, Steuererklärungen und Bezahlungen mit Kreditkarten. Als Zielgruppen stehen somit auf der einen Seite der Privatmann, Steuerzahler und Besitzer von kleinen Geschäften und auf der anderen Seite Banken, Finanzämter, Händler usw.

Die Entwicklung von OFX geht noch auf die Zeit vor der Standardisierung von XML zurück und wurde daher zuerst auf Basis von SGML entworfen. Allerdings wurde mit dem Aufkommen von XML sofort erkannt, daß OFX vollkommen XML kompatibel sein soll. Als weitere Entwurfskriterien setzte man sich folgende Ziele:

- OFFEN
  OFX ist ein offener Standard, der für jeden frei verfügbar sein soll und von keinem Anbieter oder keiner Institution abhängen soll
- ERWEITERBAR
  OFX wurde so designed, daß es erweitert werden kann ohne einen negativen Einfluß auf laufende Systeme zu haben. Das heißt, erkennt ein älteres System die Erweiterungen nicht, so ignoriert es die unbekannten Teile und funktioniert weiterhin, solange das Dokument ein wohlgeformtes XML-Dokument ist.
- CLIENTUNABHÄNGIG
  OFX ist ein Dokumentenformat, keine Anwendung. Entwicklern steht es frei stand-alone PC-Anwendungen, Web-Browser, Geldmaschinen oder irgend eine andere Anwendung zu entwerfen, in der OFX seinen sinnvollen Einsatz findet. Auch das OFX, bisher HTTP als Transportschicht benutzt, soll einer Umsetzung auf andere System nicht hinderlich sein.
- STABIL
  OFX Transaktionen müssen konform zu einer der OFX DTDs sein. Somit können die Dokumente auf jeder Seite einfach überprüft (validiert) und genauso einfach mit benötigten Informationen aus der eigenen Datenbank verglichen werden.

- SICHER
  OFX hält ein Framework bereit, auf dem eine Sicherheitsschicht aufgesetzt werden kann. Es unterstützt dabei Standards wie SSL (Secure Sockets Layer) und SET (Secure Electronic Transaction).
- AUTOMATISIERUNG (Batch processing)
  OFX ist aufgebaut als Anfrage/Antwort Dokumente, die keine Interaktion des Anwenders erfordern. Die OFX Dokumente werden im Hintergrund der Anwendung ausgetauscht.
- INTERNATIONAL
  OFX ist für alle internationalen Geschäfte vorbereitet. Es unterstützt alle Währungen, länderspezifische Kürzel und den Unicode Schriftsatz.

Anwendungen

OFX wird bereits in den USA und Kanada angewendet und wurde in Microsofts Money und Quicken Deluxe implementiert. Dort wirkt OFX dezent im Hintergrund und kommt erst zum Einsatz, sobald eine Transaktion zur Bank geht oder von der Bank kommt. Homebanking in Amerika funktioniert somit schon auf diesem Standard. Leider ziehen die Banken in Deutschland bisher nicht nach.

Fazit

OFX hat die Rolle des Vorreiters übernommen und wurde auch gleich in den USA angenommen. Daß OFX auf mehreren DTDs basiert, ist unseren Erachtens zukunftsweisend in einer Branche, in der unterschiedliche und komplexe Transaktionen getätigt werden müssen.

→lieber kleinere, spezifischere DTDs als eine große DTD.

OFX ist momentan die Lösung für Online Banking.

Für komplexere e-commerce System ist OFX nicht geeignet und somit eine Branchenlösung für Online-Banking. In einem komplexeren e-commerce System wird OFX in der Form wahrscheinlich nicht integriert werden.

Die Bezahlung ist nur ein Teil eines e-commerce Geschäfts. Will man zum Beispiel während eines kompletten Handels die Daten nicht zwischen der DTD für das Angebot, der DTD für den Warenkorb und einer der OFX-DTDs für die Bezahlung mappen, so muß eine übergreifender Syntax her. Somit wird nicht OFX erweitert werden, sondern es wird allgemeinere Standards geben, die OFX als ein Teil integrieren (siehe 3.5 OTP, 3.6.CBL).

3.3. Automatisierung im Web mit Hilfe der Web Interface Definition Language (WIDL)

Situation

Das Web wächst und wächst und hat schon lange Dimensionen erreicht, in denen wir ohne Automatierungsprozesse sehr viel Zeit und Geld investieren müssten, um unsere gewünschte Information zu erhalten. Eine der häufig benutzten Automatisierungsprozesse ist die Suche nach Informationen mit Hilfe von Suchmaschinen. Eine Art von Suchmaschine wird auch als "Robot" bezeichnet. Dazu gehören der Webcrawler und Altavista. Beide machen neben dem Suchen in der eigenen Datenbank nichts anderes, als einen Anwender im Web zu simulieren, der sich von Link zu Link klickt und dabei die gesammelten (Meta) Informationen in eine Datenbank ablegt.

Diesen Grad der erforderten Interaktion (das klicken der Links) ist relativ einfach zu realisieren. Komplizierter wird es zum Beispiel, wenn man Formulare ausfüllen muß, um an Informationen zu gelangen. Doch auch hierfür gibt es ebenfalls Robots oder sogenannte "Web Agenten". Das Programmieren eines solchen Agenten geschieht meist in Java, Perl, Visual Basic oder Python. Gängig ist es, diese Programme von Hand zu schreiben, was einerseits fehleranfällig, andererseits zeitaufwendig ist. Ist der Agent nicht intelligent genug und findet eines Tages die erforderten Informationen nicht, z.B. weil plötzlich die täglich "ausspionierten" Börsenkurse einer Zielseite an einen anderen Ort auf der Seite gewandert sind, so bedarf der Agent wiederum einer zeitaufwendigen Änderung.

WIDL Lösung

Oft benötigt man nur kleine Informationen, die schnell und günstig zu beschaffen sein sollen. Zum Beispiel kann man sich gut vorstellen, daß man jeden morgen den Graphen seines Aktienverlaufes sehen will. Angenommen dies erfordert das Starten des Browsers, das Eingeben der URL (oder Bookmark-klick) und sobald die Seite kommt, die Eingabe des Aktientyps und das Anklicken des Wunschgraphen (z.B. bei http://finanzen.de.yahoo.com). Diesen Prozess kostengünstig zu automatisieren, wäre wünschenswert. Hier setzt WIDL von WebMethods an.

Das WIDL-Dokument beinhaltet dabei die wichtigen Details einer Webkonversation im WIDL Syntax. Somit muß das Programm, welches das WIDL-Dokument verarbeitet nicht geändert werden, wenn sich z.B. die Ziel-URL ändert. WIDL bietet noch viel mehr Vorteile, die man am deutlichsten im Zusammenhang mit der Software "Web Automation Toolkit" von WebMethods kurz erklären kann.

Web Automation Toolkit

Das Web Automation Toolkit, ermöglicht das Erstellen eines WIDL Dokuments und einer API in der gewünschten Programmiersprache oder eines Applets, daß aus den Daten des WIDL-Dokumentes die benötigten Daten von der Ziel-URL besorgt und aufbereitet. Hierzu geht das Toolkit wie folgt vor:

- nach dem Aufruf der Ziel-URL analysiert es das Ziel-Dokument und hält alle Objekte (Elemente, Eingabefelder usw...) bereit. Hierbei wurden die DOM-Schnittstellen implementiert.
- nun kann man entscheiden, welche Auswahl und Eingaben man in Zukunft automatisch machen lassen will, bzw. ob man in manchen Punkten selbst agieren will.
- Schließlich stellt man sich noch zusammen, welche Daten wie zurückgesendet werden sollen.

- Nun generiert das Toolkit das WIDL-Dokument, in dem alle notwendigen Daten (wann, wo, wie oft, welche Eingabe, welche Teile als Ergebnis) gespeichert sind.
- Auf Basis des WIDL-Dokuments kann man sich nun in Windeseile, ein Java-, Perl, Visual Basic Programm, browserunabhängig als API generieren lassen. Ebenso besteht die Möglichkeit, sich die Ergebnisdaten sofort in eine Excel Datei umwandeln zu lassen.

Fazit

Das Web Automation Toolkit von WebMethods ist ein ausgereiftes Produkt, daß im Automatisierungsprozess hervorragende Arbeit leistet. Leider bedarf es (bisher) zur vollen Nutzung der automatisch generierten Agenten ebenfalls den Server der Firma WebMethod, was die Nutzung einschränkt.

WIDL als Innovationsquelle

Trotzdem ist WIDL und Web Automation Toolkit ein Entwurf, mit dem man sich als XML-Entwickler oder -Consultant beschäftigen sollte. Mit WIDL wurde etwas gemacht, das nach unserer Meinung in der Zukunft ein großes Einsatzgebiet für XML darstellen kann. XML-Dokumente (ob zu einer zukünftige DTD konform oder nicht) als wartungsfreundlicher Programmteil. Am Beispiel WIDL heißt dies, alle vom Agenten benötigten Daten holt er sich dynamisch aus dem WIDL-Dokument. Wo soll ich suchen? Wie soll ich auf welches Eingabefeld reagieren? Welche Ausgabe soll ich zurückliefern?...

Wir möchten hier das Rad etwas weiter drehen. Angenommen wir haben ein Produkt z.B. in Java mit Swingklassen entwickelt, das alle Informationen, die unter bestimmten Umständen geändert werden müssen, in einem XML-Dokument abgelegt hat. Diese Informationen können alles Erdenkliche beinhalten. In unserem Beispiel sind im XML-Dokument Darstellungsinformationen (Swingparameter in menschenlesbaren Tags) wie Buttonfarbe und Beschriftungen gespeichert. Ein Jahr später hat sich das Programm am deutschen Markt behauptet und soll nun in alle Länder Europas exportiert werden. Dies kann nach bisherigen Entwicklungsmethoden der Moment sein, an dem der Chef es bereut, daß der damalige Programmierer gegangen ist oder daß unter dem Entwicklungsdruck die Dokumentation vernachlässigt wurde. Aufgrund des leicht verständlichen XML-Dokuments kann nun die Umsetzung in die benötigten Sprachen in kürzester Zeit von fast jedem erledigt werden, ohne Programmierkenntnisse zu besitzen. Auch ein Outsourcing ist in diesem Produktionsabschnitt möglich, ohne Teile des Quellcodes preiszugeben. Man übersetzt die Buttonbezeichnungen zwischen den Tags, ändert den landesspezifischen Unicodekürzel am Anfang des Dokuments und passt die Farben der Nation entsprechend an.

Natürlich könnte man diese Informationen auch in jedes beliebe Textfile speichern, allerdings bietet sich XML-Dokumente hierfür aus folgenden Gründen besonders an:

Strukturiertheit

Die Struktur im XML-Dokument kann die verschachtelte Struktur von Programmteilen wiederspiegeln.

```
<mainframe>
    <menue>
        <submenue>Datei
            <choice>Neu</choice>
            <choice>Öffnen</choice>
        </submenue>
        <submenue>Bearbeiten
            <choice>Einfügen</choice>
            <choice>Kopieren</choice>
        </submenue>
    </menue>
    <window>....
```

```
    </window>
</mainframe>
```

Quelltext 3.3.a. XML als ini bzw. config-datei

Maschinen- und Menschenlesbar

Die Tags ermöglichen es auch "nicht-Insidern" die Information zwischen den Tags zu interpretieren. Stichwort Context-Sensitiv.

Unicode

Gerade wenn die Information in verschiedenen Ländern interpretiert werden soll, bietet sich XML mit seinem standardisierten Unicode an.

3.4 Electronic Data Interchange (EDI) und XML

3.4.1 Electronic Data Interchange (EDI)

In der Vergangenheit wurden in der Geschäftswelt eine Reihe von Strategien entwickelt, um die Produktivität zu steigern. Dazu gehören „Just in Time Production", „Quick-Response", sowie „computergestützte Aquisition und logistische Unterstützung" (CALS).

Zwar betreffen diese Strategien verschiedene Geschäftsbereiche unterschiedlicher Industriezweige, aber das Motiv eine oder mehrere dieser Strategien einzusetzen ist immer dasselbe, Arbeitsabläufe effizienter und damit auch kostengünstiger zu gestalten. Die Regel zur Steigerung der Effizienz lautet, Eliminierung aller Prozeduren, die nicht zur Wertschöpfung beitragen.

Die Wirtschaft hat verstanden, daß man dabei Unternehmen nicht wie isolierte Einheiten behandeln darf, sondern die Interaktion mit Geschäftspartnern als einen gewichtigen Parameter mit berücksichtigen muß.

„Schätzungen zufolge können im internationalen Geschäft, bei einem einzigen Versand von Waren bis zu 28 unterschiedliche Organisationen mit bis zu 40 Transaktionen, die dokumentiert werden müssen, beteiligt sein: Seefrachtbrief, Akkreditive von Banken an Exporteure, Manifest usw. Diese Schätzungen besagen, daß bis zu 8% der Gesamtkosten einer internationalen Versendung durch die Erstellung von Papieren verursacht werden." [DEDIG 1]

Je höher die Anzahl an Dokumenten ist, die von Hand ausgefüllt werden müssen, um so höher ist auch die Fehleranfälligkeit des Geschäftsprozesses. Fehler ziehen wiederum weitreichende Konsequenzen nach sich, so können z.B. aufgrund eines falsch ausgefüllten Formulars Verzögerungen im Versand auftreten, was zusätzliche Lagerkosten verursacht.

Die Interaktion mit Geschäftspartnern zu automatisieren und zu optimieren ist der philosophische Inhalt von EDI. Es ist wichtig zu verstehen, daß EDI nicht einfach den Datenaustausch von Firmen beinhaltet, sondern einen bidirektionalen Mechanismus zur Interaktion zwischen Systemen.

Im Verlaufe der Entwicklung von EDI haben sich verschiedene branchenspezifische Standards herausgebildet, wie SWIFT im Bankensektor, VDA und ODETTE für die Automobilindustrie und SEDAS für den elektronischen Datenaustausch zwischen Handelsunternehmen. Um einen branchenunabhängigen Austausch von Handelsdokumenten zu gewährleisten wurde der international gültige Standard UN/EDIFACT, United Nations Electronic Data Interchange for Administration, Commerce and Transport, eingeführt. Dieser Standard ist bis heute gültig und beschreibt Geschäftsdokumente durch eine definierte Befehlsstruktur und Syntax. Neben UN/EDIFACT gibt es einen zweiten Standard, ANSI X.12 der in Nordamerika verbreitet ist und mit UN/EDIFACT konkurriert.

3.4.2 Architektur eines EDI-Systems

Ein EDI-System besteht aus einer Inhouse-Anwendung, die nicht unbedingt EDI-basiert sein muß. Die Inhouse-Anwendung generiert Handelsdokumente, die mittels eines vorgeschalteten EDI-Systems in das EDI-Format konvertiert werden. Diese EDI-Dokumente werden nun an ein Kommunikationsdienstanbieter, wie z.B. die Deutsche Telekom mit der TeleboX400,rschickt. Die Teleboxen, wie z.B. die eben erwähnte TeleboX400, haben eine Art Pufferfunktion. Sie verteilen ankommende Dokumente auf die Mailboxen der Empfänger und halten diese zum Abruf bereit. Nachdem ein Dokument abgeholt wurde, wird es überprüft und gegebenenfalls konvertiert um es danach ihrem Inhouse-System zur Verfügung zu stellen.

So wird eine Firma nicht ständig durch Einzelübertragungen von EDI-Daten über das Telefonnetz „belästigt", sondern kann seine Daten zu einem günstigen

Zeitpunkt gesammelt von seiner Mail-/Telebox abholen beziehungsweise versenden.

Darüber hinaus gibt es sogenannte Clearing Center, sie sind interessant für Unternehmen, die kein eigenes EDI-Inhouse System aufbauen wollen. Sie wenden sich mit den Daten aus ihrer bisherigen Inhouse-Anwendung an das Clearing Center, dies übernimmt die Aufgabe der Konvertierung zwischen den Nachrichtenformaten der Sender und Empfänger. Je nach Serviceangebot des Clearing-Centes konvertiert es nur Standard EDI / EDIFACT Formate oder auch individuelle, kundeneigene Formate. Eine weitere Aufgabe der Clearing Center besteht in der Protokollierung der Übertragungsvorgänge in einem sogenannten Transaktionsjournal sowie der Syntaxprüfung der Nachrichten. Allgemein gesprochen ermöglichen Clearing Center also die fehlerfreie Kommunikation, sowie die Datensicherheit.

Nachrichten können auch über mehrere Clearing-Center geleitet werden, bevor die Nachricht vom Absender zum Empfänger gelangt. Anwender bemerken das nicht, und so können auch Nutzter, die einem anderen Clearing-Center angeschlossen sind, auf diese einfache und sichere Art Anfragen und Bestellungen erhalten.

Da die Übertragung von EDI-Daten nicht geregelt ist, kommen verschiedene Übertragungsprotokolle zum Einsatz. Vornehmlich werden aber die OSI-Protokolle verwendet, und auch internationale Branchengremien empfehlen das Protokoll X.400 in Verbindung mit dem X.25 Netz. Aus dieser Tatsache heraus operiert das Clearing Center auch als Gateway, welches verschiedene Übertragungsformen unterstützt.

Realisiert wird ein EDI System meist in einer Client / Server-Architektur, wobei ein dedizierter EDI-Server verwendet wird. Über 90% der EDI-Lösungen wurden mit dieser Architektur implementiert.[DEDIG 2] Diese Server-Lösung trennt zwischen Anwendungs- und EDI-System. Sämtliche EDI-Funktionen wie Konvertierung, Archivierung, Logging, Kommunikation zwischen Host und Partnersysteme werden vom Server gesteuert und durchgeführt. Die Unabhängigkeit von Applikationen erlaubt es, das System als Unternehmens-Gateway einzusetzen.

3.4.3 EDI und Kleine und Mittlere Unternehmen (KMU)
Trotz aller augenscheinlicher Vorteile wie
- Erhaltung und Steigerung der Wettbewerbsfähigkeit
- Wertsteigerung bei Produkten und Dienstleistungen (durch z.B. verbesserten Kundendienst)
- Reduzierung der Verwaltungskosten
- Verbesserte Lagerkontrolle
- Strategischer Nutzen durch die Auswertung von EDI-Daten

ist EDI nicht so weit verbreitet, wie es wünschenswert wäre, um die Einsparungspotentiale voll auszuschöpfen. Dies liegt vor allem an den kleinen und mittleren Unternehmen (KMU), die sich doch einer hohen Investition gegenüber sehen, wollen sie ein EDI-System implementieren.

Oftmals werden auch kleinere Zulieferunternehmen von großen Unternehmen zur Implementierung gezwungen. Dabei wird vom Zulieferunternehmen die Anbindung von EDI an das hauseigene System nicht richtig vollzogen. Das EDI-System wird lediglich eingesetzt um den Großkunden nicht zu verlieren. Dadurch bleiben die internen Vorteile aus und EDI kommt so in Verruf.

Wie wichtig aber die Integration der KMU ist, verdeutlicht die auch hier geltende 80:20-Regel. Wird 80% des Transaktionsvolumens per EDI abgewickelt, so erhält man 20% des Einsparungspotentials. Um die restlichen 80% des Einsparungspotentials zu verwirklichen, müssen die verbleibenden 20% des Transaktionsvolumen auch per EDI abgewickelt werden.[Pfeiffer 1] Dieses restliche Transaktionsvolumen liegt aber meist bei den kleinen und mittleren Firmen. Die Bemühungen, diese Firmen an das EDI-System anzubinden, spiegelt auch das Vorhaben der PostCom, eine Tochter der Deutschen Post AG, wieder.

Das Clearing Center PostCom plant als zukünftigen Service, Briefpost wie z.B. Briefbestellungen in EDIFACT-Nachrichten zu konvertieren und weiterzugeben. Der umgekehrte Fall, daß ein Unternehmen EDIFACT-Nachrichten an die Post-Com sendet und von dort aus, diese als Brief oder Fax den Empfängern zugestellt werden, gibt es schon("EDI2Paper"). So wandeln sich bislang nicht EDI-fähige Firmen für die Unternehmung in „virtuelle EDI-fähige" Firmen. Wiederum sind es aber die kleinen Unternehmen, welche von dieser Form des Datenaustausch keine Vorteile verbuchen können. Sie müssen sogar für den Service bezahlen, daß ihre Briefpost den Kundenwünschen entsprechend in EDI-Daten konvertiert wird.

3.4.4 WebEDI

Eine andere Lösung bietet WebEDI. Über das Internet werden den Partnern, die kein EDI-System unterstützen, Formulare angeboten. Diese bilden die jeweiligen Transaktionen wie Bestellung, Lieferabruf, Anfragen etc. auf HTML oder Java Basis ab. Der Geschäftspartner kann nun mit seinem Browser das Formlar ausfüllen und zurückschicken. Dieses wird serverseitig in einer Datenbank gespeichert und an das EDI-System weitergeleitet, welches die automatische Bearbeitung übernimmt. Geschäftspartner ohne EDI-System können ohne große Investitionen und mit einem Zeitvorteil gegenüber dem obigen System das EDI-System des Kunden beliefern. Der Kunde der daraus wirtschaftliche Vorteile zieht, trägt auch die Investition für die Client-Server Architektur. Über diese Methode lassen sich sehr spontane oder seltene Transaktionen einfach und schnell ohne großen Koordinationsaufwand realisieren. Der Nachteil ist, daß dieser Weg nur in die eine Richtung von KMU zu Großkunde verläuft, nicht aber zurück. Somit ist der bidirektionale Mechanismus zur Interaktion zwischen Systemen nicht gegeben. Es müssen also 50% der Transaktionen, nämlich die vom Großkunde zu den KMU auf herkömmlichem Weg bearbeitet werden. Ganz zu schweigen von der nicht realisierbaren automatisierten Interaktion der Systeme.

3.4.5 Nachteile von EDI

Warum EDI so teuer und für KMU nicht interessant ist, liegt am schlechten Konzept. EDI wurde 1970 entwickelt und ist seither nicht mehr entscheidend auf neue Bedürfnisse angepaßt worden. Traditionelles EDI/EDIFACT basiert somit auf veralteten Prinzipien. Es beinhaltet die Nutzung von starren „transaction sets", in denen die Regeln für Geschäftsprozesse schon enthalten sind. Die Einbettung von Geschäftsprozessregeln in die „Transaction sets" ergibt erhebliche Nachteile, da diese von Firma zu Firma unterschiedlich sein können, erst recht bei unterschiedlichen Firmengrößen. Auch der dynamischen Marktentwicklung und der damit einhergehenden Umstrukturierung von Geschäftsprozessen wird mit diesem Prinzip nicht Rechnung getragen. Hinzu kommt, daß diese standardisierten „transaction sets" nur sehr langsam durch neue Standards ersetzt bzw. ergänzt werden.

Ein weiteres Problem ist, daß die „transaction sets" zwar standardisiert sind, aber einen Interpretationsspielraum lassen, den sich Firmen zu Nutzen machen, um diese an ihre eigene Anforderungen anzupassen. Somit werden die Standards ad absurdum geführt. Leidtragende sind einmal mehr die KMU, welche für jeden Großkunden die „modifizierten Standards" implementieren müssen, um im Geschäft zu bleiben.

Auf diesen Umständen basiert auch die Tatsache, daß die Implementierung von *EDI pro Anbindung an einen Geschäftspartner eine eigene Lösung erfordert. Wenn man dies mit dem Telefon vergleicht, so müßte man zu jedem geplanten Gesprächspartner erst eine eigene Leitung verlegen.

Um eine EDI-Kette aufzubauen sind folgende Schritte notwendig.

- Die Geschäftspartner einigen sich auf ein gemeinsames Abkommen, dem „trading arrangement".
- Sie wählen ein Value Added Network (VAN) zur Kommunikation.
- Die Geschäftspartner lassen extra auf sie zugeschnittene Software erstellen, welche die Datenvorkommen der jeweiligen Firma auf die eigenen Bedürfnisse abbildet, oder erstellen diese selbst.

Diese Schritte sind jedesmal von neuem notwendig, wenn man einen weiteren Geschäftspartner anbinden will!

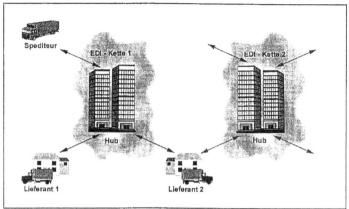

Abb. 3.4.5 a EDI-Ketten

Im obigen Bild wird dies veranschaulicht. Lieferant 2 ist in zwei EDI-Ketten integriert. Dabei muß er das EDI-System von Kette 1, welches vom Hub vorgegeben wird bei sich implementieren, genauso wie das EDI-System von Kette 2, das sich von eins unterscheidet. Lieferant zwei muß also zwei unterschiedliche EDI-Systeme von zwei verschiedenen Hubs implementieren und in seiner Inhouse-Anwendung integrieren. Dieser Umstand erklärt, warum gerade KMU die meist mehrere Großkunden beliefern, nicht bereit sind EDI zu implementieren. Dies soll sich durch XML ändern.

3.4.6 XML/EDI
Die XML/EDI Group wurde im Juli 1997 über das Internet ins Leben gerufen. Folgendes Zitat soll die Orientierung und Themen der XML/EDI Group erläutern: "Eines der XML/EDI-Ziele ist es, den Dokumententransport zwischen Organisationen so einfach wie möglich zu gestalten, und zwar soweit, daß er für den Anwender transparent ist. Das wird Workflows oder „Pipelines" gestatten, sich über Organisationsgrenzen zu erstrecken. Das schließt Software-Agenten als Untermenge ein, die ins Internet hinausgreifen sollen, um aus Online-Katalogen zu lesen und sie sinnvoll zu nutzen. Der Workflow von Dokumenten sollte in der Lage sein, einen Handelspartner ebenso leicht zu erreichen, wie einen Kollegen im Nebenraum. Diese Transparenz ist mit XML/EDI erreichbar." [ITF 1]

3.4.7 XML/EDI als Framework
XML/EDI ist keine Applikation sondern ein Framework. Es beinhaltet vielmehr als nur EDI in eine XML-Verpackung zu stecken. Da Geschäftsprozesse in heutiger Zeit durchaus schnelleren Veränderungen unterworfen sind, als dies früher der Fall war, muß eine neue Technologie für EDI einen offenen Standard darstellen, der auf diese Änderungen reagieren kann. Um eine vollständige Abwärtskomatibilität zu bestehenden EDI-Systemen zu gewährleisten, sollte diese Technologie ähnliche Charakteristika wie EDI aufweisen. EDI ist ein Daten und Metadaten orientiertes System, welches die Daten mit Markierungen, den EDI-Segmentbezeichnern, umgibt. Für eine möglichst große Akzeptanz der neuen Technologie, sollte dieser Standard überall frei verfügbar sein.

Durch die Auswahl von XML, das aus sich heraus bereits dynamisch definiert, erweiterbar und einfach ist, sowie das Internet als Kommunikationsplattform nutzen kann, wird diesen Anforderungen Rechnung getragen.

XML hält die Möglichkeiten bereit, Transaktionen zu beschreiben und zu strukturieren und davon getrennt Regeln zu beschreiben, wie diese Transaktionen zu behandeln sind (z.B. bei der Präsentation). Durch die Tatsache, daß XML-Dokumente über das Internet übermittelt werden können, wird auch im EDI-Bereich das Internet zum Kommunikationsmedium Nummer eins. Durch diese Entwicklung werden einzelne EDI-Ketten zusammengeschlossen zu einem großen EDI-Netzwerk.

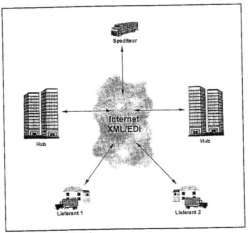

Abb. 3.4.7 a EDI-Netzwerk

Dabei dürfen die Anforderungen an das Kommunikationsmedium, wie Sicherheit, Transaktionsintegrität, Verbindungsstabilität und Authentifizierung nicht vergessen werden. Da aber die Transaktionen auf HTTP oder SMTP übertragen werden, können bisherige Sicherheitstechnologien wie SSL, PGP etc. verwendet werden.

Ziel des Frameworks ist es, formale Schnittstellen für kommerzielle e-commerce Komponenten, die interoperieren sollen, bereitzustellen. Damit XML/EDI erfolgreich ist, müssen diese Schnittstellen offen sein und dennoch standardisiert. Das Geschäftsmodell besteht dabei entweder aus Ad hoc-Interaktionen zwischen kleinen Gruppen oder aus vereinbarten nationalen oder internationalen Frameworks, wie die von Wirtschaftsverbänden oder Industriegruppen.

Dabei werden die Anforderungen an ein XML/EDI-Framework folgendermaßen definiert:

- XML/EDI beinhaltet die Kostenreduktion von Geschäftsprozessen.
- Die Einstiegskosten in ein XML/EDI-System sollen niedrig sein.
- XML/EDI soll eine einfach zu benützende Toolsammlung bieten.
- Das neue Framework soll die Datenintegrität und den Datenzugriff verbessern.
- Die Möglichkeit der Integration von angemessenen Sicherheits- und Kontrollfunktionen soll durch das Framework bereitgestellt werden.
- Das Framework soll eine erweiterbare und kontrollierbare Technologie verwenden.
- XML/EDI soll die Integration in vorhandene Systeme gewährleisten.
- Das Framework benutzt offene Standards.
- Durch das Framework wird ein Nachfolger zu X12/EDIFACT angeboten.
- Das Framework soll eine globale Entfaltung gewährleisten.

3.4.8 XML/EDI ist Dokumentorientiert

Heute werden dokumentenbasierte Managementsysteme zunehmend mit Datenbanken, je nach Anwendung relational oder objektorientiert, kombiniert. Hierbei ergänzen sich Datenbanksysteme und dokumentenzentrierte Tools und schaffen für den Endbenutzer neue Paradigmen für die Arbeit mit Dokumenten. In Kapitel 3.9 „XML im Content Management" zeigt sich dies sehr deutlich. Durch die Verwendung von XML/EDI werden auch EDI-Daten dokumentorientiert und können mit in solche Systeme aufgenommen werden. Dadurch stehen die Funktionalitäten dieser Systeme wie suchen, katalogisieren, workflow und ähnliches nun auch für EDI-Daten zur Verfügung.

Durch die Dokumentorientierung von XML/EDI werden sich Anwendungen dahingehend entwickeln, Browser mit ihren eingebauten XML-Funktionalitäten als Front-Ends zu verwenden. Dadurch müssen nicht mehr wie bisher Bildschirmmasken programmiert werden, um Transaktionen zu visualisieren. Diese Aufgabe übernehmen in Zukunft Stylesheets. Dabei sollen in Zukunft sogar clientseitige Stylesheets zum Einsatz kommen, so daß nur das XML-Dokument übertragen werden muß. Dies entlastet das Netz und ermöglicht es, die Visualisierung entsprechend des Benutzers anzupassen.

Ein Beispiel: Ein Krankenhaus erhält Patientendaten, diese sind in ihrer Struktur standardisiert. Um die Daten nun anzuzeigen, muß nicht jedesmal ein Stylesheet übermittelt werden, sondern ein auf der clientseite gespeichertes Stylesheet wird zu diesem Zweck verwendet.

„XML/EDI Dokumente werden als Struktur, die Daten enthält, dienen und sie werden Anweisungen beinhalten, wie eine Transaktion verarbeitet oder (an der Benutzeroberfläche) dargestellt werden soll. Basierend auf anwender-definierten Regeln wird das Dokument in seinem eigenen Workflow–Prozeß weitergeleitet, wobei es selbst Ereignisse auslöst. Im einfachsten Fall wird das Dokument durch Einsatz von Such-, Klassifizierungs- und Weiterleitungsmechanismen in der Lage sein, die Applikation (oder den Anwender) zu finden, anstatt daß die Applikation (oder die Anwender) das Dokument finden müssen. Das Dokument wird in sich den Transaktionsstatus enthalten, damit Applikationen (oder Anwender) diesen setzen oder abfragen können, und es wird selbst „wissen", daß es in einer miteinander verbundenen Menge von Dokumenten ist, die im Workflow benutzt werden."
[ITF 2]

3.4.9 Die Architektur von XML/EDI

Die gesamte Architektur von XML/EDI besteht aus fünf Teilen.
Diese sind
- XML
- EDI
- Templates
- Agenten
- Container (ähnlich einer Datenbank)

XML stellt in dieser Architektur die Grundlage dar und dient zur Strukturierung der Nachrichten, wobei bisher bestehende EDI-Segmentbezeichner durch XML Elemente (Tokens) ersetzt oder ergänzt werden. XML stellt in diesem Framework somit den Syntax zur Verfügung, mit dessen Hilfe die anderen Komponenten über das Web transportiert und dabei sämtliche Möglichkeiten des Web und alle Transportschichten des Internet unterstützt wird.

EDI findet in der Architektur Verwendung um eine 100%'ige Rückwärtskompatibilität zu bestehenden EDI-Transaktionen zu gewährleisten. Damit wird der Fortbestand von Investitionen und Know-how in bestehende EDI-Systeme gesichert.

Diese zwei Komponenten allein würden ausreichen, um bisherige EDI-Systeme auf die Kommunikationsplattform Internet zu übertragen. Da EDI bisher festgeschriebene Segmentbezeichner benutzt, um Daten innerhalb von Nachrichten zu trennen und zu bezeichnen. Werden diese Segmentbezeichner nun durch Tokens von XML getauscht, so kann man EDI über das Internet übertragen. Dieser Austausch allein genügt aber nicht. Da traditionelles EDI sich durch seine eigenen festen Strukturen und seine Starrheit selbst einschränkt. Darauf beruht die bisherige Problematik, daß ein EDI-System auf das jeweilige System des Kunden eingestellt werden muß und das für jeden Kunden von Neuem. Um diese Fehler nicht auf XML/EDI zu übertragen, wurden drei zusätzliche Schlüsselkomponenten hinzugefügt.

Diese sind
* Verarbeitungstempates
* Softwareagenten
* globale Entity Repositories

Diese drei zusätzlichen Komponenten sollen ein voll dynamisches XML/EDI e-commerce Framework gewährleisten.

Verarbeitungstemplates
Verarbeitungstemplates wirken bildlich gesprochen als Klebstoff des XML/EDI-Frameworks. In XML können nicht komplette Geschäftsprozesse formuliert werden, deshalb werden diese durch Verarbeitungstemplates ergänzt. Diese Templates können entweder im XML-Dokument enthalten sein oder aber als globale Referenz im XML-Dokument referenziert werden. Sie halten Regeln bereit, welche definieren, was mit den Daten des Dokuments geschehen soll. Es ist wichtig zu unterscheiden, daß diese Templates keinen festen Programmiercode enthalten, welcher die Daten verarbeitet, sondern Regeln, auf deren Basis die nachfolgend erklärten Agenten die Verarbeitung der Daten vornehmen können! Templates werden durch DTD's ergänzt. Wobei DTD's durch die Definition der Struktur die Interoperabilität innerhalb der Transaktionen gewährleistet. Die Verarbeitungstemplates dagegen gewährleisten die korrekte Verarbeitung der Transaktion, in Verbindung mit den Agenten, was zum Beispiel auch die korrekte Darstellung beinhalten kann.

Softwareagenten
Softwareagenten arbeiten mit den Verarbeitungstemplates, den EDI-Transaktionsdatendefinitionen, bei XML/EDI die DTD, und der Geschäftsapplikation des Benutzers.

Diese Komponenten stehen in unmittelbarem Zusamenhang zueinander. Die Softwareagenten interpretieren dabei die Verarbeitungstemplates um die nötigen Arbeitsschritte, die sich daraus ergeben zu vollziehen. Sie interagieren mit den EDI-Transaktionsdatendefinitionen oder DTD's und der Geschäftsapplikation, um aus diesem Zusammenhang neue Templates für neue Vorgänge zu generieren. Agenten können auch für bestehende Transaktionen das zugehörige Verarbeitungstemplate aus den globalen Datenbanken auffinden und an die Transaktion anhängen.

Zusammenfassend kann man sagen, daß Agenten dem Erstellen, Zuordnen und Verarbeiten von Templates dienen.

globale Datenbanken
Die globalen Datenbanken ähneln den globalen Internet Datenbanken, die heute schon Verwendung finden. So kann man im BSI BEACON System das BEACON Wörterbuch verwenden, das dem Benutzer erlaubt, die Bedeutung und Definition von EDI-Segmentbezeichnern nachzuschlagen. Dies geschieht manuell und wird in Zukunft in XML/EDI innerhalb eines Agenten automatisiert. Indem sie Verarbeitungstemplates bereit halten, welche durch Agenten den dazu passenden Transaktionen zugeordnet werden, bilden diese Datenbanken die semantische Grundlage für globale Geschäftransaktionen.

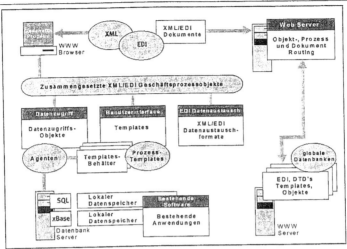

Abb. 3.4.9 a XML/EDI-Architektur

Weitere Geschäftsmodelle werden durch XML/EDI somit ermöglicht. So zum Beispiel erweiterte regelbasierte Geschäftsprozesse. Diese gehen über die traditionellen formularbezogenen Abläufe hinaus und beinhalten ad-hoc Systeme, die sich dynamisch anpassen. Dadurch beinhaltet der Informationsfluß Dokumente und Geschäftsinformationen.

Grundsätzlich sind auf Basis von XML und EDI vier Geschäftsmodelle realisierbar.

Webbasierter electronic commerce.

Dieses Modell ist dem des WebEDI sehr ähnlich. Dem Benutzer wird zum Beispiel ein Formular im Browser angezeigt, über dieses kann er Bestellungen vornehmen. Bei einer herkömmlichen HTML-Lösung wie dies bei WebEDI der Fall ist, wird das Formular an den Server übertragen und dort ausgelesen. Beim Vorgang des Auslesens wird eine EDI-Nachricht erstellt. Das heißt, die Daten, die aus dem Formular ausgelesen werden, werden mit EDI-Segmentbezeichnern umgeben.

Das Webbasierte Geschäftsmodell von XML/EDI geht einen anderen Weg, hier werden dem Benutzer ebenfalls zum Beispiel Bestellformulare angezeigt. Hat der Benutzer diese ausgefüllt werden sie jedoch als XML-Dokument an den Server übertragen. Dies erlaubt eine dokumentorientierte Verarbeitung auf der Serverseite, deren Vorteile im Unterkapitel 3.4.8 „XML/EDI ist Dokumentorientiert" behandelt wurden.

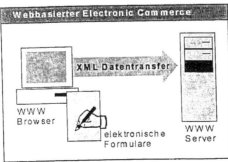

Abb. 3.4.9 b Webbasierter electronic commerce

Internetbasiertes, traditionelles EDI

Hierbei werden XML/EDI Daten vom VAN (Value Added Network) über das Internet mittels eines bestimmten Webservice übertragen. Vorstellbar wäre hier zum Beispiel die Übertragung von EDI-Nachrichten per e-mail via SMTP.

Abb. 3.4.9 c internetbasiertes traditionelles EDI

Dieses Modell nutzt nur die Fähigkeit von XML, über das Internet übertragen werden zu können. Man kann sich als Beispiel vorstellen, daß traditionelle EDI-Systeme statt über externe kostenaufwendige Kommunikationsdienste, über das Internet miteinander kommunizieren. Dazu werden die EDI-Daten in XML/EDI-Dokumente konvertiert, verschickt und auf Empfängerseite zurückkonvertiert. Dies ist zwar umständlich, wenn man sich aber vorstellt, daß zum Beispiel der Mineralölkonzern Mobil Corp. in einem Jahr Beträge von über $100.000 an solche Kommunikationsdienste bezahlt [Webber 1], kann man sich vorstellen, daß sich dieses Modell für die Betriebe rechnet.

Push basierter Web commerce

Bei diesem Modell werden zuerst vom Client über den Browser, also via HTTP, Regeln und Kriterien übertragen, welche den gewünschten Inhalt bestimmen. Dieser wird dann vom Server an den Client gepusht. Die push-Technologie ist dokumentbasiert und im EDI-Bereich erst durch XML/EDI möglich.

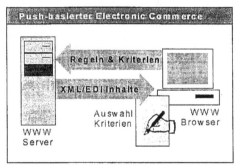

Abb. 3.4.9 d push-basierter e-commerce

Verteilte Anwendungen:

Hier werden vom zentralen Geschäftssytem XML Daten, zugehörige Regeln und Tempates übermittelt, so daß beim Client eine Applikation, vorstellbar als Javaapplet im Browser abläuft. Der Client manipuliert, ändert, löscht oder ergänzt die Daten. Nach Fertigstellung durch den Client werden die Daten als XML-Dokument an den Server des zentralen Geschäftssystems zurückgeschickt und hier weiterverarbeitet.

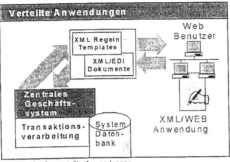

Abb. 3.4.9 e verteilte Anwendungen

Die Kombination aus den fünf Komponenten XML, EDI, Templates, Agenten und Repository läßt ein System entstehen, welches nicht nur Daten liefert, sondern Informationen in Form von Dokumenten und die dazugehörige Verarbeitungslogik.

Die so entstehenden Geschäftsobjekte und die dokumentorientierten Tools bilden das Framework für electronic-commerce.

Ein Vergleich zum Paradigma der Objektorientierung ist durchaus angebracht. Wie eine Klasse, die Daten (Membervariablen) und die Verarbeitung der Daten durch Methoden vereint, so soll auch ein Dokument mit zugehörigem Verarbeitungstemplate Daten und deren Manipulation vereinen. Der Vergleich hinkt allerdings etwas bei der Verarbeitung der Daten. Denn diese ist eben nicht exakt angegeben in Form von Programmcode, sondern als Verarbeitungsregeln in den Templates verfaßt, um den unterschiedlichen Systemen unterschiedlicher Betriebe Rechnung zu tragen.

Mit der Definition von Standards und die Verwendung von XML als offener Standard, ist die Formulierung von Präsentation, Struktur und Verarbeitungstemplates festgelegt. Dies ermöglicht eine automatisierte Verarbeitung von dokumentbasierten Transaktionen.

Durch diese Architektur wird es möglich, daß billigere, flexiblere und besser zu wartende Systeme erstellt werden können. XML/EDI ist deshalb genauso für kleine, wie auch für große Unternehmen zugänglich, realisierbar und finanzierbar. Dadurch bestehen für XML/EDI realistische Chancen in weit mehr Firmen Anwendung zu finden, als dies bei traditionellen EDI-Systemen der Fall war. In der Folge werden dadurch auch viel größere Einsparungspotentiale erreichbar.

3.4.10 Das Datenvolumen von XML/EDI

Durch die zusätzlichen Tags von XML wächst das Datenvolumen pro Transaktion. Laut groben Schätzungen steigt das Datenaufkommen pro Transaktion um ca. 35% im Vergleich zu bisherigen EDI-Transaktionen. Diese Aussage relativiert sich aber wieder, wenn man bedenkt, daß EDI zu einer Zeit entstanden ist, als eine Bandbreite von 2400 bps Standard waren und die Kosten dafür höher waren, als für heutige ISDN-Verbindungen.

Trotzdem bleibt als Tatsache, daß sich das Datenvolumen durch XML/EDI erhöht und dieser Nachteil muß mit den dadurch gewonnen Vorteilen abgewogen werden. Bedenkt man jedoch, daß durch XML/EDI es global Unternehmen unterschiedlicher Größe ermöglicht wird, ein EDI System zu implementieren und dadurch die Einsparungspotentiale stark ansteigen, ist das höhere Datenaufkommen ein Nachteil, der in Kauf genommen werden kann.

3.5. Handel mit dem (Internet) Open Trading Protocol ((I)OTP)

Situation

E-commerce Systeme bestehen aus mehreren unterschiedlichen Transaktionen. Für fast jede Transaktion und jedes Problem wurden bereits Teillösung gefunden, wie z.B.

- SET (Secure Electronic Transactions) von Mastercard, Visa und American Express
- JEPI (joint Electronic Payment Initiative) von Commerce Net und dem World Wide Web Consortium
- Cyber Cash
- Micropayment Technologien, wie Millicent
- OFX (bereits besprochen in 3.2.)
- XML/EDI (bereits besprochen in 3.4.)

Es gibt allerdings noch keinen Standard, der es ermöglicht, daß all diese e-commerce Technologien zusammenarbeiten oder nebeneinander koexistieren können.

Standard als Problemlöser

Warum wird eigentlich ein Standard benötigt? Der OTP-Standard bringt allen Geschäftspartnern Vorteile:

- Kunde
  Unterstützt die Anwendung des Kunden OTP, so hilft die Einigung auf diesen Standard, die Auswahl der Händler zu vergrößern.
  Alle Geschäfte laufen gleich ab und haben das gleiche "look and feel". Der Kunde fühlt sich sicherer und kann seine Geschäfte schneller erledigen.
  Alle Transaktionen von OTP können leicht protokolliert werden und ermöglichen somit übersichtliche Steuerauszeichnungen und Kontostandsverwaltung
- Finanzinstitut
  Das Arbeiten mit einem Standard, ermöglicht dem Finanzinstitut mit jedem Händler, der diesen Standard unterstützt, Geschäfte zu tätigen. Egal wo in der Welt.
- Händler
  Jeder Anwender von Software mit OTP-Unterstützung ist ein potentieller Kunde.
  OTP als offene Sprache erlaubt den Händlern, ihre Käuferschicht aufgrund der vielseitigen Zahlungsmethoden groß zu halten.
  Authentifizierung und die Protokollierung der Handelsschritte ermöglicht einen vertrauenswürdigen Handel
- Software Entwickler
  Implementiert man OTP-Unterstützung, so ist die Software voll handelsfähig.

(I)OTP Lösung

(I)OTP erfüllt genau diesen Zweck. Es ist, wie der Name schon sagt, ein Handelsprotokoll, mit Hilfe dessen ein komplettes Geschäft im Internet abgeschlossen werden kann. Es umfaßt dabei die gängigen Geschäftsabläufe wie zum Beispiel:

- Bestellung (vom Kunden zum Händler)
- Zahlungsaufforderung(vom Händler zum Kunden)
- Bezahlung(vom Kunden zum Händler)
- Lieferung(vom Händler zum Kunden)
- Rechnungsbeleg(vom Händler zum Kunden)

Dies ist natürlich nur das einfachste Beispiel, daß allerdings verdeutlichen soll, daß jeweils ein Teil der gesamt DTD zum Einsatz kommt, je nachdem welcher Handlungsabschnitt gewünscht ist.

(I)OTP ist erweiterbar ausgelegt und beinhaltet in seinem jetzigen Draft vom 23.10.1998, der vom IETF (Internet Engineering Task Force) überprüft wird bereits die typischen Handelswege inklusive Authentifizierung und die Einbindung von Finanzinstitute in den Handelsablauf.

Fazit

Mit (I)OTP wird ein standardisierter Handel im Internet möglich. Es findet bereits in der Entwicklung die Unterstützung von 26 großen Firmen und Finanzinstituten, die im OTP Konsortium vertreten sind (siehe Anhang A). Wenn es die geplante Einbindung von XML/EDI ermöglicht, so wächst die Lobby um mindestens 1000 weitere Firmen, die bisher ihr Engagement in den XML/EDI Standard stecken. Auch die Arbeit des IETF (Internet Engineering Task Force) verheißt einen guten Start für (I)OTP.

(I)OTP kann die Bedürfnisse des Handels im Internet in Zukunft gut abdecken. Eine Schwäche sehen wir darin, daß die OTP-DTD relativ groß ist (10 DIN A4 Seiten) und mit eventuell zukünftigen, unterschiedlichen Bedürfnissen noch wachsen wird. Jeder Handelsabschnitt nutzt allerdings nur einen kleinen Teil der DTD und nicht immer werden alle Teile benötigt. Daher sehen wir in dem nicht-modularen Aufbau der DTD eine kleine Schwäche, die (vielleicht in Zeiten der wachsenden Übertragungsbandbreiten) eine untergeordnete Rolle spielen wird.

Allerdings sehen wir in (I)OTP noch nicht die von uns erhoffte Komplettlösung für standardisierte e-commerce Systeme, die auch schon das Produktangebot standardisieren. OTP unterstützt den Handel vom Moment der Bestellung, über die Bezahlung und Quittierung bis hin zur Auslieferung. Ein e-commerce System startet nach unseren Vorstellungen nicht bei der Bestellung sondern schon beim Angebot, das wie in der realen Welt, auch z.B. einfach verglichen werden kann bevor man den Einkauf tätigt. Somit ist OTP sicherlich eine Lösung für vielerlei Anwendungen und die erste Wahl, wenn es darum geht einen Standard mit wahrscheinlich hoher Akzeptanz zu implementieren. Wünschenswert aus unserer Sicht wäre allerdings einen speziellen e-commerce Auszeichnungssprache, die den gesamten Bereich des Einkaufens abdeckt.

3.6. Common Business Library (CBL) als komplexe e-commerce Lösung

Situation

Es gibt Lösungen, die sich um die Bezahlung und Sicherheit kümmern. Es gibt eine Lösung die über dies hinaus die komplette Bestellung und Auslieferung einheitlich und standardisiert regeln könnte. Doch das Geschäft im realen Leben beginnt schon viel früher. Die meisten Angebote im Web liegen als HTML-Seiten vor und sind daher nur gut für uns Menschen lesbar und für Agenten und andere automatische Prozesse schwer zu verstehen. Warum also nicht den gesamten Einkaufsprozess vom Angebot bis zur Auslieferung in einer XML-Auszeichnungssprache verfassen?

CBL-Lösung

Die Common Business Library von Veo Systems ist eine Sammlung modular aufgebauter DTDs. In diesen DTDs, die von Veo Systems auch als "Informationsmodelle für generische Geschäftskonzepte" bezeichnet werden, wurden Grundbausteine, die für jede Art von Geschäften dienen, entwickelt. Dazu gehören z.B.:

- grundlegende allgemeingültige Beschreibungen der Firma, des Produkts und/oder des angebotenen Services.
- Geschäftsformulare, wie Kataloge, Bestellung und/oder Bezahlung
- standardisierte Maßeinheiten, wie Datum, Uhrzeit, Ort, Klassifizierungscode

Dabei deckt CBL alle erdenklichen Geschäftsfelder ab, indem es die Geschäftsformulare analog zu den X12 EDI Transaktionen beinhaltet und viele Komponenten von OTP übernommen hat. Darüber hinaus wurde in CBL die beiden business-to-business Protokolle OBI (Open Buying on the Internet) und ICE (Information and Content eXchange) übernommen, die hier aus Gründen des Umfangs nicht genauer erläutert werden.

Fazit

Das Erstellen einer DTD wird in vielen Büchern zu Recht als kompliziert erachtet, da man schon in der Entwicklung entscheiden muß welche Elemente optional und welche zwingend notwendig sind. Ebenso bedarf die Frage, welche Daten packt man in ein Attribut und welche in ein Element, einer enormen Weitsicht oder Berufserfahrung. Veo Systems hat unseres Erachtens hierbei eine geistige Glanzleitung erbracht und an alles gedacht. Die DTD-Module sind nicht zu allgemein und nicht zu spezifisch. Genauere Produktbeschreibungen können bei Bedarf ohne Probleme hinzugefügt werden.

Findet die CBL einen weit verbreiteten Einsatz so ist das Einkaufen in unserer gewünschten "perfekten e-commerce Welt" möglich. Den Vorteil findet man hierbei nicht nur auf der Kundenseite:

Kunden
- Einfaches Vergleichen der Angebote durch Agenten.
- Komplizierte Suche mit Hilfe intelligenter Agenten z.B. der billigste Flug am gewünschten Abflugtag mit dem umfangreichsten Service und dem meisten erlaubten Fluggepäck.
- Umsortieren der Angebote im Browser (ohne Serveranfrage) z.B. nach Preis, Verfügbarkeit, Größe, usw.
- Überschaubarkeit des Marktes - Markttransparenz

Händler und Firmen
- Markttransparenz (muß kein Vorteil sein, ist jedoch im schlechtesten Fall immer noch gut für das firmeninterne Informationsmanagement)
- Einkäufe können automatisch logistische Handlungen und Produktions- bzw. Nachbestellaktionen auslösen.

- Verkaufsagenten können mit bestimmten Händlern bestimmte Konditionen ausmachen (automatisches Erkennen der Kundenkategorie)
- Keine EDI-Nachteile (Komplexität, Kosten, spezielle Netzwerke, Syntaxzwang durch die großen Firmen), aber dafür die Möglichkeiten von EDI.
- Dokumente erlauben eine intuitivere und flexiblere Bindung an Dienste und Zulieferer als eine API zu programmieren oder sich an deren System anzupassen. Die Koppelung ist dadurch loser und ermöglicht einen schnelleren und kostengünstigeren Wechsel, zu anderen Produktionspartnern. XML als Schnittstelle!

3.7. Push – Technologie mit dem Channel Definition Format (CDF)

Situation
Die Zahl der "zeitkritischen Informationen" im Web wächst rapide. Zeitkritische Informationen sind z.b. Tagesnachrichten, Börsenkurse, Sonderangebote und Termingeschäfte. Diese Informationen auf seinen Desktop zu bekommen, ist in der Geschäftswelt besonders wichtig.

Allgemeine Lösung
Um diese Informationen überhaupt zu bekommen, gibt es zwei Möglichkeiten. Man kann sie sich selber ziehen (pull) oder geschoben bekommen (push). Man spricht dementsprechend von "Pull Publishing" und von "Push Publishing".

Pull Publishing
Das typische Pull Publishing ist, wenn man zum Zeitungskiosk geht und sich eine Zeitung kauft. Nun hat man die Information des Tages vorliegen. Möchte man am nächsten Tag sich auf den neuesten Stand bringen, so geht man erneut zum Zeitungsstand. Diese Art der Informationsbeschaffung erfordert einen aktiven Einsatz. Genauso arbeitet man oft auch im Web, um an die gewollten oft zeitkritischen Informationen heranzukommen.

Push Publishing
Medien die mit Push Publishing arbeiten machen inzwischen den größten Teil unserer täglichen Informationsbeschaffung aus. Dazu gehören vor allem das Fernsehen und das Radio. Beide Informationsquellen erfordern nur noch das Einschalten und schon strömt ungefiltert und aktuell alles auf uns ein.

Doch auch das klassische Pull Publishing Medium Zeitung hat die Push Technologie entdeckt. So kann man seine Zeitung abonnieren und diese kommt von "alleine" ins Haus um einen auf den aktuellen Stand zu bringen. Man muß dazu nur das Abonnement ausfüllen und entsprechend bezahlen. Genau dies war wahrscheinlich das Vorbild des Channel Definition Formats (CDF).

CDF-Lösung
Das Channel Definition Format wurde vor allem von Microsoft und Netcast entwickelt und schon am 9.3.1997 ohne Versionsangabe als Note ans W3C übermittelt. Seit der Internet Explorer 4 Version und danach in Windows 98 ist der Channel Button präsent mit dessen Hilfe man an seine "online-Abonnenments" kommt. Am 1.4.1998 hat Mircosoft die Version 1.01. des Channel Definition Formats auf ihren Frimenseiten publiziert.

Obwohl CDF schon vor der Standardisierung von XML zum Einsatz kam, handelt es sich hierbei um gültige (impliziert die Wohlgeformtheit und Konformität zu „einer DTD) XML-Dokumente.

Das CDF-Dokument wird vom Browser des Benutzers verwaltet und kann folgende Schlüsselwörter und deren Funktion beinhalten:

- <CHANNEL> und <ITEM>die Struktur der zu übertragenden Seiten
- <TITEL>Tielbezeichnung
- <ABSTRACT>ein Abstrakt über den Inhalt jeder einzelnen Seite
- <LOGO>Mit Adressangabe der 3 Logos für die Aboseiten.
- <SCHEDULE>Termine des zu erfragenden Updates (Pseudo-Push, terminierte Pull-Technik)
- <LOGTARGET> und <LOG>ermöglichen es ein Logfile vom Benutzer an den Anbieter loszuschicken, sobald der Benutzer sich die Seiten ansieht
- <USAGE>zusätzliche Funktionen mit dem VALUE=

Diplomarbeit Dietmar Dold und Daniel Holdenried

- "ScreenSaver" das Darstellen des erfragten Updates als Bildschirm-schoner
- "DesktopComponent" das Erstellen einer Erinnerungs-Haftnotitz in HTML-Form auf dem "Active Desktop"
- "Email" das Übersenden einer eMail, daß der Inhalt sich geändert hat
- "None" erlaubt das Übermitteln in den PRE-CACHE des Benutzers aller nur erdenklichen und vom Anbieter gewollten Attachements, wie z.B. wav-Dateien, movies und virenverseuchte exe-Dateien.

Kommunikationsprinzip

Die wenigen Schlüsselwörter decken das foolgende Kommunikationsprinzip ab. "Wer sagt was wann wie zu wem über welchen Kanal mit welchem Effekt" [Steimer]

sieben Ws	CDF
Wer	<LOGO HREF="http://www.Anbieter..."/>
sagt was	<ABSTRACT>was bietet die Seite
wann	<SCHEDULE>
wie	alle <USAGE> Möglichkeiten Strukturiert (<CHANNEL> und <ITEM> können bei Bedarf die gesamte Struktur der Hompage darstellen.
zu wem	Benutzer, der dieses CDF bei sich dadurch gespeichert hat, daß er den Channel abonnierte
über welchen Kanal	<CHANNEL>
mit welchem Effekt	<LOGTARGET> und <LOG>

Tabelle 3.7 a Kommunikationsprinzip auf CDF übertragen

Vorteile

Die Vorteile sollen hier aus zwei Perspektiven betrachtet werden. Zum einen aus der Sicht der Entwickler und Anbieter und zum anderen die Benutzer.

Für die Entwickler und Anbieter bietet sich folgender Nutzen:

- CDF ist sehr leicht zu erlernen
- Das Erstellen von CDF-Dokumenten bedarf keiner Veränderung der eigentlichen HTML Seiten.
- Das Erstellen von CDF-Dokumenten bedarf keiner neuen, teuren Tools, sondern könne in jedem Texteditor erstellt werden. Zusätzlich kann man den Microsoft CDF Generator kostenlos von den Sitebuilder-Seiten der Microsoft-Homepage runterladen. Ebenso erstellt Frontpage 98 automatisch CDF-Files.[MS10/97]
- Da CDF-Dokumente selbst Web-Dokumente sind, kann man diese auch erweitern oder anpassen lassen durch Technologien wie Active Server Pages (ASP) und PHP.
- Bietet man unterschiedliche CDF-Dokumente mit unterschiedlichen Inhalten (Paketen), so kann man die eigene Seitenflut, zielgruppengerecht zuschneiden.
- CDF erlaubt es eine hierarchisch organisierte Menge an Seiten zu erstellen, die somit in eine Beziehung gebracht werden. Auch wenn diese Seiten auf unterschiedlichen Servern liegen und ganz anders organisiert sind.
- Standardisiert.

Für den Benutzer hingegen ergeben sich ganz andere Vorteile:

- das Abonnieren ist sehr einfach zu benutzen und zu verstehen. Mit drei Mausklicks ist man Abonnent.
- Der Benutzer muß sich nicht umgewöhnen. Er bekommt ganz normale HTML-Seiten geliefert.
- Zusätzlich erscheint die Hierarchie der Seiten (wenn man den Channel Button drückt) in einem extra Frame, so daß die Seiten übersichtlich und gut navigierbar sind. (Übersichtlicher als Bookmarks und immer aktuell)
- automatische Aktualisierung (kein warten auf Seitendownload)
- nach Aktualisierung Offline-Browsen möglich
- Zentrale Sammelstelle für mögliche Abonnements (dank der Standardisierung) http://www.iechannelguide.com

Nachteile

Da die meisten Nachteile sowohl für die Entwickler als auch für die Benutzer gelten, sollen diese hier kurz zusammengefasst werden.

- Die Bezahlung für Seiten, die Geld kosten könnten, ist noch nicht berücksichtigt.
- Läuft bisher nur unter Microsoft Internet Explorer 4 (nicht mehr in der 5er beta-Version integriert)
- Es funktionieren nur Seiten offline, wenn sie keine Besonderheiten wie z.B. Java applets und ActiveX controls beinhalten.
- Ändert sich nur der Inhalt einer Seite und dadurch nicht die Struktur oder der Inhalt des zugehörigen CDF-Dokuments, so wird dies nicht als Änderung erkannt. Will man dem Benutzer mitteilen, daß sich etwas geändert hat (dann leuchtet die Ecke des zugehörigen Icons rot auf), so muß man das CDF-Dokument ändern. (Notfalls irgendwo ein Leerzeichen einfügen)
- Der automatische, terminierte Update funktioniert nur mit Benutzern, die über LAN am Internet angekoppelt sind. Wählanschlüsse müssen selbst für das Update sorgen, z.B. nachdem sie per eMail benachrichtigt wurden.
- Serverseitig: mögliche hohe Serverlast, bei zu kurz gesetzten Auslieferungszeitspannen.
- Clientseitig: Internet Explorer kann plötzlich anfangen, im Netz Updates anzufordern. Man weiß nie, wann er was macht.
- Enorme Sicherheitseinbuße für den Benutzer.
  Wurde (absichtlich oder unabsichtlich) ein Channel abonniert, der das USAGE Value Attribute auf None stehen hat, so kann der Lieferant beliebige Dateien in den Precache des Benutzers legen.

Fazit

Das Channel Definition Format ist eine gute und innovative Auszeichnungssprache. Alleine die strukturierte Darstellung der Seiten und die kurze Beschreibung des Inhalts der jeweiligen Seite ist ein Punkt, den man schon lange an den Bookmarks vermißt. So erlaubt es CDF einen abonnierten Channel anzusehen, indem man zuerst den Hauptpunkt (z.B. den Firmennamen der Homepage) anklickt und dabei die tieferliegende Struktur entblättert. Dies kommt dem Bücherregal gleich. Schließlich nimmt man ein Buch aus dem Bücherregal und öffnet dann die Seiten, die man für sich irgendwie markiert hat. Die Bookmarks, die man heute setzen kann, würden übertragen auf das Bücherregal bedeuten, daß man jede Seite rausreißt, die man für gut befindet und auf einen Haufen legt.

Das eigentliche Ziel, die Auslieferung (Distribution) von immer aktuellen Internetseiten leidet unter dem Aspekt der Sicherheit und der mangelnden Transparenz, wenn der Browser plötzlich etwas anfordert und sogar sendet ist dies für den normalen Benutzer nicht ersichtlich und höchst verwunderlich, da alles im Hintergrund geschieht.

Dies war wahrscheinlich auch der Grund für die mangelnde Akzeptanz bei den Benutzern und vielleicht der Grund warum Microsofts Internet Explorer 5 in der beta Version keinen Channel-Button mehr besitzt.

Auch das CDF-Format war für uns eine Quelle der Inspiration für einen sinn-vollen Einsatz. CDF ist gut wenn man der Quelle vertraut. So bietet es sich nach unseren Überlegungen für zwei Fallbeispiele besonders an:

- CDF im Intranet (Pflicht IE4)
  für Workflow, Fortschrittsanalysen, allgemeine Bestimmungen und Vor-schriften, oder jeder Art von Informationen, die einem Wandel unterzogen sind und bestimmte Zielgruppen als Abonnenten bestimmen.

- CDF für Projektpartner
  als besondere Dienstleistung kann z.B. der Auftraggeber per CDF immer auf dem neuesten Stand des Projektes gehalten werden (erfordert zusätzli-chen Login). Transparentes Projektmanagement. Sobald der Auftraggeber Einsicht in das online-geführte Projekt nimmt geht das Logfile als Abnahme des Projektstandes raus, sofern keine unverzügliche Reaktion des Auftrag-gebers erfolgt. Zusätzlich sind alle am Projekt beteiligten Personen auf dem neuesten Stand.

3.8. Software Auslieferung mit Open Software Discription Format (OSD)

Situation

Immer mehr Software wird über das Netzt ausgeliefert, was in der IT-Branche auch als Download(runterladen) bezeichnet wird. Durch Download-Zeit enstehen einerseits Kosten für den Anwender und andererseits blockiert dieser Anwender einen Zugang zum Server des "Lieferanten". Eine andere Alternative ist die Auslieferung von Software auf CD, was besonders bei größeren Programmen sehr sinnvoll erscheint. Hier wiederum entsteht ein Problem, wenn dieses Programm ein Update oder Bugfix benötigt. Man weiß nicht welche Komponenten, welche Version und welche oft benutzten Systemdateien der Anwender bereits besitzt.

Allgemeine Lösung

Ein Softwareprogramm besteht in aller Regel aus einer Menge unzähliger kleiner Komponenten. Dabei greifen oft auch Programme auf Systemdateien zu, die ebenfalls von anderen Programmen benutzt werden. Als Lösungsansatz gilt es alle Komponenten einheitlich zu beschreiben, die ausgeliefert bzw. downgeloaded werden sollen. Hierbei ist von besonderem Interesse,

- was es für eine Software ist
- Zusammenfassung des Funktionsumfangs der Software
- Welche Version
- Plattformanforderung (Mac, Win...)
- wie viele und welche Komponenten

Dabei wünscht man sich ein System, das erkennt, welche Komponenten in welcher Version bereits vorhanden sind und das daraufhin nur die benötigten Komponenten runterlädt und die bereits vorhandenen Teile beim Download ignoriert.

OSD Lösung

Microsoft und Marimba haben das Open Software Description Format entwickelt und am 13.8.1998 als Note beim W3C eingereicht. OSD hält einen Syntax bereit um ein Softwarepaket und seine Komponenten zu beschreiben.

```
<Package Name = "Update Diplomarbeit" Version = "4.0">
<Titel>Evaluierung...</Titel>
<Abstract>komplett neueste Version inklusive Bildern. Achtung, nur
Bilder mit Versionsnummer 4 sind neu</Abstract>
<Component Name = "dipl.doc" Version = "4.0">

</Component>
<Component Name = "abb1.tga" Version = "1.0">

</Component>
<Component Name = "abb25.tga" Version = "4.0">

</Component>
</Package>
```

Quelltext 3.8.a Diplomarbeit per OSD

Ist nun eine Anwendung(Browser) in der Lage zu erkennen, welche Komponenten bereits auf einem System liegen, so kann dieses OSD-Dokument mit seinen wenigen kbyte beim Herunterladen viel Zeit sparen, indem es z.B. nur die Komponenten mit Versionsbezeichnung 4 anfordert.

OSD überschneidet sich dabei in vielen Punkten mit dem Channel Definition Format(CDF), das eigentlich auf dem selben Prinzip beruht, nur das CDF nicht Softwarepakete beschreibt, sondern Webseiten.

Fazit

Die Idee hinter OSD ist ebenfalls ein innovativer und lobenswerter Ansatz. Allerdings bringt OSD nur etwas,

- wenn der Anwender sein System kennt und somit die benötigten Komponenten des Update selber wählen kann, oder
- wenn das zu installierende Programm Zugriffsrechte auf das Anwendersystem bzw. die hinterlegten OSD-Dokumente besitzt, um die benötigten Komponenten selbständig zu wählen.

Wie die Trends zu Firewalls, Security Server und Sicherheitsstufen in Browsern beweisen, wird wohl kaum ein Anwender diese Rechte vergeben, sondern lieber wenn nötig ein paar Megabytes mehr runterladen. Daher sehen wir für OSD im kommerziellen Bereich keine große Zukunft.

3.9 XML im Content Management

3.9.1 Der Begriff Content Management

Unsere Arbeitswelt ändert sich zunehmend von einer Dienstleistungsgesellschaft zu einer Informationsgesellschaft. So ist neben den drei bekannten Wirtschaftsfaktoren Kapital, Boden und Arbeit in neuerer Zeit der vierte Faktor Information hinzugekommen. Unternehmen haben erkannt, daß Informationen einen unerläßlichen Teil zur erfolgreichen Führung eines Betriebes beitragen und einen entscheidenden Wettbewerbsfaktor darstellen. Um die steigende Flut von Informationen nutzen zu können, müssen diese ausgewertet werden und so abgelegt werden, daß sie schnell auffindbar und einsetzbar sind.

Hierzu dient ein sogenanntes Knowledge Management System. Dieses findet, filtert, ordnet und verteilt Informationen. Das Knowledge Management System ist Teil des Content Management Systems (CMS). Ein weiterer Teil bildet das Document Management System. Dieses löst die Aufgabe, anfallende Dokumente entsprechend eines Workflows weiterzuleiten, den Zugriff auf Dokumente zu koordinieren, Dokumente zu archivieren und Vorgänge zu protokollieren.

Knowledge Management und Document Management sind Teil eines Content Management Systems. Die beiden Teilbereiche reichen jedoch nicht für ein effizientes CMS aus. Ein CMS bietet die Möglichkeit auf Teilinformationen zugreifen zu können und diese innerhalb anderer Dokumente wiederzuverwenden, beziehungsweise daraus neue Dokumente zusammenzustellen. Um diese Möglichkeit so effizient wie möglich zu nutzen, sollten alle Stellen entlang der *Wertschöpfungskette* in das Content Management System eingebunden sein.

Ein Beispiel soll dies verdeutlichen:

Firma A stellt ein Produkt her, in welchem Teile zum Einsatz kommen, die Firma B produziert. B ist also Zulieferer von A. Firma C vertreibt die Produkte von Firma A und stellt zugleich den Kundendienst bereit. Firma B hat als Zulieferfirma über ihre Produkte eine technische Beschreibung. Da auch Firma A eine Betriebsanleitung für den Service ihrer Produkte verfassen muß, kann sie nun innerhalb des CMS auf die technische Beschreibung der Teile von Firma B zugreifen. Ist nun beim Kunden ein Defekt aufgetreten, so kann der Service von Firma C über die Betriebsanleitung im CMS eine Diagnose stellen. Hat er das defekte Teil lokalisiert, kann er ebenfalls über das CMS die Bestellung des entsprechenden Teils aufgeben und erhält sofort Rückmeldung, ob dieses verfügbar ist. Idealerweise wird er im Zuge der Bestellung noch darauf hingewiesen, daß es sich anbietet beim Austausch des Zulieferteils gleichzeitig die zugehörigen Verschleißteile, Dichtungen oder ähnliches mit auszutauschen. Die über den Spediteur ausgelieferten Teile können per *Packettracking* verfolgt werden. Damit weiß der Kundendienst, wann er beim Kunden sein muß, um das Teil einzubauen.

Durch dieses System genießt jeder Beteiligte Vorteile. Der Kunde bekommt einen schnellen Service und steigert damit seine Produktivität. Der Service von Firma C hat eine genauere Terminplanung und kann auf umfangreiche Informationen zurückgreifen, die einen guten Service ermöglichen und somit die Zufriedenheit und Treue der Kunden sicherstellt. Die Firma A reduziert den Aufwand der Betriebsanleitung und steigert die Qualität ihrer Service Betriebe, wodurch sie ebenfalls von der daraus resultierenden Kundentreue neue Umsätze generieren kann. Firma B kann ihre Kunden stärker an sich binden und steigert ihr Auftragsvolumen durch die erwähnten Empfehlungen, bei einer Reparatur zusätzliche Verschleißteile auszutauschen. Und auch die Spedition kann ihre Kunden stärker an sich binden, da sie ebenfalls mit in die Wertschöpfungskette integriert ist.

Content Management dient folglich zum Aufbau intensiver Geschäftsbeziehungen entlang der Wertschöpfungskette. Dabei werden Informationen wie Kundeninformationen, Produktinformationen, Bestellinformationen, und Wartungsinformationen aufgenommen.

Durch die Umstrukturierung der eingehenden Informationen und Dokumente, können diese entsprechend den Anforderungen der jeweiligen Mitarbeiter und Kunden angepaßt werden.

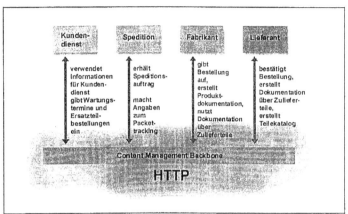

Abb. 3.9.1 a CMS entlang der Wertschöpfungskette

So ist es im obigen Beispiel möglich, daß Teile der Betriebsanleitung von Firma A in einem Werbeprospekt zum Produkt Verwendung finden. Oder aber aufgrund der unterschiedlichen Kundeninformationen entsprechend unterschiedliche Werbedokumente verfaßt werden. In einem herkömmlichen Document Management System muß dazu das Dokument angefordert und die betreffenden Stellen per kopieren und einfügen in das neue Dokument eingefügt werden. Dies führt zu einer *Datenredundanz*, bei der möglicherweise verschiedene Informationsstände entstehen. Zusätzlich entsteht ein Arbeitsaufwand durch die Suche der benötigten Information innerhalb des Dokuments, da der Mitarbeiter die Information nicht nach seinen Anforderungen entsprechend geliefert bekommt, sondern als gesamtes Dokument. In diesem muß er sich seine benötigten Informationen heraus picken. Hier zeigen sich sehr deutlich die unterschiedlichen Anforderungen an ein Content Mangament System

3.9.2 Anforderungen an ein Content Management System

Die Anforderungen an ein Content Management System bestehen aus den Anforderungen des Document Management Systems sowie den Anforderungen des Knowledge Management Systems. Hinzu kommt die Anforderung, diese Inhalte innerhalb des erweiterten Unternehmens (entlang der Wertschöpfungskette) bereit zu stellen. Wobei die Art der Bereitstellung die Anforderung erfüllen muß, nicht nur auf gesamte Inhalte, sondern auch auf Teile der Inhalte zugreifen zu können. Es soll möglich sein, diese Teilinformationen neu zu kombinieren, um somit neue Dokumente zu erstellen. Dies gewährleistet eine erhöhte Wiederverwendbarkeit von Informationen. Bislang wurde die kleinste wiederverwendbare Inhaltseinheit durch die Ausgabe des zu ihrer Erstellung eingesetzten Programms bestimmt. So war z.B. die kleinste Einheit eines Textdokuments eine Word-Datei. Die daraus resultierende Struktur ist aber für ein CMS viel zu grob. Um eine feinere Struktur zu erstellen, benötigt ein Content Management System einen Mechanismus, der es erlaubt ein Dokument in seine kleinste, angemessene Informationseinheit zu zerlegen.

Dabei können Dokumente durch verschiedenste Programme erstellt sein und einen komplexen Inhalt besitzen. So kann ein Dokument zum Beispiel aus Text, Tabellen und Grafiken bestehen. Die Anwendung muß dies erkennen und das Dokument in die einzelnen Informationseinheiten zerlegen.

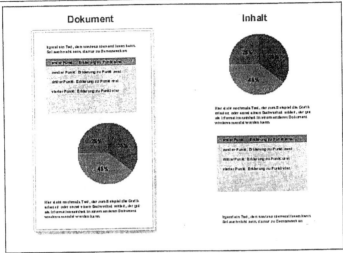

Abb 3.9.2. a Informationseinheiten eines Dokuments

Dies erfordert eine durchgängige Kennzeichnungsmethode, die den Inhalt nicht nach seinem Aussehen sondern nach seiner Bedeutung markiert. Dadurch wird es später möglich, die Informationseinheiten neu zu kombinieren und dadurch neue Dokumente zu erstellen.

Dieser Vorgang soll ohne ein Kopieren der Informationseinheiten geschehen, da das Kopieren der Informationseinheiten zum Zwecke der Neuerstellung eines Dokumentes einige Nachteile mit sich bringt.

- Erhöhung der Datenredundanz
- Unterschiedliche Informationsstände, durch unsaubere Aktualisierung

Man kann sich ausmalen, wie der Wartungsaufwand des Systems mit jeder Kopie einer Informationseinheit steigt. Es muß also eine Möglichkeit der Verknüpfung der einzelnen Informationseinheiten geben, um somit ein neues Dokument zu erstellen.

Da Dokumente mit einer Vielzahl unterschiedlicher Programme erstellt werden, die jeweils ihr eigenes Datenformat besitzen, muß ein solches System eine Möglichkeit bereithalten, all diese unterschiedlichen Datenformate zu verwalten. Um einen Einsatz entlang der Wertschöpfungskette zu gewährleisten muß das System die Kommunikation zwischen den einzelnen Stellen der Wertschöpfungskette unterstützen. Als Kommunikationsmittel bietet sich hierbei das Internet an.

3.9.3 Architektur eines Content Management Systems

Die Architektur eines Content Management Systems basiert auf den oben genannten Anforderungen. Dabei können diese wie folgt visualisiert werden.

Abb 3.9.3. a Komponenten eines CMS

Die Architektur besteht aus drei Schichten. Die Erstellung, die Verwaltung und die Publizierung werden dabei je einer Schicht zugeordnet.

In der Erstellungsschicht werden die Informationen generiert und zugleich mit Markierungen für die Informationseinheiten versehen. Dies bedeutet, daß der Ersteller verantwortlich ist für eine sinnvolle Aufteilung der Informationen in Informationseinheiten.

Nach der Erstellung wird das Dokument, in der zweiten Schicht, in die vorgegebenen Informationseinheiten aufgespalten und abgespeichert. Zur Speicherung dient eine Datenbank, wobei hier objektorientierte Datenbanken ihre Stärken ausspielen können(Siehe auch Kapitel 3.10 XML und Datenbanken). Das Datenbank Management System übernimmt auch das Management der Informationen. Hierzu hält es Mechanismen zur Versionskontrolle, sowie zum Ein- und Auschecken bereit.

Nachdem nun die Informationen in Informationseinheiten vorliegen, können diese wiederverwendet werden, um neue Dokumente zu erstellen. Hierzu dient Schicht drei. In ihr kann man nach Informationen suchen und Informationseinheiten miteinander verknüpfen. Das so erstellte Dokument steht nun als Rohfassung bereit. Um es für ein bestimmtes Ausgabemedium aufzubereiten, müssen dem Dokument nun noch Formatierungsregeln zugeordnet werden. Nachdem dies geschehen ist, wird das Dokument mit den zugehörigen Formatierungsregeln verarbeitet und als Ergebnis bekommt man ein für das Ausgabemedium passendes Gesamtdokument.

3.9.4 Einsatz von XML im Content Management System

Durch die Anforderungen und die darauf basierende Architektur ergeben sich schon Ansatzpunkte für den Einsatz von XML. Man kann sagen, daß XML, XLL und XSL durch ihr Konzept sehr geeignet sind für diesen Anwendungsbereich. Denn gerade die Trennung von Inhalt und Layout ist der Kern von XML und auch die Kernanforderung eines Content Management Systems. Ein weiterer Vorteil von XML ist die Strukturierung von Inhalten, so daß aufgrund der Strukturierung kleinstmögliche Informationseinheiten entstehen. Dieser Vorgang wird beim Erstellen neuer Informationen in Schicht eins verwendet. Es soll Beispielhaft anhand eines Texteditors (z.B. MS Word) gezeigt werden, wie dies realisiert werden kann: Innerhalb des Texteditors wird zuerst eine Dokumentvorlage definiert, welche auf einer vorgegebenen DTD basiert. Dabei muß das Texteditor – Programm so erweitert werden, daß der Benutzer während des Erstellungsvorganges vom Programm Auswahllisten angeboten bekommt, in denen mögliche Tags zur Strukturierung des Inhaltes entsprechend des Kontext angeboten werden. Der Benutzer erstellt also sein Dokument und versieht es zugleich mit Markierungen, welche die Informationseinheiten beschreiben. Nachdem dieser Vorgang beendet ist, wird das resultierende XML – Dokument durch einen Parser geprüft und in die Datenbank aufgenommen. Bei diesem Vorgang wird das Dokument in seine Teilinformationen, entsprechend seiner Strukturierung, aufgebrochen. Dabei entstehen kleinste bedeutungtragende Einheiten, die später wieder für eine Wiederverwendung herangezogen werden können. Dabei können die Informationseinheiten neu kombiniert werden. Um das Originaldokument wieder herstellen zu können, müssen bei diesem Vorgang zugleich Links angelegt werden, welche die Teilinformationen gemäß dem ursprünglichen Dokument miteinander verknüpfen.

Auf die Informationseinheiten kann innerhalb der Datenbank durch Suchmechanismen zugegriffen werden. Die benötigten Informationseinheiten werden dann mittels XLink miteinander verknüpft. So ergibt sich ein neues Dokument, das aus vorhandenen Informationseinheiten erstellt wurde. Um nun dieses Dokument für ein gewünschtes Ausgabemedium aufzubereiten und ansprechend zu formatieren, bedient man sich der eXtensible Style Language. Die so erstellte Einheit von XML Dokument und XSL – Anweisungen wird nun je nach Ausgabemedium durch ein Programm abschließend verarbeitet, oder aber direkt ausgeliefert.

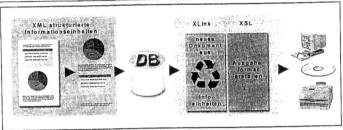

Abb. 3.9.4 a XML basiertes CMS

Ein Beispiel für eine direkte Auslieferung wäre eine Webpage. Der XML fähige Browser bekommt das XML-Dokument, welches aus miteinander verknüpften Teildokumenten besteht, und generiert die Ausgabe mit Hilfe des angegebenen Stylesheet.

Ein Beispiel für die abschließende Verarbeitung wäre, wenn das gewünschte Ausgabeformat ein Printmedium ist. Mit Hilfe von Programmen (z.B. Jade) kann man aus XML-Dokumenten, zusammen mit dem Stylesheet, rich text format (rtf) – Dokumente generieren.

Es zeigt sich, daß XML durch seine Philosophie und den damit verbundenen Kernelementen, Trennung von Inhalt und Präsentation sowie Strukturierung von Dokumenten durch semantische Tags, eine ideale Technologie im Bereich Content Management ist. Große Firmen haben früher zu diesem Zweck SGML und DSSSL verwendet. Da dies aber eine sehr umfangreiche und komplexe Technologie ist, sind auch nur wenige Programme vorhanden, die SGML/DSSSL verarbeiten können. Diese Programme sind sehr teuer und können nicht in Verbindung mit Standardsoftware verwendet werden. Es bedarf eines großen Einarbeitungsaufwands, um diese Programme zu beherrschen. Dies bedingt, daß nicht jeder Informationen in das Content Management System einbringen könnte. Durch die Komplexität von SGML ist es auch nicht möglich, eine Anzeigefunktionalität von SGML-Dokumenten innerhalb von Browsern zu realisieren.

All diese Nachteile hat XML nicht. Durch seine geringere Komplexität gibt es jetzt schon Browser, die XML Dokumente in Verbindung mit XSL anzeigen können. Und auch die Integration von XML in vorhandene Software (wie in obigem Beispiel, in Word) stellt keine unlösbare Aufgabe dar. Gerade diese Tatsachen machen ein wirkungsvolles Content Management entlang der Wertschöpfungskette über das Internet aber erst möglich.

3.10 XML und Datenbanken

Die Speicherung von Daten in Datenbanken hat sich seit langem bewährt und ist auch für XML – Dokumente anwendbar. Dabei kann man auf nützliche Funktionen der Datenbank Management Systeme zurückgreifen, die auch für herkömmliche Daten gelten. Diese sind vor allem im Rahmen eines Content Management Systems von Bedeutung. So können Benutzerrechte erteilt werden, um Daten nur für bestimmte Personen zugänglich zu machen. Durch eine Versionsverwaltung sowie ein- und auscheck-Mechanismen läßt sich eine gute Koordination bei Projektarbeiten erreichen. Die Projektüberwachung und das Controlling können Informationen aus der Log-Datei der Datenbank auswerten, um zum Beispiel festzustellen, wer wie lange an welchem Dokument gearbeitet hat.

3.10.1 Relationale Datenbanken

Die meisten Daten sind derzeit in relationalen Datenbanken gespeichert. Es ist nun die Frage, wie man aus diesen Daten geeignete XML – Dokumente / Datenformate generieren kann. Die beste Vorgehensweise ist, über das Entity – Relationsship – Diagramm (kurz E-R-Diagramm) der Datenbank. Das E-R-Diagramm hat nichts mit den Entities von XML zu tun und sollte nicht mit diesen verwechselt werden. Im E-R_Diagramm sind sämtliche Beziehungen der Daten visualisiert. Anhand dieses Diagramms kann nun eine DTD erstellt werden, welche die Datenbeziehungen nachbildet, oder umgekehrt. Dabei können folgende Beziehungen existieren und in XML überführt werden.

eins zu eins Beziehung (1:1):

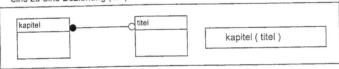

Abb. 3.10.1.a eins zu eins Beziehung zwingend

In diesem Fall der eins zu eins Beziehung ist der Titel zwingend dem Kapitel zugeordnet und keinem weiteren Element.

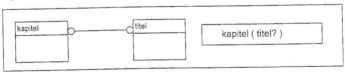

Abb. 3.10.1. b eins zu eins Beziehung optional

Hier ist der Titel entweder null oder einmal vorhanden.
eins zu viele Beziehung (1:m):

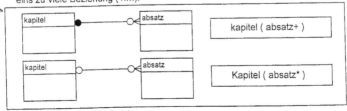

Abb. 3.10.1. c eins zu viele Beziehung
Im ersten Fall ist mindestens ein „absatz" in „kapitel" enthalten.

Im zweiten Fall ist der „absatz" optional. Er kann null, einmal oder mehrmals vorhanden sein.
Alternative Beziehungen:

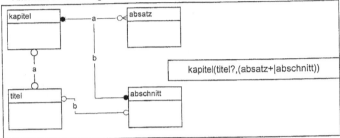

Abb. 3.10.1.d Alternatice Beziehung

In diesem Fall ist entweder kein oder ein „titel" in „kapitel" enthalten und entweder ein oder mehrere „absatz" oder genau ein „abschnitt", wobei auch in „titel" kein oder ein „abschnitt" enthalten ist[Brad98db].

Oftmals findet man auch viele zu viele Beziehungen innerhalb von Datenbeziehungen. So schreibt man zum Beispiel ein Autor mehrere Dokumente und ein Dokument kann mehrere Autoren haben. Diese Beziehung kann zwar in relationalen Datenbanken abgebildet werden, aber aufgrund der vorkommenden Redundanz und der damit einhergehenden Normalisierung, werden solche Beziehungen aufgelöst. Nachdem diese Beziehungen aufgelöst wurden, können diese mit den oben genannten Modellen dargestellt werden.

Will man ein vorhandenes XML – Dokument in einer relationalen Datenbank speichern, so muß man die Dokumentstruktur in seine atomaren Einzelteile aufspalten. Die Einzelteile werden nun in der Tabelle abgelegt, wobei die hierarchische Struktur durch Referenzen auf die entsprechenden Vorfahren abgelegt wird. Man muß also einen eigenen Mechanismus einführen, der dazu dient, daß das Dokument später wieder rekonstruiert werden kann. Diese Anstrengungen sind nötig, um die hierarchische Struktur auf die flache Tabellenarchitektur der relationalen Datenbank abbilden zu können.

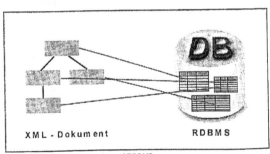

XML - Dokument   **RDBMS**

Abb. 3.10.1 a XML mapping auf RDBMS

Dabei kommen sowohl beim Zerlegen des Dokuments, als auch beim generieren des Dokuments Mapping-Codes zum Einsatz. Dies bedeutet zum einen Programmieraufwand und zum anderen Performanceverluste.

Aber RDBMS bieten auch Vorteile, so wird durch entsprechendes Datenbankdesign die Datenredundanz sehr gering gehalten. Da RDBMS schon seit einiger Zeit auf dem Markt sind, gelten sie als erprobt, beherrschbar und stabil, auch bei auftretenden Extrem-Situationen. Mitunter werden RDBMS sehr günstig zum Verkauf angeboten.

3.10.2 Objektorientierte Datenbanken

Durch die Entwicklung der Programmierparadigmen hin zur Objektorientierung mit ihrem verallgemeinerten Typkonzept bekommen relationale Datenbanken mit ihren begrenzten Datentypen Schwierigkeiten.

Die Anforderung, selbstdefinierte Datentypen aufnehmen zu können, erfüllen objektorientierte Datenbank Systeme (OODBS).

Moderne objektorientierte Datenbanksysteme bauen auf den objektorientierten Programmiersprachen auf, die unabhängige Objekte zueinander in Beziehung setzen und anschließend auf ein Speichermedium auslagern. In der Regel bedienen sie sich der Fähigkeiten von Smalltalk, C++ oder Java. Ein Objekt besteht aus Datenstrukturen und Methoden.

Objekte der gleichen Art, mit den gleichen Eigenschaften werden zu Klassen zusammengefaßt. Die Eigenschaften sind in den Klassen vererbbar. Die Hierarchie der Klassen definiert das Objektmodell und wird zum Schema für eine Objektdatenbank. Bestimmte Klassen von Objekten können dann für die Standardaufgaben eines Unternehmens stehen, z.B. Produktion, Logistik, Vertrieb oder Marketing.

XML – Dokumente können aufgrund ihrer hierarchischen Baumstruktur sehr gut in OODBS abgebildet werden. Dabei werden die Dokumente als komplexe Objekte betrachtet, innerhalb derer sich weitere Objekte befinden können.

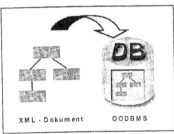

XML - Dokument   OODBMS

Abb. 3.10.2 b XML und OODMS

Die verschiedenen Objekte, wie z.B. Text, Video oder Audio stehen in Bezug zueinander. Auch diese Beziehungen können innerhalb von OODBS gut abgebildet werden. Der Zugriff kann auf das gesamte Dokument erfolgen, oder nur auf Teile des Dokuments. Dabei laufen Zugriffe egal, ob schreibend oder lesend direkt ohne Mapping – Codes ab, da die Struktur des Dokuments erhalten bleibt und nicht zerlegt werden muß, wie dies bei RDBMS der Fall ist. Dies bedeutet, Programme greifen auf die Datenbankinhalte genauso zu, wie auf normale Instanzen. Die Datenbankinhalte liegen hierbei als *persistente*, dauerhafte Objekte vor. Somit entfallen die Mapping – Codes was sich in geringerem Programmieraufwand und besserer Performance niederschlägt. Beziehungen wie m:m, 1:m und 1:1, wie man sie vom relationalen Modell her kennt, sind meist implizit in den Konzepten der objektorientierten Datenmodelle enthalten. So sind n:m-Beziehungen der Normalfall, 1:m – Beziehungen können durch Member – Objekte modelliert werden und 1:1 Beziehungen über die weiter unten erklärten Schlüssel. Durch die grundlegenden Merkmale des objektorientierten Paradigmas, wie Vererbung und Überschreibung von Methoden und Polymorphismus werden Redundanzen vermieden, wie sie normalerweise in relationalen Datenbanken z.B. bei gleichen Abfragen auf verschiedene Tabellen auftreten können. Obwohl bei der relationalen Modellierung, wie oben erwähnt, durch den Normalisierungsprozeß Redundanzen in den Daten beseitigt werden, läßt sich bei RDBMS eine mehrfache Implementierung von funktional gleichartigen Prozeduren (Funktionen, etc.) i.d.R. nicht vermeiden. Da Funktionen nicht Gegenstand der relationalen Datenmodellierung sind, ist eine Beseitigung von Redundanzen auf dieser Ebene deshalb auch nicht möglich. Durch die fehlende Verankerung im Datenmodell und der damit verbundenen Verlagerung von Funktionen in externe Module (Anwendungsprogramme, Makros, etc.) läßt sich eine systematische Verwaltung von Funktionen sicherlich nur schwer gewährleisten. Durch die gesamtheitliche Modellierung im objektorientierten Ansatz wird dieses Defizit ausgeglichen. Funktionen unterstehen wie Daten einer einzigen und systematischen Verwaltung, die es ermöglicht Redundanzen, wie auch mögliche Fehlerquellen zu minimieren. In der Konsequenz bedeutet dies, daß neben einer erhöhten Wirtschaftlichkeit auch ein Zuwachs an Sicherheit und Konsistenz im Datenmodell, bzw. in der Datenbank, erreicht werden kann. Probleme zeigen OODBMS beim Zugriff auf ein bestimmtes Objekt. Dieses Problem lösen manche Anbieter durch die Verwendung eines Schlüssels, der aus einer Kombination von Attributen besteht, deren Werte ein Objekt eindeutig identifizieren. Mit Hilfe dieses Schlüssels kann der Benutzer leichter auf Objekte zugreifen.

3.10.3 Bewertung

Die Domäne der relationalen Datenbanken wird auf mittlere Frist weiter Bestand haben, da strukturierte Daten wie Textketten und Werte (Integer, Real, Single, ...) derzeit noch schneller abgefragt werden können. Durch Standardisierungen wie SQL und ODBC ist ein großer Markt für Applikationen, die auf relationale Datenbanken aufsetzen, gewachsen. Dieser Markt wird über die oben genannten Methoden die vorhandenen Daten in XML – Anwendungen integrieren, da eine Konvertierung in OODBMS wirtschaftlich nicht sinnvoll erscheint.

Dennoch zeigt sich, daß die komplexeren Informationen, die aus den erweiterten Möglichkeiten der EDV resultieren, neue Werkzeuge zur Verwaltung und Bearbeitung erfordern. Dies trifft auch auf XML – Daten zu. Diese Entwicklung zeigt sich auch in den Bemühungen führender Anbieter von relationalen Datenbanken, wie Oracle, Informix, und Sybase, die mit sogenannten objekt relationalen Datenbanken auf die Bedürfnisse des Marktes reagieren. Diese versuchen die Vorteile von objektorientierten und relationalen Datenbanken zu vereinen. Eine Besonderheit bietet die neue Datenbank Oracle 8i. Diese beinhaltet XML – Fähigkeiten, in der Form, daß die Struktur des XML Dokuments und dessen Inhalte getrennt werden und getrennt gespeichert werden.

4 Prototyp

4.1 Abstract

Der Prototyp soll ein virtuelles Warenhaus, am konkreten Beispiel eines Bü-chershops, auf Basis von XML ergeben. Dabei werden die Vor- und Nachteile der neuen XML-Technologie prototypisch an dem Multi-Tier-System evaluiert. Als pri-märes Ziel wird die Machbarkeit und Integrierbarkeit der neuen Technologie ange-sehen. Darüber hinaus wird die Erweiterbarkeit des Prototypen auf ein mögliches, zukünftiges e-commerce-Produkt konzeptionell, im Rahmen eines Grobkonzepts, ausgearbeitet.

4.2 Systemstudie

4.2.1 Ziele

Bisherige, internetbasierte, e-commerce Anwendungen, die auf dynamisch ge-nerierten Internetseiten aufbauen, basieren auf keinerlei Standards und haben eine schlechte Wartungsfreundlichkeit. Zwar gibt es firmenspezifische Lösungen wie zum Beispiel Active Server Pages von Microsoft, diese sind aber immer an be-stimmte Softwarehersteller gebunden.

Anhand des Prototyps soll die Lösung dieser Probleme mit Hilfe der XML-Technologie evaluiert werden.

4.2.2 Problemanalyse Ist-Zustand

Einfache dynamische Internetanwendungen basieren auf direkten Ausgaben von dynamisch generierten HTML-Dokumenten über die Standardausgabe an den Server. Die Ausgabeanweisungen stehen direkt im Programmcode des CGIs oder Servlets und haben somit eine sehr schlechte Wartungsfreundlichkeit. Jedesmal wenn Änderungen an der Darstellung gemacht werden, muß man diese innerhalb des Quelltext vornehmen. Dies setzt Programmierkenntnisse voraus und ist um-ständlich, da der Quelltext nach jeder Änderung wieder compiliert werden muß.

Besser zu pflegen sind die etwas aufwendigeren Anwendungen, welche auf der Template-Technik basieren. Hier werden die Inhalte dynamisch aus einer Daten-bank generiert. Die Inhalte werden danach in das entsprechende Template einge-fügt, welches für die Präsentation zuständig ist. Das dabei entstehende HTML-Dokument wird wiederum über die Standardausgabe an den Server weitergeleitet. Solche Anwendungen sind einfacher zu pflegen, da man über das Template die Inhalte und die Art der Präsentation steuern kann.

Trotzdem sind Inhalt und Präsentation eng miteinander verknüpft, was weiterhin Nachteile im Hinblick auf getrennte Bearbeitung von Inhalt und Präsentation mit sich bringt. So kann z.B. der Inhalt und die Präsentation nicht gleichzeitig von zwei verschiedenen Personen bearbeitet werden.

Die Template-Technik beruht auf keinerlei Standards, da es bislang keine gab, sondern muß individuell gelöst werden. Somit kann auch keine Standardsoftware zur Editierung der Templates als Redaktionstool eingesetzt werden. Es erfordert einen zusätzlichen Programmieraufwand, um solche Redaktionstools bereitzustel-len. Dies würde sich im Produktpreis für ein virtuelles Warenhaus wiederum nie-derschlagen. Recherchen ergaben, daß ein solches System oftmals aus einer Mixtur von Perl- und C-Programmen besteht. Gerade Perlprogramme sind auf-grund ihrer Syntax oftmals kaum mehr für andere überschaubar und zu pflegen. So ist die Pflege ein solches System, trotz der verwendeten Templates, wenig komfortabel.

Hinzu kommt das allgemeine Problem von HTML, Inhalte nur zu Präsentationszwecken aufzubereiten, nicht aber semantisch, für weitere Clientseitige Verarbeitungsmöglichkeiten. Sollen weitere Verarbeitungsfunktionen für den Benutzer angeboten werden, wie zum Beispiel Sortierfunktionen, so muß erneut eine Anfrage an den Server gestartet werden. Dieser bearbeitet die Anfrage und schickt das Ergebnis an den Client zurück.

Ein weiteres Problem vieler solcher Systeme ist, daß auf die Benutzeranfrage hin viel zu viele und dazu ungenaue Ergebnisse ausgegeben werden. Dies liegt weniger an der Systemarchitektur, als vielmehr an der sauberen und konsequenten Strukturierung des Datenbestandes.

4.2.3 Zielanalyse Sollzustand

Der Prototyp soll die Trennung von Inhalt und Präsentation gewährleisten, um beides getrennt voneinander zu editieren. Er wird die Inhalte der Webseiten semantisch aufbereiten, um eine clientseitige Weiterverarbeitung zu ermöglichen.

Dabei beruhen beide genannten Leistungen auf internationalen firmenunabhängigen Standards, die es ermöglichen für Teile der Anwendung Standardsoftware zu verwenden.

Die neue Technik nutzt schon vorhandene Infrastrukturen, was einen globalen Einsatz ohne neue Investitionen und Zeitverzögerungen ermöglicht.

Durch die Ausrichtung auf die neue Technik kann mit anderen Marktteilnehmern Schritt gehalten beziehungsweise ein Alleinstellungsmerkmal erreicht werden.

4.2.4 Schwachstellenanalyse

Die Lösung basiert auf XML, welches erst im Februar 1998 als Standard verabschiedet wurde, dadurch entstehen folgende Probleme:

- Bis auf den Internetexplorer 4 und 5 beta, sowie dem Mozilla (IE4) von Microsoft unterstützt kein Browser die neue Technologie.
- Sowohl der Mozilla als auch der IE4 unterstützten XML nur in wenigen Funktionalitäten.
- XSL der zukünftige Standard zur Präsentation von XML-Dokumenten befindet sich derzeit im Stadium eines Drafts und ist somit noch nicht als Standard verabschiedet. XSL ist aber, als Darstellungskomponente, notwendig.
- Standardsoftware wie Browser und Editoren, die XSL unterstützen werden erst in einiger Zeit, nachdem XSL standardisiert worden ist, auf dem Markt erhältlich sein.

Durch die Verwendung von semantischen Tags zur Strukturierung der Inhalte wird das Datenvolumen gegenüber HTML-Dokumenten vergrößert. Es muß sich zeigen, in wie weit hier wiederverwendbare Stylesheets und clientseitige Weiterverarbeitung zur Kompensation beitragen können. Grundsätzlich ist es aber möglich, daß sich die Übertragungsrate erhöht.

4.2.5 Anforderungsanalyse

Der Prototyp soll in Bezug auf bestehende Anwendungen, durch Verwendung der neuen XML-Technologie grundsätzlich keine Einbußen in der Funktionalität gegenüber früheren Lösungen zeigen. Wobei aber im Rahmen des Prototyps nicht sämtliche Funktionalitäten implementiert werden können. Wohl aber soll oben genannter Sachbestand im Konzept evaluiert werden. Eine Anbindung von allen gängigen Datenbanken spielt durch die Anforderung der guten Portierbarkeit eine nicht unerhebliche Rolle. Ein weiteres primäres Ziel ist die Trennung von Inhalt und Präsentation zur besseren Arbeitskoordination und Wartungsfreundlichkeit. Der entstehende Prototyp nutzt zwar neue Techniken, diese basieren aber auf schon vorhandenen Infrastrukturen. Investitionen in Hardware und zum großen Teil auch in Software haben somit Bestand, was zu einer großen Akzeptanz der neuen Technik und der damit implementierten Anwendungen führt.

4.2.6 Das Grobkonzept

Die Kerntechnologien des Prototyps basieren auf Java und XML. Im Backend werden durch die Verwendung von JDBC zur Datenbankanbindung sämtliche Datenbanken unterstützt, welche einen JDBC-Treiber anbieten. Alle namhaften Datenbankanbieter stellen einen solchen JDBC-Treiber zur Verfügung.

Die Anwendungslogik im Middle Tier wird durch Servlets implementiert. Dies gewährleistet eine größtmögliche Portabilität. Alle verbreiteten Server unterstützen meist durch Servererweiterungen Servlets.

Die Trennung von Inhalt und Präsentation wird durch den verwendeten XML-Standard gewährleistet, der dieses Prinzip schon in der Spezifikation beinhaltet.

Die Übertragung der XML-Dokumente basiert auf dem bereits vorhanden HTTP und seiner Infrastruktur. Somit können auch HTTP basierte Sicherheitstechnologien implementiert werden. Als Frontend kommen Standardbrowser zum Einsatz, welche die Dokumente anzeigen und weiterverarbeiten.

Der Prototyp wird aufbauend auf diesem Konzept beispielhaft als virtueller Buchladen realisiert. Durch die bestehende Implementierung eines Buchladens innerhalb von my-world sind hierzu praktische Erfahrungen und die nötige Infrastruktur in der Firma vorhanden.

4.2.7 Marktübersicht

Die Marktentwicklung im Bereich der Anbieter von virtuellen Warenhäusern ist rasant. Waren bis vor kurzem nur wenige Produkte auf dem Markt, so ist die Zahl in neuerer Zeit stark angestiegen. Ein Besuch auf der Systems in München bestätigte diese Tatsache.

Doch kein Produkt verwendet bislang den neuen Standard XML. So kann durch die Implementierung von XML im Prototyp im daraus entstehenden Produkt ein Alleinstellungsmerkmal erreicht werden.

Ein zusätzlicher Vorteil ergibt sich aus der Nutzbarkeit von Standardsoftware, sowohl als Programmodule innerhalb der Architektur, wie auch für die Erstellung und Änderung der Stylesheets. Dadurch verringern sich die Entwicklungskosten und somit der Produktpreis, wodurch mit anderen Marktteilnehmern konkurriert werden kann bzw. die Wertschöpfung im Vergleich zu ähnlichen Produkten höher ist.

4.2.8 Bewertungsanalyse

Da sowohl die verwendete XML-Technologie, als auch die verwendeten Java-Technologien standardisiert sind, gibt es zahlreiche Schnittstellenstandards. Diese befinden sich im Bereich Datenbankanbindung, Datenaustausch zwischen Datenbankanbindung und Servlet, Serverseitige XML-Dokumentverarbeitung, Datenaustausch zwischen Servlet und Server, XML-Übertragung vom Server zum Client und Clientseitige XML-Dokumentverarbeitung.

Durch die Verwendung von zusätzlichen Tags zur Strukturierung von Inhalten und dazugehörigen Stylesheets mit Präsentationsanweisungen steigt die zu übertragende Datenmenge im Vergleich zu bisherigen HTML Dokumenten. Da aber aufgrund der strukturierten Inhalte neue clientseitige Weiterverarbeitungsmöglichkeiten entstehen, ohne erneut Anfragen an den Server zu senden, liegen hier große Potentiale zur Verringerung des gesamten Datentransfers.

Es ist zu erwarten, daß bei Verwendung desselben Stylesheets für verschiedene Daten dieses im Browser-Cache gehalten wird und somit nur eine Übertragung der Inhalte notwendig ist, was zu einer weiteren Verringerung des Datenvolumens führt.

Die verwendete Servlet-Technologie ist erwiesenermaßen schneller als vergleichbare CGI-Anwendungen, was zu kürzeren Antwortzeiten führt.

Der zu erbringende Programmieraufwand wird durch die Verwendung der XML-Technologie entscheidend verringert. Die serverseitige Validierung des XML-Dokuments geschieht über vorhandene frei erhältliche Javaparser.

Als Redaktionstool zur Erstellung des Layouts dient zukünftige Standardsoftware zur Editierung von Stylesheets.

Das Redaktionstool zur Erstellung des Seiteninhalts muß wie bisher selbst erstellt werden.

Zur Implementierung der Datenbankanbindung und der Servlets wird auf die von Sun frei erhältliche API zurückgegriffen.

Die verwendeten Java-und XML-Technologien bieten eine größtmögliche Unabhängigkeit, sowohl was Betriebsysteme, als auch Datenbanken und Server anbelangt.

Dadurch bleibt der Kunde mit der Anschaffung des Produktes frei in seinen Investitionsentscheidungen was oben genannte Produkte betrifft.

Durch die XML-Technologie soll der Kunde in Zukunft im Layoutbereich Standardsoftware seiner Wahl verwenden können. Vorhandene Software kann so weiter benutzt, neue Investitionen vermieden und Einarbeitungszeiten für neue Software eingespart werden.

Es ist zu erwarten, daß im Bereich e-commerce neue XML-Dokumenttypen entstehen, die es z.B. Agenten im Web ermöglichen, Angebote von verschiedenen virtuellen Warenhäusern zu vergleichen. Durch die Verwendung der XML-Technologie im Prototyp wird dieser Zukunftsentwicklung Rechnung getragen und eine Umstellung auf neue Dokumenttypen ermöglicht.

Lösungen auf XML-Basis sind aber auch im Bereich Bezahlung, Bestellung und Lieferung und Datenimport in der Entwicklung. Durch die Verwendung von XML im Prototyp kann diese schrittweise Öffnung des Marktes in Richtung XML mit dem Prototyp vollzogen werden. Somit wird die Teilnahme am veränderten Markt auch in Zukunft für den Kunden dieser e-commerce Lösung gewährleistet sein.

4.3 Pflichtenheft

4.3.1 Zielsetzung

Ziel ist es ein virtuelles Warenhaus prototypisch zu konzipieren und teilweise zu implementieren. Wobei das virtuelle Warenhaus auf die Funktionsblöcke, Präsentation der Waren beim Kunden und Warenkorb reduziert wird. Die Funktionsblöcke Datenimport, Bestellung und Bezahlung werden als Grobkonzept ausgearbeitet. Im Vordergrund des Prototyps steht dabei die Integration der neuen XML-Technologie.

Dabei sollen Erkenntnisse gewonnen werden, wie sich XML in vorhandene Technologien einbetten läßt, beziehungsweise welche bisherigen Technologien durch XML substituiert werden können. Vorrangiges Ziel ist die Machbarkeitsstudie eines XML-basierten virtuellen Warenhauses. Durch die Ausrichtung auf die neue Technologie sollen Informationen und Erfahrungen gewonnen werden, die helfen, bestehende Architekturen zu verbessern, beziehungsweise neue bessere Architekturen zu entwerfen.

Der Prototyp teilt sich auf in zwei aufeinander folgende Schritte. Im ersten Schritt wird der Prototyp anhand des konkreten Beispiels Bücherversand konzipiert und schrittweise realisiert. Im zweiten Schritt wird eine Konzeption erstellt, welche das konkrete Beispiel verallgemeinert und eine Architektur erstellt, innerhalb derer beliebige Warenhäuser realisiert werden können. In Ergänzung zur Konzeption findet eine Evaluierung des Prototyps statt, welche primär die Vor- und Nachteile der neuen Technologie innerhalb des Prototyps behandelt.

4.3.2 Beschreibung der Voraussetzungen

Da der Prototyp auf einer dynamischen Client / Server Anwendung mit Datenbankanbindung basiert , sollte die Hardware entsprechend der zu erwartenden Serverauslastung und der ausgewählten Komponenten wie Server und Datenbank, sowie der Datenbankgröße, konfiguriert werden. Ein zusätzliches Leistungspotential gegenüber vergleichbaren bisherigen Client / Server Anwendungen ist nicht nötig. Der Entwicklungsrechner ist vom Typ Pentium 200 MHz mit 80MB RAM. Dieser Rechner dient zugleich als Server wie auch als Client. Als Datenbank findet im Prototyp eine Microsoft Access Datenbank Verwendung, wobei aber auch jegliche andere Datenbank mit JDBC-Treiber verwendet werden kann. Als Entwicklungsplattform dient Microsoft NT 4.0, da der Prototyp aber in Java realisiert wird, ist dies weniger von Bedeutung. Als API wird das JDK 1.1.7 sowie für die Servlets das SDK 2.0 von Sun genutzt. Zur Generierung der XML-Dokumente wird die XML-Library Early Access 2 von Sun verwendet. Sämtliche API's sind über die Webseiten von Sun kostenlos erhältlich. Um die XML-Library Early Access 2 zu bekommen muß man sich in der Sun Developer Connection registrieren, was aber ebenfalls kostenfrei ist.

Als Server kommt der Java Web Server 1.1.3 von Sun zum Einsatz. Er wird als inoffizielle Servlet-Engine Referenz betrachtet. Prinzipiell können aber sämtliche Server Verwendung finden, welche Servlets mit den entsprechend von Sun definierten Funktionen und Verhalten unterstützen. Der Java Web Server 1.1.3 ist für den Einsatz in der Lehre kostenfrei und ebenfalls über die Webseiten von Sun zu beziehen.

Zur Erstellung und Editierung der Stylesheets wird HomeSite 4.0 von Allaire verwendet. Dabei handelt es sich um einen HTML-Editor, der auch Markup und Attribute von XML-und XSL-Dokumenten erkennt und per Syntaxhighlighting optisch aufbereiten kann.

Als Testbrowser kommt der Microsoft Internet Explorer 5 beta (IE5beta) zum Einsatz, wobei hier keine Auswahl zwischen verschiedenen Produkten möglich war, da derzeit lediglich der IE5beta über ausreichende XML-Fähigkeiten verfügt.

4.3.3 Funktionsumfang

Funktionale Anforderungen an die Architektur

Im ersten Schritt wird die Konzeption des Bücherversands erstellt, wobei die zwei Funktionsblöcke, Warenpräsentation und Warenkorb berücksichtigt werden. Der Datenimport, sowie der Rückfluß der Daten in das Warenwirtschaftssystem durch eine Bestellung und die damit verbundene Bezahlungsabwicklung werden in der Konzeption grob beschrieben, in der Implementierung jedoch aus Zeitgründen nicht berücksichtigt.

Die dynamische Client / Server-Architektur basiert auf dem dreischichtigen Modell bestehend aus Backend, Middletier (mittlere Schicht) und Frontend. Der grobe Ablauf sieht dabei so aus, daß Buchangebote über einen Webserver an den Client verschickt werden. Dabei werden die Inhalte, die beim Client präsentiert werden, dynamisch aus einer Datenbank generiert. Innerhalb dieser Architektur wird XML zum Datentransport dienen. Dies bedeutet, daß aus den Inhalten der Datenbank XML-Dokumente generiert werden, welche anschließend an den Client verschickt werden.

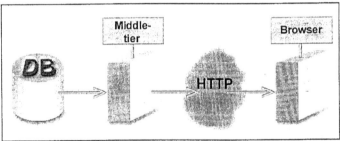

Abb. 4.3.3 a allgemeine Architektur

Das gesamte System ist dabei so angelegt, daß eine größtmögliche Kompatibilität zu Datenbanken und Servern gewährleistet ist. Aus Kostengründen wird die Verwendung von relationalen Datenbanken als Backend vorgegeben.

Um das Einsatzgebiet des Prototypen und eventuell darauf basierende weitere Entwicklungen so groß wie möglich zu halten ist die Anforderung der Plattformunabhängigkeit von großer Bedeutung. Vor allem die mittlere Schicht, welche die Anwendungslogik implementiert, muß dieser Anforderung gerecht werden. Darüber hinaus soll zu diesem Zweck die Architektur vorhandene Technik und Infrastrukturen nutzen können. Dadurch wird ein globaler Einsatz ohne neue Investitionen und Zeitverzögerungen ermöglicht.

Funktionale Anforderungen an die Präsentation

Der Benutzer soll durch einen Navigationsmechanismus schnell zum gewünschten Buchangebot geleitet werden. Dies soll, nachdem die Navigation initialisiert worden ist, ohne weitere zeitraubende Serverzugriffe funktionieren. Dabei soll die Navigation für den Benutzer immer verfügbar sein, damit dieser sehr komfortabel von einer Buchrubrik zur anderen wechseln kann. Die Navigation soll einfach erweiterbar sein.

Das bisherige Problem der schlechten Wartbarkeit der Präsentation, durch HTML-Templates soll gelöst werden, so daß die Präsentation in Zukunft mit Standardsoftware wie WYSIWYG-Editoren bewerkstelligt werden kann.

Hat der Benutzer die durch die Rubrik ausgewählten Bücher übermittelt bekommen, so soll er diese ohne weitere Serverzugriffe zur besseren Übersicht sortieren können.

Des weiteren fließen in die Präsentation die Anforderungen ein, ein Buch in den Warenkorb legen zu können.

Funktionale Anforderungen an den Warenkorb

Der Benutzer soll die Möglichkeit haben, die Bücher, welche er zum Kauf in Betracht zieht, in einen Warenkorb zu legen. Der Warenkorb soll jederzeit vom Kunden eingesehen werden können.

Strukturierung der Funktionen → Flußdiagramm

Im folgenden soll das Benutzerverhalten und der damit verbundene Datenfluß näher erläutert werden.

Betritt der Benutzer das virtuelle Warenhaus durch den Aufruf der entsprechenden Adresse im World Wide Web, so erhält er im zweigeteilten Browserfenster zum Einen die Navigation zum Anderen eine Begrüßungsseite.

Der Benutzer navigiert sich zunächst bis zu seiner gewünschten Endrubrik durch. Nach einem Klick auf diese erhält er die zur Endrubrik zugehörige Buchauswahl.

Dabei wird die Information, welche Endrubrik der Benutzer ausgewählt hat, an den Server zurückgeschickt. Auf der Serverseite wird die zurückgeschickte Information extrahiert und mit deren Hilfe eine Abfrage an die Datenbank abgesetzt, um die zugehörigen Buchdaten anzufordern.

Diese Daten werden von der Datenbank an die Datenbankanbindung zurückgeschickt. Diese reicht die Daten weiter an den XML-Generator, welcher aus den Daten ein XML-Dokument generiert. Das so entstandene XML-Dokument wird vor seiner Auslieferung auf seine Korrektheit geprüft. Nach erfolgreicher Überprüfung wird dieses nun über den Server an den Benutzer ausgeliefert.

Innerhalb dieser Buchauswahl kann der Benutzer nun Bücher in seinen Warenkorb legen und seinen Warenkorb betrachten. Die Informationen über den Warenkorb werden in einer eigenen Tabelle gespeichert, um Informationen über die Benutzervorgänge zu bekommen und auswerten zu können.

Der Datenfluß ist zu dem im Funktionsblock der Präsentation sehr ähnlich. Legt der Benutzer einen Artikel in den Warenkorb, so werden die zugehörigen Informationen des Produktes und die gewünschte Anzahl des Produktes an den Server übertragen. Auf der Serverseite müssen diese Informationen extrahiert und dem entsprechenden Benutzer zugeordnet werden. Die extrahierten Informationen, werden anschließend in der Warenkorb-Tabelle gespeichert. Dabei müssen diese so gespeichert werden, daß diese jederzeit dem richtigen Benutzer zugeordnet werden können. Um die Redundanz im System so gering wie möglich zu halten, werden aber nicht sämtliche Produktdaten in der Warenkorb-Datenbank gespeichert, sondern nur die, welche das Produkt eineindeutig auszeichnen (Primärschlüssel).

Will der Benutzer seinen Warenkorb einsehen, so stellt er eine entsprechende Anfrage an den Server. Auf der Serverseite muß nun ermittelt werden, welcher Benutzer eine Anfrage gestellt hat, um die ihm zugehörigen Daten aus der Warenkorb-Datenbank anzufordern. Die Warenkorbdaten werden sofort in der Datenbank gespeichert und nicht in einem Cookie zwischengespeichert, um jegliche Vorgänge auch abgebrochene zu erfassen und für spätere Marketingzwecke auswerten zu können. Um Datenredundanzen zu vermeiden werden nicht die gesamten Produktdaten in der Warenkorb-Datenbank gespeichert, sondern nur der Primärschlüssel der Produkte. Die restlichen Buchinformationen werden, auf Basis des Primärschlüssels, über eine weitere Anfrage an die Produkttabelle angefordert. Aus diesen Daten wird nun ein XML-Dokument generiert, geprüft und an den Benutzer übertragen.

Aus den Daten der Warenkorb-Datenbank werden später die Bestellungs- sowie die Bezahlungsanweisungen generiert.

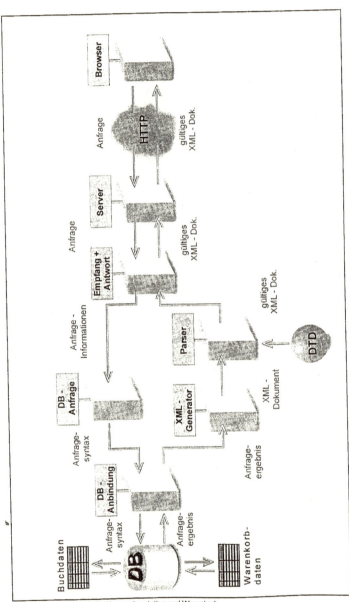

Abb. 4.3.3 b Datenfluß, Warenpräsentation und Warenkorb

Im folgenden werden die Funktionsblöcke und deren Schnittstellen beschrieben. Der Datenfluß, sowie die Funktionsblöcke sind in der Abbildung 4.3.3. b Datenfluß, Warenpräsentation und Warenkorb dargestellt.

Beschreibung jeder einzelnen Funktion:

Aus dem zuvor dargestellten Benutzerverhalten und dem daraus resultierenden Informationsfluß ergeben sich folgende Funktionsblöcke:
- Begrüßung
- Navigation
- Benutzeranfrage nach entsprechender Buchauswahl
- Generierung und Auslieferung der gefragten Buchauswahl
- Benutzeranweisung, "Produkt in den Warenkorb"
- Benutzeranfrage, "Warenkorb einsehen"
- Generierung und Auslieferung des gefragten Warenkorbes

Diese einzelnen Funktionsblöcke unterteilen sich wiederum in einzelne Funktionen:

Funktionsblock Begrüßung:
- XML-Begrüßung
  Beinhaltet die Informationen zur Begrüßung.
  Schnittstelle:
  Zur XSL-Begrüßung.

- XSL-Begrüßung
  Dient zur Darstellung der Begrüßungsinformationen.

Funktionsblock Navigation:
- XML-Navigation
  Beinhaltet die Informationen welche für die Navigation benötigt werden und sendet die Benutzeranfrage nach einer entsprechenden Buchauswahl
  Schnittstelle:
  Zur XSL-Navigation.

- XSL-Navigation
  Dient zur Darstellung der Navigation und beinhaltet deren Funktionalität.
  Schnittstelle:
  Zum Server des virtuellen Warenhauses, um Anfragen an diesen zu stellen

Funktionsblock „Benutzeranfrage nach entsprechender Buchauswahl"
Funktionen:
- Informationsaufbereitung
  Aus den an den Server übertragenen Informationen des Benutzers müssen die benötigten Informationen für die entsprechende Buchrubrik extrahiert und so aufbereitet werden, daß sie an die nachfolgende Funktion, welche die Anfrage an die Datenbank generiert, weitergereicht werden können.
  Schnittstellen:
  Zum Server, um übertragene Informationen zu empfangen.
  Zur Datenbank-Anfrage um Auswahlkriterien weiterzureichen.

- Datenbank-Anfrage generieren
  Erstellt aus den Auswahlkriterien eine entsprechende Datenbank-Anfrage.
  Schnittstellen:
  Zur Informationsaufbereitung, um Auswahlkriterien entgegenzunehmen.
  Zur Buchshop-Datenbank-Anbindung um Datenbankanfrage weiter zu reichen.

- Anbindung an Buchshop-Datenbank
  Stellt die Verbindung zur Buchshop-Datenbank her und stellt Anfragen an

die Datenbank. Die daraus resultierenden Ergebnisse werden aufbereitet und zur weiteren Verarbeitung bereitgehalten.
Schnittstellen:
Zur Datenbank-Anfrage, um diese zu erhalten.
Zum XML-Generator, hält für diesen die angeforderten Daten bereit.

Funktionsblock "Generierung und Auslieferung der gefragten Buchauswahl"
Funktionen:
- XML-Generator
Generiert aus den Produktdaten, die als Ergebnis der Datenbank-Anfrage in der Datenbank-Anbindung bereit gehalten werden, ein XML-Dokument
Schnittstellen:
Zur Buchshop-Datenbank-Anbindung um Produktdaten anzufordern.
Zum Parser, um das XML-Dokument an diesen weiterzureichen.

- Parsen des XML-Dokuments
Überprüft das XML-Dokument auf seine syntaktische Korrektheit und ob es die Regeln der DTD erfüllt. Dies bedeutet, das XML-Dokument wird validiert.
Schnittstellen:
Zum XML-Generator, von dem das XML-Dokument angeliefert wird
Zur DTD, die zum Validieren eingelesen wird.
Zur Auslieferung, an die das gültige XML Dokument weitergereicht wird

- Auslieferung des XML-Dokuments an Server
Liefert das XML-Dokument an den Server, der es dann an den entsprechenden Benutzer weiterleitet.
Schnittstellen:
Zur XML-Dokument Kontrolle, von der das gültige XML-Dokument angeliefert wird.
Zum Server, an den das XML-Dokument weitergereicht wird.

Funktionsblock „Anzeige der Buchauswahl beim Benutzer"
- XSL-Dokument übernimmt die Präsentation des dynamisch generierten XML-Dokuments und beinhaltet auch die benutzerseitige Funktionalität des Warenkorbes.

Funktionsblock der Benutzeranweisung, "Produkt in den Warenkorb"
Funktionen:
- Informationen der Benutzeranweisung empfangen und aufbereiten
Aus den an den Server übertragenen Informationen des Benutzers müssen die benötigten Informationen für die Identität des Benutzers, sowie die eineindeutigen Daten des Produktes (Primärschlüssel), welches in den Warenkorb gelegt werden soll, extrahiert werden. Die Daten müssen zugleich so aufbereitet werden, daß sie an die nachfolgende Speicherungsanweisung übergeben werden können.
Schnittstellen:
Zum Server, um übertragene Informationen zu empfangen.
Zur Speicherungsanweisung um Daten weiterzureichen.

- Speicherungsanweisung für Warenkorb-Datenbank generieren
Nimmt die aufbereiteten Produkt- und Benutzeridentitätsdaten entgegen und generiert daraus eine Speicheranweisung für die Buchshop-Datenbank-Anbindung.
Schnittstellen:
Zur Informationsaufbereitung, um Produkt- und Benutzeridentitätsdaten entgegenzunehmen.
Zur Buchshop-Datenbank-Anbindung um Speicheranweisung weiter zu rei-

chen.

- Anbindung an Buchshop-Datenbank
  Stellt die Verbindung zur Buchshop-Datenbank her. Sie stellt Anfragen und gibt Anweisungen an die Datenbank, wobei sie die Synchronisation der Anweisungen übernimmt. Die daraus resultierenden Ergebnisse werden aufbereitet und zur weiteren Verarbeitung bereitgehalten.
  Schnittstellen:
  Zur Speicheranweisung, Löschanweisung sowie zur Datenbank-Anfrage, um die entsprechenden Anweisungen und Anfragen zu erhalten.
  Zum XML-Generator, hält für diesen die angeforderten Daten bereit.

Funktionsblock der Benutzeranfrage, "Warenkorb einsehen"
  Funktionen:
- Informationen der Benutzeranfrage empfangen und aufbereiten
  Aus den an den Server übertragenen Informationen des Benutzers müssen die benötigten Informationen für die Identität des Benutzers extrahiert werden. Die Daten müssen zugleich so aufbereitet werden, daß sie an die nachfolgende Datenbank-Anfrage übergeben werden können.
  Schnittstellen:
  Zum Server, um übertragene Informationen zu empfangen.
  Zur Datenbank-Anfrage um Auswahlkriterien weiterzureichen.

- Datenbank-Anfrage generieren
  Erstellt aus den Auswahlkriterien eine entsprechende Datenbank-Anfrage.
  Schnittstellen:
  Zur Informationsaufbereitung, um Auswahlkriterien entgegenzunehmen.
  Zur Buchshop-Datenbank-Anbindung um Datenbankanfrage weiter zu reichen.

- Anbindung an Buchshop-Datenbank
  siehe oben
  Schnittstellen
  Zur Datenbank-Anfrage, um diese zu erhalten.
  Zum XML-Generator, hält für diesen die angeforderten Daten bereit.

- XML-Generator
  Generiert ein XML-Dokument aus den Warenkorb-Daten und Produkt-Daten, die als Ergebnis der Datenbank-Anfragen in den Datenbank-Anbindungen bereit gehalten werden.
  Schnittstellen:
  Zur Warenkorb-Datenbank-Anbindung um Warenkorb-Daten anzufordern.
  Zur Produkt-Datenbank-Anbindung um Produkt-Daten anzufordern
  Zum Parser, um das XML-Dokument an diesen weiterzureichen.

- Parsen des XML-Dokuments
  Überprüft das XML-Dokument auf seine syntaktische Korrektheit und ob es die Regeln der DTD erfüllt. Dies bedeutet, das XML-Dokument wird validiert.
  Schnittstellen:
  Zum XML-Generator, von dem das XML-Dokument angeliefert wird
  Zur DTD, die zum Validieren eingelesen wird.
  Zur Auslieferung, an die das gültige XML Dokument weitergereicht wird

- Auslieferung des XML-Dokuments an Server
  Liefert das XML-Dokument an den Server, der es dann an den entsprechenden Benutzer weiterleitet.
  Schnittstellen:
  Zur XML-Dokument Kontrolle, von der das gültige XML-Dokument angelie-

fert wird.
Zum Server, an den das XML-Dokument weitergereicht wird.

4.4 Systementwurf

4.4.1 Grundsätzliches

Um die im Pflichtenheft angesprochene Plattformunabhängigkeit und Portabilität zu gewährleisten sind sämtliche serverseitigen Funktionalitäten in Java implementiert. Als relationale Datenbank kommt eine Microsoft Access 97 Datenbank zum Einsatz. Diese Datenbank heißt „Buchshop" und besteht aus zwei Tabellen. Die eine Tabelle trägt den Namen „buecher", sie enthält die Buchdaten. Die andere Tabelle heißt wkTabelle und speichert die Daten des Warenkorbes.

In der Mittel-Schicht werden für die Kommunikation mit dem Webserver Java Servlets verwendet. Als Server wird deshalb der Java Web Server 1.1.3 herangezogen, da dieser als inoffizielle Referenz für die Servlet-Engine gilt. Die Anbindung der Datenbank wird über JDBC realisiert.

Nachfolgende Beschreibung der Funktionsblöcke, sowie deren Schnittstellen und der Datenfluß werden in der Abbildung 4.4 a Datenfluß im Prototyp S.145 visualisiert.

Java Servlets

Bei Java Servlets handelt es sich um kleine, plattformunabhängige Programmeinheiten, vergleichbar den Java- Applets die allerdings nicht auf der Seite des Client (z.B. im Browser) ablaufen, sondern serverseitig ausgeführt werden. Somit besitzen Servlets auch kein eigenes Erscheinungsbild. Sie erweitern die Möglichkeiten des Servers und können auf Benutzeranfragen reagieren. Die Verwendung von Servlets setzt voraus, daß auf dem Server eine Java Virtual Machine (JVM) zur Verfügung steht. Dies ist etwa dann der Fall, wenn der Java Web Server (JWS, ehemaliger Codename: Jeeves) als WWW-Server eingesetzt wird. Aber auch andere Webserver wie die Produkte von Netscape, Microsoft (Internet Information Server, IIS) und Apache sind in der Lage Servlets einzusetzen. Hierzu muß allerdings entweder das kostenlose Java Servlet Developers Kit oder die von IBM entwickelte und ebenfalls kostenlose Servlet Engine verwendet werden.

Die Servlet-Engine hat die von Sun spezifizierten Regeln und Verhalten für Servlets implementiert und gewährleistet somit die Portabilität von Java Servlets über Produkt und Betriebssystemgrenzen hinweg. Dies ist ein großer Vorteil gegenüber der bisher verwendeten Vorgehensweise über das Common Gateway Interface (CGI), bei dem die CGI-Programme eine sehr schlechte Portabilität aufwiesen. Wobei das Verhalten von Java Servlets mit dem von CGI-Programmen durchaus vergleichbar ist. Java Servlets bieten aber gegenüber CGI-Programmen weitere Vorteile. So sind Servlets speicherresident, das heißt, wurden sie einmal aufgerufen bleiben sie im Speicher und können in der Folge weitere Anfragen bearbeiten, ohne neu gestartet zu werden. Dadurch senkt sich auch der Verbrauch von Server-Ressourcen drastisch. Im Gegensatz dazu stehen CGI-Programme, die für jede Anfrage einen neuen Prozeß starten. Bedenkt man, daß viele CGI-Programme in Perl geschrieben sind, bedeutet dies, daß für jede Anfrage ein neuer Perlinterpreterprozeß gestartet werden muß. Der Ressourcenverbrauch von CGI-Programmen ist also weitaus höher als der von Servlets. Dazu kommt die höhere Sicherheit und Stabilität von Java Servlets durch das eingebaute Speichermanagement von Java.

Ein weiterer Vorteil ergibt sich durch den Lebenszyklus der Servlets. Dieser beginnt mit der Initialisierung des Servlets. Bei der Initialisierung kann das Servlet konfiguriert werden und einmalige zeitaufwendige Arbeitsschritte ausführen wie zum Beispiel JDBC Datenbankanbindungen.

Danach folgt die Servicephase, in dieser bearbeitet das Servlet Benutzeranfragen. Benutzeranfragen werden durch ein Objekt vom Typ „ServletRequest" dargestellt. Antworten auf Benutzeranfragen werden entsprechend von einem Objekt vom Typ „ServletResponse" dargestellt.

Evaluierung von XML im Bezug zum World Wide Web,
sowie die Prototypisierung eines e-commerce Multi-Tier-Systems

Über das Objekt vom Typ „ServletRequest" hat das Servlet Zugriff auf sämtliche Parameter, wie zum Beispiel Formulardaten.

Die letzte Phase im Lebenszyklus eines Servlets ist seine Vernichtung. Bevor aber das Servlet aus dem Arbeitsspeicher gelöscht wird, wird ihm die Möglichkeit gegeben abschließende Arbeitsschritte auszuführen. Bezogen auf das Datenbankbeispiel aus der Initialisierungsphase ist nun der Zeitpunkt, wo die Datenbankverbindung geschlossen wird.

Um Servlets zu programmieren bedient man sich der Servlet API von Sun, welche kostenlos (unter http://www.javasoft.com/products/servlet/ index.html) erhältlich ist. Im Prototyp wurde das SDK 2.0 (Servlet Development Kit Version 2.0) verwendet.

Die Java Database Connectivity (JDBC)

Die Java Database Connectivity ermöglicht den plattform- und herstellerunabhängigen Zugriff auf Datenbanken. Dabei definiert JDBC API-Objekte und Methoden, mit denen man mit der darunterliegenden Datenbank kommunizieren kann. Die JDBC-API ist Bestandteil der Core-API von Java und somit Bestandteil der Java Virtual Machine. Die JDBC-Klassen befinden sich im java.sql-Paket. Ein Programm, das JDBC verwendet benötigt einen Treiber für die Datenquelle, in diesem Fall ist es die JDBC-ODBC-Bridge mit dem Treibernamen „sun.jdbc.odbc.Jdbc OdbcDriver".

Will ein JDBC-Programm mit einer Datenbank kommunizieren, so geschieht dies immer nach einem festen Ablauf.

Zuerst baut das Programm eine Verbindung zur Datenbank auf. Innerhalb dieses Vorganges erhält das Programm bei erfolgreicher Verbindung ein Objekt vom Typ „Connection" zurück.

Über dieses Objekt wird ein Statement-Objekt angefordert. Das Statement-Objekt gibt die SQL-Statements dann an das angebundene Datenbank-Management-System weiter. Als Ergebnis wird ein ResultSet-Objekt zurückgegeben, welches die Informationen der Datenbankabfrage beinhaltet.

4.4.2 Funktionsblock „Begrüßung"

Die Begrüßung des Benutzers im rechten Frame, auf der ersten Seite des virtuellen Warenhauses wird als statische XML-Seite, bestehend aus dem XML-Dokument und dem zugehörigen XSL-Dokument realisiert. Der Ablauf ist dabei folgender: Betritt der Benutzer das virtuelle Warenhaus wird zuerst die Datei „index.html" aufgerufen, diese beinhaltet lediglich ein Frameset, welches das Browserfenster in einen rechten und linken Frame unterteilt. Dabei wird dem rechten Frame die Begrüßungsseite zugeordnet und damit eine Anfrage an den Server nach der Datei „willkommen.xml" gestellt. Der Server liefert die im Dateisystem unter „public_html/shop" liegende Datei aus. Der Browser empfängt die Datei und stößt dabei auf die Stylesheet-Referenz. Diese löst eine weitere Anfrage nach dem Stylesheet aus, das ebenfalls im Dateisystem liegt. Wird innerhalb des Stylesheets auf Bilder referenziert, wie hier zum Beispiel auf ein animated Gif, erfolgen weitere Serveranfragen, bis das komplette Dokument beim Browser vorliegt.

4.4.3 Funktionsblock „Navigation"

Die Navigation teilt sich ebenfalls auf in ein XML-Dokument und ein XSL – Dokument. Das XML-Dokument „auswahl.xml" beinhaltet die Informationen für die Navigation. Entsprechend sorgt das XSL-Dokument „auswahl.xsl" für die Darstellung und Funktionalität der Navigation.

Informationen, die für die Navigation benötigt werden sind der Rubrikname und die damit verbundene Gattung. Wobei die Gattung eine eineindeutige Bezeichnung für die jeweilige Rubrik ist. Jedes Buch in der Produkt-Datenbank ist genau einer bestimmten Gattung zugeordnet, dabei wird die Gattung als zugehörige Buchinformation, ebenfalls innerhalb der Datenbank gespeichert.

Die Information, welche Rubrik sich innerhalb einer anderen Rubrik befindet wird durch die Verschachtelung der Rubriken bereitgestellt. Dies geschieht über eine rekursive Lösung. So wird eine Rubrik und deren Unterrubriken innerhalb einer Auswahl und darin wieder innerhalb einer Auswahl geschachtelt. Dieser rekursive Ansatz schafft die Ausgangsbasis für eine sehr offene und wartungsfreundliche Navigation. Ein Auszug aus der Datei „auswahl.xml" verdeutlicht dies:

```
<AUSWAHL id="a07" titel="Soziologie">
    <AUSWAHL id="a07b01" titel="Politik">
        <AUSWAHL id="a07b01c01" titel="Politik11"></AUSWAHL>
        <AUSWAHL id="a07b01c02" titel="Politik12"></AUSWAHL>
        <AUSWAHL id="a07b01c03" titel="Politik13"></AUSWAHL>
        <AUSWAHL id="a07b01c04" titel="Politik14"></AUSWAHL>
    </AUSWAHL>
    <AUSWAHL id="a07b02" titel="Die Arbeitswelt"></AUSWAHL>
</AUSWAHL>
```

Quelltext 4.4.3 a auswahl.xml

Es wird ersichtlich, daß die Rubrik „Soziologie" eine Unterrubrik „Politik" beinhaltet, in der sich die Endrubriken „Politik11, Politik12,..." befinden. Des weiteren befindet sich unter der Rubrik „Soziologie" selbst auch eine Endrubrik, nämlich „die Arbeitswelt". Eine Endrubrik wird also dadurch charakterisiert, daß sie keine Kindelemente besitzt und damit ein Blatt innerhalb des Dokumentbaumes darstellt, entsprechend sind Rubriken und Unterrubriken dadurch charakterisiert, daß sie Kindelemente besitzen und damit Knoten innerhalb des Dokumentbaumes darstellen. Diese Eigenschaften werden später bei der Darstellung der Navigation also innerhalb des XSL-Dokuments genützt.

Das XML-Dokument für die Navigation liegt als statisches Dokument vor. Wie der Auszug aus dem Dokument zeigt, ist es leicht lesbar und einfach aufgebaut, deshalb ist es auch sehr einfach neue Rubriken und Unterrubriken in die bestehende Navigation einzufügen beziehungsweise aus ihr zu löschen. Eine dynamische Generierung des XML-Dokuments aus Datenbankinformationen, würde nicht so einfach zu pflegen sein und bedeutet zusätzlichen Programmieraufwand, sowie Performanceverluste, da das Dokument erst aus der Datenbank generiert werden müßte. Aus diesen Gründen wurde die Navigation als statisches Dokument realisiert.

Die nachfolgende Grafik veranschaulicht noch einmal den Sachverhalt, daß sowohl XML-und XSL-Dokumente der Navigation und Begrüßung wie auch die zugehörigen Grafiken im Dateisystem, als statische Dokumente vorliegen.

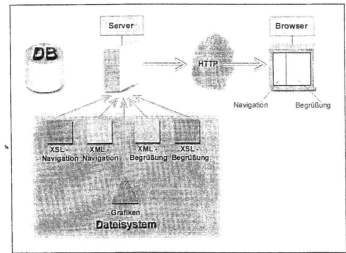

Abb. 4.4.3 a Navigation und Begrüßung

Das zur Navigation zugehörige Stylesheet ist so angelegt, daß es dynamisch auf Rubriken und Unterrubriken reagiert, das heißt, wenn eine neue Rubrik oder Unterrubrik in das XML-Dokument eingefügt wird, so muß zu dessen korrekter Darstellung keinerlei Änderungen im Stylesheet vorgenommen werden. Hierzu verwendet man die Fähigkeiten von XSL auf Elemente und deren Nachkommen zugreifen zu können und die oben geschilderte Charakteristik der Knoten und Blätter.

Im Prototyp wurde dies folgendermaßen realisiert:

```
<x:template match="NAVIGATION//AUSWAHL">

</x:template>

<x:template match="AUSWAHL[AUSWAHL]">

</x:template>
```

Quelltext 4.4.3 b auswahl.xsl

Das erste Template bezieht sich mit seinem match-pattern auf alle AUSWAHL-Elemente. Das zweite Template bezieht sich nur auf AUSWAHL-Elemente, die wiederum AUSWAHL-Elemente als Kindelemente besitzen, also Knoten innerhalb des Dokumentbaumes sind. Damit überschreibt das zweite Template das erste für alle Knoten. Daraus ergibt sich wiederum, daß das erste Template nur noch für die Blätter des Dokumentbaumes zutrifft. Aus diesem Grund werden im ersten Template die Eigenschaft der Blätter des Dokumentbaumes spezifiziert und im zweiten Template die Eigenschaft der Knoten. Diese Lösung wird durch die oben erwähnte Rekursion innerhalb des XML-Dokuments ermöglicht.

Die Eigenschaft der Knoten besteht aus ihrer Interaktivität, das heißt, wird auf einen Knoten geklickt, so zeigt er seine unter ihm befindlichen Kindelemente an, die ihrerseits wieder aus Knoten oder Blätter bestehen können. Diese Interaktivität wird mit Hilfe von Dynamic HTML (im folgenden als DHTML bezeichnet) realisiert. Wie im Kapitel 2.3.9 Das Ergebnisdokument, "Nutzung von XSL ohne Formatierungsobjekte" beschrieben, ermöglicht der Internet Explorer 5 beta die Anwendung von XSL dahingehend, daß im Arbeitsspeicher ein HTML-Dokument generiert wird. Auf dieses Dokument kann nun mittels DHTML zugegriffen und Interaktionen realisiert werden. DHTML ist eine Kombination von HTML Cascading Style Sheets und Java-Script. HTML stellt dabei den Grundsyntax bereit. Über Cascading Style Sheets (im folgenden als CSS bezeichnet) können gleiche HTML-Tags in unterschiedliche Klassen unterteilt werden. So können nun den unterschiedlichen Klassen unterschiedliche Attribute wie z.B. Position, Farbe und sichtbar/unsichtbar zugewiesen werden. Diese Attribute werden aber nur einmal beim Laden der Seite zugewiesen und sind dann fest. Das heißt, es fehlt noch die Dynamik. Diese wird über Java-Script bereitgestellt. Mit Hilfe von JavaScript kann man nun die Attribute der einzelnen CSS-Klassen manipulieren. Das heißt, man kann auf einen Klick reagieren, indem man das angeklickte zum Beispiel unsichtbar macht.

Wie DHTML innerhalb der Navigation eingesetzt wird zeigt, folgender Quelltextausschnitt:

```
<x:template match="AUSWAHL[AUSWAHL]">
  <DIV class="e">
    <DIV class="c">
      <SPAN class="b">-</SPAN>
      <SPAN class="p">
        <IMG ALIGN="MIDDLE" SRC="../shop/bilder/knoten.gif"/>
      </SPAN>
      <SPAN class="t">
        <x:value-of select="@titel"/>
      </SPAN>
      <x:apply-templates select="@titel"/>
```

```
    </DIV>
      <x:use-templates/>
    </DIV>
  </x:template>
```

Quelltext 4.4.3 c auswahl.xsl

Über das match-pattern werden alle Knoten selektiert. Diese werden nun in zwei ineinander verschachtelte DIV-Tag's angeordnet. Das erste DIV dient nur dazu, die Rubriken entsprechend ihrer Hierarchie einzurücken. Das zweite DIV ist von entscheidender Bedeutung, es charakterisiert einen Knoten und wird auch nur an diese vergeben. Das zweite DIV ist erstes Kindelement des ersten DIV und besitzt somit den Index 0 (children(0)) Durch die Anweisung <x:use-templates/> werden die Templates von neuem angewendet. Das bedeutet, daß nachfolgende Blätter innerhalb des ersten DIV als Kindelemente eingefügt werden. Ihr Index beginnt also bei 1 und endet mit der Gesamtzahl der Kindelemente des ersten DIV (children.length). Diese DIV's werden nach einem Klick auf die Rubrik ein- und ausgeblendet, je nach vorherigem Zustand. Zusätzlich wechselt das vorangestellte Plus oder Minus entsprechend.

Dies wird durch folgendes JavaScript realisiert:

```
function zustandWechsel(e){
    mark=e.children(0).children(0);
    if (mark.innerText=="+"){
        for (var i=1;i&lt;e.children.length;i++)
        e.children(i).style.display="block";
        mark.innerText="-";
    }
    else if (mark.innerText=="-"){
        for (var i=1;i&lt;e.children.length;i++)
        e.children(i).style.display="none";
        mark.innerText="+";
    }
}
```

Quelltext 4.4.3 d auswahl.xsl

Dieser JavaScript-Funktion geht eine weitere voraus, die das Klick-Ereignis empfängt und überprüft, ob dieses von einem Knoten ausgelöst wurde. Ist dies der Fall so wird die hier dargestellte zustandWechsel-Funktion aufgerufen. Dabei wird ihr das äußerste DIV mit der Klasse „e" als Objekt übergeben.

Der Variablen „mark" wird nun das erste Kindelement des ersten Kindelements von <DIV class="e"> übergeben, dabei handelt es sich um das Span-Element mit der Klasse „b", welches als Text das Plus- oder Minuszeichen beinhaltet und als Objekt an die Variable übergeben wird. Auf den Textinhalt wird über die Methode „innerText" zugegriffen. Nun kann unterschieden werden, welchen Zustand der Knoten besitzt, geöffnet oder geschlossen. Entsprechend wird darauf reagiert, indem die Kindelemente ab Index 1 des äußersten DIV-Elementes sichtbar oder unsichtbar gestellt werden und das Plus- oder Minuszeichen wechselt.

Die Funktionalität der Navigation beinhaltet aber auch, daß der Benutzer, nachdem er sich bis zu seiner Buchrubrik durchnavigiert hat, auf diese Buchrubrik klikken kann und so die zu dieser Rubrik zugehörigen Bücher anfordert.

Implementiert wurde dies als Servletaufruf, bei dem die Gattung, welche als Information im XML-Dokument enthalten ist, mit angehängt wird. Dies geschieht mit Hilfe der HTTP GET-Methode. Dabei wird der Referenz auf das Servlet, durch die sogenannte "URL-Kodierung", das Wertepaar der Gattung angehängt. Dieser Teil der URL wird mit einem Fragezeichen eingeleitet und nennt sich "QUERY-STRING".

Folgender Quelltextausschnitt soll die angewendete Methode verdeutlichen.

```
<x:template match="NAVIGATION//AUSWAHL">
    ...
```

```
<A>
  <x:attribute name="HREF">../servlet/mainShopServlet?
  gattung_wert=<x:value-of select="@id"/>
  </x:attribute>
  <x:attribute name="TARGET">RIGHT</x:attribute>
  <x:value-of select="@titel"/>
</A>
</x:template>
```

Quelltext 4.4.3 e auswahl.xsl

Zunächst werden die Endrubriken, also die Blätter des Dokumentbaumes, als HTML-Anker in die Navigation eingefügt. Dies geschieht dadurch, daß sich wie schon erwähnt das match-pattern zwar auf sämtliche AUSWAHL-Elemente der Navigation bezieht "NAVIGATION//AUSWAHL", aber durch das nachfolgende match-pattern für Knoten überschrieben wird, so daß nur noch die Blätter übrig bleiben. Innerhalb des Templates wird nun das Anker-Element aufgeführt. Ihm wird als Wert der Inhalt des titel-Attributes von „auswahl.xml" zugewiesen. Dies geschieht mit Hilfe der XSL-Anweisung

```
<x:value-of select="@titel"/>
```

Quelltext 4.4.3 f Anfordern des Attributwertes

Dies bedeutet, als erstes Blatt von „auswahl.xml" steht:

```
<AUSWAHL   id="a01b01"   titel="Architektur   und   Design">
</AUSWAHL>
```

Quelltext 4.4.3 g auswahl.xml

Daraus wird folgende HTML-Zeile generiert:

```
<A>Architektur und Design</A>
```

Quelltext 4.4.3 h generiertes HTML-Element

Dies allein reicht aber nicht um das Servlet aufzurufen und den zugehörigen Parameter an dieses zu übergeben.
Hierzu sind folgende Zeilen notwendig:

```
<x:attribute name="HREF">../servlet/mainShopServlet?
gattung_wert=<x:value-of select="@id"/>
</x:attribute>
```

Quelltext 4.4.3 i HREF-Attribut generieren

Durch die Attribut-Anweisung von XSL wird dem Anker-Element das „HREF"-Attribut zugewiesen. Dieses bekommt als feststehenden Wert "../servlet/mainShopServlet?gattung_wert=". Der Wert besteht aus der relativen Pfadangabe, welche auf das Servlet verweist „../servlet/mainShopServlet" und aus einem Teil einer Parameterübergabe, wie man sie von der HTTP GET-Methode aus HTML-Formularen kennt. Was noch fehlt ist der Übergabewert. Dieser kann nicht fest angegeben werden, sondern ergibt sich aus der jeweils ausgewählten Rubrik. Genauer gesagt ist es der Wert des id-Attributes der ausgewählten Rubrik von „auswahl.xml". Dieser Wert kann nun wieder über die XSL-Anweisung <x:value-of select="@id"/> aus dem XML-Dokument entnommen werden und an den Attributwert von HREF angefügt werden. So daß sich nach Abarbeiten der oben genannter Zeilen folgender HTML-Ausdruck ergibt:

```
<A HREF="../servlet/mainShopServlet?gattung_wert=a01b01"> Ar-
chitektur und Design</A>
```

Quelltext 4.4.3 j generiertes HTML- Element

Abschließend fehlt noch die Information in welchem Browserfenster die neue Seite angezeigt wird. Hierzu gibt es für das Anker-Tag das Attribut TARGET. Dieses Attribut wird genauso wie das HREF-Attribut mittels der XSL-Anweisung <x:attribut name="TARGET"> zugewiesen. Der feste Wert „RIGHT" wird einfach zwischen das Anfangs- und Endtag der XSL-Anweisung geschrieben. Nun ist das Anker-Element fertig und sieht generiert folgendermaßen aus:

```
<A       HREF="../servlet/mainShopServlet?gattung_wert=a01b01"
TARGET="RIGHT"> Architektur und Design</A>
```

Quelltext 4.4.3 k endgültiges HTML-Element

Der Internet Explorer 5 beta 2 sollte also nun die angeforderte Seite in den rechten Teil des Browserfensters einfügen, so daß die Navigation weiterhin für den Benutzer zur Verfügung steht. Hier zeigt sich aber ein Bug des Browsers, denn statt des erwähnten Verhaltens öffnet er einen weiteren Browser und zeigt die angeforderte Seite in diesem an.

Der Prototyp zeigt hier sehr schön, wie man innerhalb von XSL unterschiedliche Technologien wie Cascading Style Sheets, JavaScript, HTML und XSL vereinen kann und sich daraus sehr flexible und offene Möglichkeiten für Präsentation und Interaktion ergeben.

Wie sich der Prototyp beim Benutzer präsentiert zeigt folgender Screenshot:

Abb. 4.4.3 b Screenshot Begrüßung

4.4.4 Funktionsblock

„Benutzeranfrage nach entsprechender Buchauswahl"

Die Tabelle „buecher" der „Buchshop"-Datenbank

Die Beantwortung der Benutzeranfrage basiert auf der Tabelle „buecher" der „Buchshop"-Datenbank, da in dieser sämtliche Informationen zu den Büchern gespeichert wird. Wie aus nachfolgender Aufstellung der Datenbankfelder ersichtlich wird, findet sich hier der Parameter „gattung" wieder, welcher einem Buch eine bestimmte Rubrik zuordnet.

Die Tabelle „buecher" besteht aus folgenden Datenbankfeldern:

Feldname	Datentyp	Beschreibung
isbn	String	Der Primärschlüssel der Datenbank, speichert die ISBN des Buches
titel	String	Nimmt den Titel des Buches auf
autor	String	Nimmt den Autor des Buches auf
gattung	String	Bestimmt zu welcher Buchrubrik das Buch gehört
preis	Währung	Der Buchpreis
bestseller	Integer	Rang des Buches auf der Bestsellerliste
bild	String	Referenz auf das Buchcoverbild in Form einer relativen Pfadangabe
verlag	String	Verlag
lieferbarkeit	String	Lieferbarkeit
voedat	Datum	Veröffenlichungsdatum des Buches
seitenzahl	Integer	Anzahl der Buchseiten

Tabelle 4.4.4 a Datenfelder der Datenbanktabelle „buecher"

Entsprechend sieht die DTD des Prototyps aus:

```
<!ELEMENT buchsammlung (buch+)>
<!ELEMENT buch (isbn,titel,autor+,gattung,preis,bestseller,bild,
verlag,lieferbarkeit,voedat,seitenzahl)>

<!ELEMENT isbn (#PCDATA) >
<!ELEMENT titel (#PCDATA) >
<!ELEMENT autor (#PCDATA) >
<!ELEMENT gattung(#PCDATA) >
<!ELEMENT preis (#PCDATA) >
<!ELEMENT bestseller (#PCDATA) >
<!ELEMENT pages (#PCDATA) >
<!ELEMENT bild (#PCDATA) >
<!ELEMENT verlag(#PCDATA) >
<!ELEMENT lieferbarkeit (#PCDATA) >
<!ELEMENT voedat(#PCDATA) >
<!ELEMENT seitenzahl (#PCDATA) >
```

Quelltext 4.4.4 a DTD Prototyp

Sowohl die Datenbank, als auch die DTD sind für den Prototyp einfach gehalten. Um die Machbarkeitsstudie sicher abschließen zu können, ohne in Implementierungen von Zusatzfunktionen Zeit zu verschenken, wurde der abgebildete reduzierte Umfang gewählt. Systeme, die über die Anforderungen eines Prototypen hinausgehen beinhalten umfangreichere Datenmodelle und damit auch umfangreichere Datenbank- und DTD-Implementationen. Die prinzipielle Vorgehensweise, wie sie im Prototyp aufgezeigt wird, ändert sich jedoch nicht.

Die Klasse „mainShopServlet"
Nachdem die Benutzeranfrage abgesetzt wurde, muß sie auf der Serverseite empfangen werden und bearbeitet werden. Dies wird durch ein Java Servlet in diesem Fall das „mainShopServlet" erledigt. Hierzu wird das „mainShopServlet" von der Klasse HttpServlet-Klasse abgeleitet. Bei der HttpServlet-Klasse handelt es sich um eine abstrakte Klasse, die ein Framework zur Handhabung des HTTP-Protokolls bietet. Da es sich um eine abstrakte Klasse handelt, muß sie abgeleitet werden und mindestens eine ihrer Methoden überschrieben werden. Die mainShopServlet-Klasse überschreibt die doGet-Methode sowie die init-und destroy-Methode. Die init-Methode dient dazu die Produktdatenbank mit Hilfe von JDBC anzubinden. Die init-Methode wird einmal beim laden des Servlets ausgeführt, das bedeutet, daß die Datenbank angebunden bleibt, solange das Servlet im Arbeitsspeicher gehalten wird. Hieraus ergibt sich ein Performancevorteil gegenüber CGI-basierten Datenbankzugriffen, die pro Benutzeranfrage einen neuen Prozeß star-

ten müssen und damit auch jedesmal von neuem die Datenbank anbinden müssen. Die destroy –Methode schließt die Datenbankverbindung bevor das Servlet aus dem Arbeitsspeicher gelöscht wird. Der Aufruf der destroy-Methode geschieht automatisch durch die Servlet-Engine bevor diese das Servlet zum löschen aus dem Arbeitsspeicher frei gibt.

Innerhalb der doGet-Methode findet die eigentliche Bearbeitung der Benutzeranfrage statt. Die doGet-Methode wurde überschrieben, da das Servlet mit Hilfe der HTTP-GET-Methode aufgerufen wird und über diese einen Parameter übermittelt bekommt.

Dieser Parameter muß nun innerhalb des Servlets wieder extrahiert werden. Wie dies geschieht zeigt nachfolgender Quellcode-Ausschnitt.

```
String gattung = req.getParameter("gattung_wert");
```

Quelltext 4.4.4 b Parameter extrahieren

Wobei req eine Instanz von HttpServletRequest ist und über die Methode getParameter("gattung_wert") der übergebene Parameter mit dem Namen gattung_wert aus der Übertragung extrahiert wird. Dieser Wert wird in der String-Variable „gattung" gespeichert.

Die Klasse „SqlQueryString"

Als nächster Schritt muß aus der Information eine Datenbankanfrage generiert werden. Die Datenbankanfrage wird mit Hilfe der Structured Query Language (SQL) formuliert.

Hierzu wird innerhalb des mainShopServlets eine Instanz „sqlquery" der Klasse SqlQueryString angelegt. Der Instanz wird die String-Variable „gattung" übergeben, diese wird als Suchkriterium in die SQL-Select-Anweisung integriert. Dabei ist die SQL-Anweisung im Prototyp noch hart codiert, wie dies offener und flexibler gestaltet werden kann zeigt die Konzeption des „erweiterten Prototyp's" im Kapitel 4.5.1 „Die DTD als Kern einer offenen Architektur"

Die Klasse SqlQueryString beinhaltet eine Methode „getQueryString()" die als Ergebnis die SQL-Anweisung in Form einer String-Variablen zurück liefert.

Diese SQL-Anweisung muß nun an die Datenbankanbindung übergeben werden.

Die Klasse „DBManagement"

Um die SQL-Anweisung an die Datenbankanbindung zu übergeben wird innerhalb der init-Methode des „mainShopServlets" der Membervariablen db eine Instanz der Klasse DBManagement zugewiesen..

Diese Klasse ist für die Anbindung der relationalen Datenbank über JDBC verantwortlich. Den Vorgang hierzu zeigt folgender Quellcode-Ausschnitt:

```
/************************************/
//connectDB()
/************************************ */
public static void connectDB( String DB_login, String DB_passwd )
throws DBException {
    try {
        // Treiber fuer die Datenbank laden
        Class.forName ( DB_Driver );

        // Treiber ist erfolgreich geladen
        // -> Connection zu DB aufbauen
        DB_Connection        =        DriverManager.getConnection (
DB_Identifier, DB_login, DB_passwd );
    }
    catch(java.lang.ClassNotFoundException e) {
        if ( debug ) { System.err.println("ClassNotFoundException: " +
e.getMessage()); }
```

```
        throw  new  DBException("Problems  in  disconnecting  from
DB.");
    }
    catch(SQLException ex) {
        if ( debug ) { ExceptionHandlingTool.handleSQLException ( ex
);}
        throw new DBException("Problems in connecting to DB.");
    }
    // Wenn wir bis hier gekommen sind, sind wir erfolgreich
    // mit der DB connected
}
```

Quelltext 4.4.4 c DBManagement.java

Um eine Datenbank anzubinden benötigt man also die Bezeichnung für den JDBC-Treiber, die Identifikation der Datenbank (unter welchem Namen die Datenbank im ODBC des Systems eingetragen ist), sowie der Login und das Paßwort der Datenbank, falls vorhanden.

Nachdem die Datenbank nun angeschlossen ist, können Anfragen an sie gestellt werden. Da die Anfragen an die Datenbank innerhalb des mainShopServlets in ihrer Art nur lesend sind, müssen die Anfragen nicht synchronisiert werden, daß die Methode „SQLSelect" trotzdem synchronisiert ist, liegt daran, daß die Klasse auch für den Zugriff auf die Warenkorbtabelle verwendet wird und hier lesende und schreibende Zugriffe erfolgen.

Die Anfragen werden über die eben erwähnte Methode „SQLSelect" bearbeitet. Der Kern dieser Mehtode zeigt folgender Quellcode-Ausschnitt.

```
public  static  synchronized  DBQueryResult  SQLSelect  (String
query){

    try {
        stmt  = DB_Connection.createStatement();

        rs.  = stmt.executeQuery( query );
        result = new DBQueryResult ( rs );
        rs.close();
        stmt.close();
    }
    ...
}
```

Quelltext 4.4.4 d DBManagement.java

Zuerst wird ein Statement-Objekt angefordert. Mit Hilfe der „execute-Query(String)"-Methode kann dann eine Anfrage an die Datenbank gestellt werden. Als Parameter wird dieser Methode der zuvor in der Klasse „SqlQueryString" erstellte SQL-String welcher an die Klasse DBManagement weitergereicht wurde, übergeben.

Die Methode gibt bei einer erfolgreichen Anfrage ein Objekt vom Typ „ResultSet" zurück. In diesem Objekt sind die Anfrageergebnisse und Metadaten der Datenbank (Feldnamen) enthalten. Die Handhabung des ResultSet ist etwas unbequem, so daß dieses in der Klasse „DBQueryResult" für eine komfortablere Handhabung noch aufbereitet wird. Die Klasse zerlegt hierzu das ResultSet und speichert die Daten mit dem zugehörigen Feldnamen in einer Hashtable. Methoden der Klasse bieten Zugriff auf die Hashtable in Form von Numerischen Indizes und über den Feldnamen. Weitere Methoden der Klasse liefern Informationen wie die Metadaten der Datenbank, Anzahl der von der Abfrage betroffene Zeilen und Felder. Dieses DBQueryResult wird nach dem Aufruf der SQLSelect-Methode der DBManagement-Klasse zurückgegeben.

Nun liegen die aufbereiteten Daten der Datenbankabfrage vor, daraus kann im folgenden Funktionsblock ein XML-Dokument generiert werden.

4.4.5 Funktionsblock

„Generierung und Auslieferung der gefragten Buchauswahl"

XML Generator

Um aus den vorliegenden Daten nun ein XML-Dokument zu generieren wird das DBQueryResult-Objekt an die Klasse „XmlDocBuilder" übergeben. Die Klasse XmlDocBuilder nutzt zur Erstellung des XML-Dokuments die von Sun angebotene XML-Library deren Klassen vollständig in Java implementiert sind. Die Tätigkeiten von Sun im Bereich von XML laufen unter dem Namen Java Project X. So ist die angebotene API eine early access Version 2, dies bedeutet, daß die API zu experimentellen Zwecken genutzt werden darf und weiteren Änderungen unterliegt. Es darf auf Basis dieser API keine kommerzielle Software erstellt werden. Die API steht auf der Webseite von Sun unter der Rubrik Developer Connection (http://developer.java.sun.com/ developer/earlyAccess/xml/index.html) kostenfrei bereit.

Mit Hilfe der API und den darin implementierten DOM-Schnittstellen ist es möglich ein XML-Dokument zu generieren, welches im Speicher des Rechners gehalten wird. Folgender Quellcode-Ausschnitt zeigt die Generierung des Dokuments:

```
doc = new XmlDocument ();
p_i_n = doc.createProcessingInstruction("xml:stylesheet",
        "type=\"text/xsl\" href=\".\\shop\\buch-stylesheet.xsl\"");
doc.appendChild(p_i_n);
root = (ElementNode) doc.createElement ("buchsammlung");
doc.appendChild(root);

for(int i=1; i <= dbres.getNumberOfRecords(); i++) {
    ElementNode aRow = (ElementNode)doc.createElement("buch");
    root.appendChild(aRow);
    for(int j=1; j <= dbres.getNumberOfColumns(); j++) {
        String tag = columnNames[j-1];
        String field =(String) dbres.getValue(i,j);
        if ( field !=null ) {
            try
            {
                ElementNode anElement =
                        (ElementNode)doc.createElement(tag);
                aRow.appendChild(anElement);
                anElement.appendChild(doc.createTextNode (field));
            }
        }
    }
}
```

Quelltext 4.4.5 a XmlDocBuilder.java

Zuerst wird die Klasse XmlDocument instanziert. Wie der Klassenname schon verrät ist diese Klasse die Grundlage um ein XML-Dokument zu generieren. Eine Instanz der Klasse stellt dabei schon das XML-Dokument dar, in welches nun die verschiedenen weiteren Bestandteile eingefügt werden.

So wird als nächstes über die Methode „createProcessingInstruction" eine Processing Instruction angefordert, welche in diesem Fall auf das zugehörige Stylesheet referenziert. Dabei wird die Adresse des Stylesheets, das sich innerhalb des public-Verzeichnis des Servers befindet, als relative Pfadangabe übergeben.

Der von der Methode zurückgegebene Wert vom Typ „ProcessingInstruction" wird nun in das XML-Dokument doc mit Hilfe der Methode appendChild( ) als Kindelement eingefügt.

Entsprechend verfahren wird mit dem root-Element. Nur daß hier die Methode „createElement" verwendet wird, die als Rückgabewert „Element" besitzt. Element ist keine Klasse, sondern ein Interface, deshalb wird auf die Klasse „ElementNode" *gecastet*. Nun kann das Element root über die Methode appendChild der Klasse XmlDocument in doc eingefügt werden.

Das root-Element stellt den Rahmen dar, innerhalb dessen nun weitere Elemente als Kindelemente eingefügt werden können. Innerhalb eines Dokuments darf es nur ein root-Element geben, alle nachfolgenden Elemente müssen mindestens ein Kindelement von root sein oder wiederum Kindelemente dieser Kindelemente.

So ist zum Beispiel das folgende Element buch ein Kindelement von root. Das buch-Element beinhaltet seinerseits nun sämtliche Elemente mit den weiteren Informationen zu einem Buch. Aus diesem Grund steht das buch-Element innerhalb einer for-Schleife, die entsprechend der Anzahl der gefundenen Records durchlaufen wird. Ein Record ist eine Zeile innerhalb der Datenbank in der die Informationen zum Buch stehen. So erklärt sich die zweite for-Schleife innerhalb der ersten. Diese wird entsprechend der Spaltenanzahl der Datenbank durchlaufen. In dieser Schleife werden die eigentlichen Informationen zu dem einzelnen Buch aus der Datenbank, über das DBQueryResult-Objekt "dbres" in das XML-Dokument eingefügt. Die dabei verwendeten Elementnamen stehen in Bezug zur Datenbank, denn die Elementnamen sind die Feldnamen der Datenbank.

Das heißt, die Daten aus dem Datenbankfeld mit dem Feldnamen „isbn" werden in das Element <isbn>... Daten...</isbn> geschrieben.

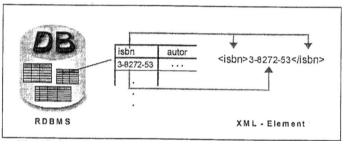

Abb. 4.4.5 a Bezug Feldname-Elementname

Aus diesem Prozeß ergibt sich, angenommen es würden zwei Bücher zur Datenbankanfrage gefunden, folgendes XML-Dokument:

```
<?xml stylesheet type="text/xsl"href="..\shop\buch-stylesheet.xsl"?>
<buchsammlung>
  <buch>
    <isbn>4-67C-746335-C2</isbn>
    <titel>Sofies Welt</titel>
    <autor>Jostein Gaarder</autor>
    <gattung>a01</gattung>
    <preis>49.90</preis>
    <bestseller>2</bestseller>
    <bild>./shop/280148232ma.jpg</bild>
    <verlag>high-tech</verlag>
    <lieferbarkeit>sofort</lieferbarkeit>
    <voedat>1998-08-10</voedat>
    <seitenzahl>230</seitenzahl>
  </buch>
  <buch>
    <isbn>5-53C-846995-B5</isbn>
    <titel>Die Schandmaske</titel>
```

```
</buch>
</buchsammlung>
```

Quelltext 4.4.5 b generiertes XML-Dokument

Dieses Dokument wird nun zur Überprüfung an den Parser übergeben.

Parser

Der Parser ist ebenfalls Bestandteil der XML API von Sun und muß nicht selbst implementiert werden. Der Nachteil des Parser ist, daß er keine, im Speicher generierten Dokumente, direkt verarbeiten kann. Das XML-Dokument muß in Form eines Strings vorliegen, genauer gesagt erwartet der Parser einen Übergabeparameter vom Typ "InputSource". Um das im Speicher generierte XML-Dokument nun dem Parser übergeben zu können muß es erst in den Typ "InputSource" transformiert werden. Hierzu wird dieses erst in einen String gewandelt.

```
ByteArrayOutputStream bout = new ByteArrayOutputStream();
doc.write (bout);

bout.toString()
```

Quelltext 4.4.5 c XML-Dokument in String konvertieren

Danach wird der String wie folgt weitergegeben, um den benötigten Typ "InputSource" zu erhalten und an den Parser zu übergeben.

```
this.stringDoc = stringDoc;
StringReader reader = new StringReader(stringDoc);
InputSource input= new InputSource(reader);
parser.parse (input);
```

Quelltext 4.4.5 d Übergabe an Parser

Um vom Parser das XML-Dokument als Dokument zurück zu bekommen muß diesem erst ein Document-Handler vom Typ XmlDocumentBuilder zugewiesen werden. Über diesen Document-Handler kann das geparste Dokument nun wieder angefordert werden.

```
builder = new XmlDocumentBuilder ();
parser.setDocumentHandler (builder);

return builder.getDocument ();
```

Quelltext 4.4.5 e Dokumentrückgabe vom Parser

Die Vorgehensweise, wie das Dokument an den Parser übergeben werden muß, und wie man dieses wieder erhält, ist die einzige etwas umständlich zu programmierende Stelle innerhalb des Systems. Eine Verbesserung wäre es, wenn man dem Parser direkt das Dokument, wie es im Speicher generiert wurde, übergeben könnte.

Für das fehlerhafte XML-Dokument

```
<?xml version="1.0" encoding="UTF-8"?>
<!DOCTYPE buchsammlung SYSTEM "buchsammlung.dtd">
<?xml:stylesheet type="text/xsl" href=".\shop\wk-stylesheet.xsl"?>
<buchsammlung>
  <buch>
    <isbn>3-333-33333-3</isbn>
    <titel>5 Stunden</titel>
    <autor>Eve Miller            <-- fehlendes Endtag
    <anzahl>3</anzahl>
    <gattung>a01b05</gattung>
    <preis>9.99</preis>
    <bestseller>1</bestseller>
```

```
<bild>./shop/bilder/keinbild.gif</bild>
<verlag>storymaker</verlag>
<lieferbarkeit>vergriffen</lieferbarkeit>
<voedat>1972-12-18</voedat>
<seitenzahl>345</seitenzahl>
</buch>
</buchsammlung>
```

Quelltext 4.4.5 f fehlerhaftes XML-Dokument

meldet der Parser folgende Fehlermeldung:

```
** Parsing error, line 17,
    Expected '</autor>'; element started on line 7
```

Quelltext 4.4.5 g Fehlerausgabe des Parsers

Er erkennt in Zeile 17, als das Buch-Element wieder geschlossen wurde, daß das End-tag zum Element, welches in Zeile 7 geöffnet wurde, nicht geschlossen worden ist.

Die Fehlerangaben des Parsers sind also sehr genau und damit sehr hilfreich bei einer eventuellen Fehlersuche. Die Fehlermeldungen können statt auf der Standardausgabe auch in eine Datei geschrieben werden, um den exakten Hergang eines Fehlers zu rekonstruieren.

Auslieferung des gültigen XML–Dokuments
Nachdem das XML-Dokument erfolgreich geprüft worden ist, muß es nun zum Abschluß an den Benutzer zurückgeschickt werden. Diese Aufgabe übernimmt nun wieder das mainShopServlet. Dazu wird der doGet-Methode des HTTPServlets, welche in der Anwendung überschrieben wird ein HttpServletResponse Objekt übergeben. Dieses fordert über die Methode getOutputStream() ein ServletOutputStream Objekt an. Über dieses Objekt wird mit Hilfe seiner println-Methode die Ausgabe an den Server ausgeführt. Da das XML-Dokument aber nicht einfach so an die println-Methode übergeben werden kann muß diese erst über die XmlDocument-Methode write in einen ByteArrayOutputStream geschrieben werden. Dieser hält eine Methode toString bereit, mit deren Hilfe man nun den Byte-ArrayOutputStream als String dem println des Servlets übergeben kann. Nachfolgender Quellcode-Ausschnitt zeigt dieses Vorgehen:

```
ServletOutputStream out = res.getOutputStream();
...
ByteArrayOutputStream bout = new ByteArrayOutputStream();
doc.write(bout);
out.println(bout.toString());
```

Quelltext 4.4.5 h Auslieferung des XML-Dokuments

So wird das XML-Dokument nun über den Server an den Benutzer übertragen. Der Browser auf der Benutzerseite liest nun die Referenz auf das Stylesheet und stellt eine zweite Anfrage an den Server. Dieser liefert nun als zweites das zugehörige Stylesheet aus dem Dateisystem aus. Kommen innerhalb des Stylesheets Bilder oder Grafiken oder allgemein Mediadaten zum Einsatz so werden diese ebenfalls durch eine Anfrage des Browsers vom Server aus dem Dateisystem geliefert.

4.4.6 Funktionsblock

„Anzeige der Buchauswahl beim Benutzer"
Für die Anzeige der Buchauswahl ist das Stylesheet „buch-stylesheet.xsl" zuständig. Vorab soll die Ausgabe die das Stylesheet generiert anhand eines Screenshots erläutert werden. Wie schon erwähnt, wird aufgrund eines Bugs des

Browsers die Buchauswahl in einem neuen Browser dargestellt, statt im rechten Teil des zweigeteilten eigentlichen Browsers.

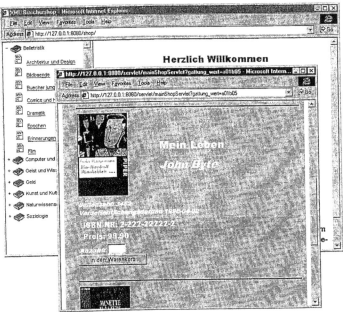

Abb. 4.4.6 a Screenshot Warenpräsentation

Die einzelnen Bücher werden jeweils in einer eigenen Tabelle angezeigt. Die Tabelle besteht aus zwei Spalten und vier Zeilen. Die erste Zeile beinhaltet in der linken Spalte das Bild, in der rechten den Autor und Buchtitel. Die zweite Zeile hat nur eine Spalte, die sich über die gesamte Breite erstreckt. In ihr steht die Seitenzahl und das Veröffentlichungsdatum. Die dritte Zeile ist genauso aufgebaut wie die zweite und beinhaltet die ISBN und den Preis. Die letzte Zeile teilt sich wieder in zwei spalten, wovon nur die linke mit dem Formular für den Warenkorb belegt ist.

Die einzelnen Tabellen werden, da sie keinen Rahmen besitzen, durch horizontale Linien voneinander getrennt.

Der Kern dieser Ausgabe ist eine Schleife, die für jedes Buch durchlaufen wird und innerhalb derer die Tabelle generiert und mit Werten gefüllt wird. Dies wird durch folgende XSL-Anweisung erreicht:

```
<xsl:for-each select="buchsammlung/buch">

  erstellen der Tabelle und zuweisen der Werte

</xsl:for-each>
```

Quelltext 4.4.6 a buch-stylesheet.xsl

Im folgenden soll ein weiterer Quelltextauszug zeigen, wie eine Zeile der Tabelle erstellt wird:

```
<TR>
  <TD COLSPAN="2">
    <DIV STYLE="color:white; font:10pt Verdana; font-style:
                                     italic; font-weight:normal">
```

```
Seitenzahl: <xsl:value-of select="seitenzahl"/>
<br/>
Veroeffentlichungsdatum: <xsl:value-of select="voedat"/>
</DIV>
</TD>
</TR>
```

Quelltext 4.4.6 b buch-stylesheet.xsl

Das Prinzip erinnert stark an HTML-Templates. Auch hier werden HTML-Elemente verwendet. Die Werte, die innerhalb der Elemente stehen werden durch die XSL-Anweisung <xsl:value-of select=" "/> bestimmt. Im Beispiel wird eine Tabellenzeile angelegt, in ihr eine Spalte, die sich über die gesamte Zeile erstreckt. In dieser Spalte wird ein DIV angelegt, dem diverse Stilattribute zugewiesen werden. In diesem DIV steht als fester Text „Seitenzahl:" und „Veroeffentlichungsdatum:" hinter diesen beiden Texten steht jeweils der zugehörige Wert, der aus dem XML-Dokument entnommen wird. Der Vorteil gegenüber HTML-Templates ist, daß der Inhalt nicht fest mit der Präsentation verknüpft ist, sondern über die erwähnte XSL-Anweisung aus dem XML-Dokument bezogen wird. Somit kann das XSL-Dokument im Dateisystem des Servers abgelegt werden und bequem über Standardeditoren manipuliert werden.

Das Formular für die Warenkorbfunktionalität wird über folgenden Ausschnitt des XSL-Dokuments realisiert;

```
<FORM METHOD="POST" ACTION="./servlet/wkInServlet">
Anzahl:
<INPUT TYPE="TEXT" SIZE="3" MAXLENGTH="3"
                                NAME="anzahl"/>
<INPUT TYPE="HIDDEN" NAME="schluessel">
    <xsl:attribute name="VALUE">
        <xsl:value-of select="isbn"/>
    </xsl:attribute>
</INPUT>
<INPUT TYPE="HIDDEN" NAME="preis">
    <xsl:attribute name="VALUE">
        <xsl:value-of select="preis"/>
    </xsl:attribute>
</INPUT>
<INPUT TYPE="SUBMIT" VALUE="in den Warenkorb"/>
</FORM>
```

Quelltext 4.4.6 c buch-stylesheet.xsl

Das Formular für die Warenkorbfunktionalität basiert auf der HTTP-POST-Methode und beinhaltet ein Textfeld, in dem die gewünschte Stückzahl eingegeben wird. Als Information für den Warenkorb und für eine anschließende Bestellung reicht dies allein aber nicht aus. Es muß noch der Primärschlüssel, der das Produkt eindeutig identifiziert, sowie der Produktpreis, angegeben werden. Diese Informationen werden versteckt, ohne daß der Benutzer davon erfährt, mit übertragen. Als Aktion ruft das Formular das „wkInServlet" auf und überträgt an dieses die drei Parameter.

Der Produktpreis muß aus rechtlichen Gründen mit übertragen werden. Da folgender Fall denkbar wäre. Ein Kunde legt ein Produkt A zum Preis von 9,99 DM in seinen Warenkorb, schickt seinen Warenkorb aber noch nicht zur Bestellung ab, sondern verweilt noch etwas im virtuellen Warenhaus. Während dieser Zeit ändert der Redakteur den Preis von Produkt A von 9,99 DM auf 14,99 DM. Würde der Preis nun nicht mit im Warenkorb abgelegt, sondern bei der Bestellung aus der Produkttabelle „buecher" entnommen, so wird dem Kunden 14,99 DM für Produkt A berechnet statt der 9,99 DM die für das Produkt ausgezeichnet waren, als der Kunde es in seinen Warenkorb legte. Diese Vorgehensweise würde gegen das Wettbewerbsrecht verstoßen.

4.4.7 Funktionsblock der Benutzeranweisung

„Produkt in den Warenkorb"

Die Klasse „wkInServlet" beinhaltet ebenfalls eine Datenbankanbindung, die genauso realisiert ist wie in der Klasse „mainShopServlet". Auch die Klasse „wkIn-Servlet" muß die ihm zugesendeten Parameter extrahieren. Da diese per HTTP-POST-Methode übermittelt wurden, wird nun die doPost-Methode der Klasse HttpServlet überschrieben. Das Extrahieren der Parameter funktioniert aber sonst gleich. Einen Unterschied besitzt die Klasse, sie nutzt die Sessiontracking-Fähigkeiten der Java-Servlets. Dadurch wird die Tatsache, daß das HTTP-Protokoll zustandslos ist, also keine Verbindung über mehrere Anfragen hinweg aufrecht erhalten kann, umgangen. Benötigt wird dies, um die Einträge in der Warenkorbtabelle der Datenbank dem richtigen Benutzer zuordnen zu können. Die Lösung basiert auf sogenannten Cookies. Dies sind kleine Textdateien, die beim Benutzer gespeichert werden. Da über einen Browser aus Sicherheitsgründen ansonsten kein Zugriff auf das lokale Dateisystem des Benutzers möglich ist, bilden Cookies hier eine Ausnahme. Cookies sind jedoch keine Java Servlet spezifische Lösung sondern können auch über CGI-Programme genutzt werden. Java Servlets bieten aber durch ihre Sessiontracking-Fähigkeiten einen sehr komfortablen Weg zur Nutzung von Cookies. Hierbei übernimmt das Servlet selbständig die Generierung einer eineindeutigen Identifikation (Session ID zum Beispiel „WW3W0OQAAAAADQFIZC2QAAA"), und schreibt diese in einen Cookie des Benutzers, ohne daß sich der Programmierer darum kümmern muß. Innerhalb des Servlets kann man nun auf diese Identifikation zugreifen, so daß übergebene Parameter immer eindeutig dem Benutzer zugewiesen werden können, indem die Identifikation mit in der Datenbank gespeichert wird.

Die Warenkorbtabelle „wkTabelle" beinhaltet folgende Datenfelder:

Feldname	Datentyp	Beschreibung
sessionid	String	Beinhaltet die Identifikation des Benutzers
key	String	Beinhaltet den Primärschlüssel der Produkt-Tabelle. In diesem Fall die ISBN.
anzahl	String	Speichert die gewählte Anzahl des Produktes
preis	String	Nimmt den Produktpreis auf.
ordern	Boolean	Zeigt an, ob die Produkte vom Benutzer zur Bestellung freigegeben wurden.

Tabelle 4.4.7 a Datenfelder der Datenbanktabelle „wkTabelle"

Die übergebenen Parameter werden zusammen mit der Benutzeridentifikation in der Tabelle „wkTabelle" innerhalb einer Zeile abgelegt. Da auf diese Tabelle sowohl schreibend als auch lesend zugegriffen wird müssen die beiden Methoden, die lesend und schreibend auf die Tabelle zugreifen synchronisiert werden. Würde man dies nicht tun, so könnten Datenverletzungen auftreten. Die Synchronisierung wird durch das Schlüsselwort „synchonized" errreicht, welches den beiden Methodendeklarationen vorangestellt wird, die auf die Datenbank lesend

```
public static synchronized DBQueryResult SQLSelect (String query)
```

Quelltext 4.4.7 a Synchronisierung der Selectanweisung

und schreibend

```
public static synchronized int SQLUpdateInsertDelete (String query)
```

Quelltext 4.4.7 b Synchronisierung der Einfügeanweisung

zugreifen.

4.4.8 Der Funktionsblock „Warenkorb einsehen"

In diesem Funktionsblock wird auf Basis der Benutzeridentifikation eine Anfrage an die Warenkorbtabelle gestellt, welche die zur Benutzeridentifikation zugehörigen Buchdaten liefert. Da diese Buchdaten nicht vollständig sind, sondern nur die ISBN (Feldname key) und den Preis beinhalten wird eine zweite Anfrage an die Produkttabelle gestellt, auf Basis der von der ersten Anfrage gelieferten ISBN, welche die restlichen Buchdaten zur Verfügung stellt. Aus den gesamten Daten wird nun wieder ein XML-Dokument erstellt und an den Benutzer geliefert, welches dort über ein entsprechendes Stylesheet dargestellt wird.

Diese Datenbankabfrage geschieht über einen sogenannten Join. Dieses SQL-Statement integriert die beiden Abfragen in eine und sieht folgendermaßen aus:

```
"SELECT a.key, a.anzahl, a.preis, b.titel, b.autor, b.gattung, b.bild,
b.verlag
FROM wkTabelle a, buecher b
WHERE sessionid='" + sessionid + "' AND key=isbn
ORDER BY titel asc"
```

Quelltext 4.4.8 a Selectanweisung

Die Datenbankabfrage liefert nun die Daten und zugehörigen Metadaten. Wie schon in Kapitel 4.4.5 Funktionsblock „Generierung und Auslieferung der gefragten Buchauswahl" XML Generator beschrieben nutzt der XML Generator die Metadaten der Datenbankabfrage und kann somit, ohne jegliche Änderung, für die Erstellung des XML-Dokuments des Warenkorbes wiederverwendet werden.

Diese beiden Funktionsblöcke beinhalten also Komponenten aus den beiden Funktionsblöcken „Benutzeranfrage nach entsprechender Buchauswahl" und „Generierung und Auslieferung der gefragten Buchauswahl". Wobei sie deren Klassen teilweise wiederverwenden können.

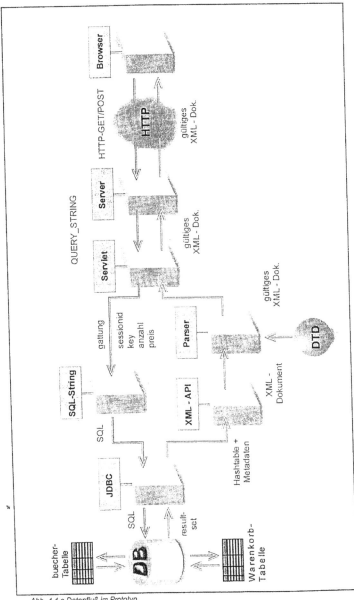

Abb. 4.4 a Datenfluß im Prototyp

4.5 Konzeption „erweiterter Prototyp"

Die Konzeption „erweiterter Prototyp" konzentriert sich auf die Art und Weise, wie der Prototyp innerhalb weiterer Systeme, wie Warenwirtschaftssysteme, eingebettet werden kann. Dies soll in Form eines Grobkonzeptes die Evaluierung von XML für ein e-commerce–System vervollständigen. Hierzu wird der spezifische Prototyp „Buchversand" in eine offene allgemeine Architektur überführt, die es ermöglicht beliebige virtuelle Warenhäuser zu realisieren.

4.5.1 Die DTD als Kern einer offenen Architektur

Wie im Systementwurf des Prototyps schon erläutert, realisiert der Prototyp die Idee XML–Dokumente auf Basis der Metadaten der Datenbankfelder zu generieren. Das heißt, der Inhalt des Datenbankfeldes mit dem Namen „isbn" findet sich im XML–Dokument, innerhalb des Elements mit dem Namen isbn, wieder. Durch diese Vorgehensweise ist der Prototyp schon offen gestaltet und basiert nicht auf hart codierten XML – Elementen. Er ist nur abhängig von der Datenbank, genauer gesagt von ihren Metadaten und den darauf basierenden SQL–Abfragen.

Tauscht man also die Datenbank des Buchversands gegen eine andere aus, und korrigiert die SQL–Abfragen, so erhält man ein neues virtuelles Warenhaus. Diese Vorgehensweise ist aber immer noch recht unbequem, wenngleich sie schon die Möglichkeiten, die durch die Verwendung von XML entstehen, aufzeigt.

Ein weiterer Schritt, hin zu einer offenen Architektur, besteht darin, im Zuge der Installation und Initialisierung, die Datenbank und ihre zugehörigen SQL–Abfragen automatisch zu generieren, so daß man diese nicht mehr von Hand anpassen muß. Hier kommt die Document Type Definition (DTD) ins Spiel. Wie im Kapitel 3.4.1 Relationale Datenbanken ausgeführt wurde, spiegelt die DTD Datenbeziehungen wieder, die auch als Entity–Relationship–Diagramm (E-R-Diagramm) dargestellt werden können. Ein E–R–Diagramm wiederum visualisiert die Datenbeziehungen innerhalb einer Datenbank. Die Schlußfolgerung aus diesem Zusammenhang zeigt, daß aus den Informationen der DTD Regeln abgeleitet werden können, um eine Datenbank und ihre zugehörigen SQL–Abfragen zu erstellen. Als Ergebnis dieser Idee erhält man eine Architektur, die nur noch von der DTD abhängig ist. Dadurch wird es möglich unterschiedliche virtuelle Warenhäuser zu implementieren, indem man nur die jeweils passende DTD zu dem jeweiligen Warenhaus erstellt und damit das System installiert und initialisiert.

Aus dieser Idee läßt sich ein Produkt generieren, eben ein virtuelles Warenhaus, das beim Verkauf, an den jeweiligen Kunden, durch die DTD, angepaßt wird.

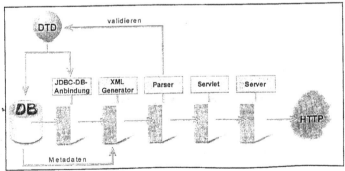

Abb 4.5.1 a offene Architektur

Da das zu generierende XML–Dokument auf den Metadaten der Datenbank basiert und diese wiederum auf der DTD des Warenhauses, ist auch das entstehende XML–Dokument zur DTD konform und kann erfolgreich geparst werden.

Anders gesagt bietet der Parser damit eine Kontrollmöglichkeit, ob das System von der DTD aus korrekt installiert wurde.

Durch die Idee, die Architektur einzig und allein von der DTD abhängig zu machen, entsteht mit Hilfe der XML – Technologie eine offene Architektur, die es ermöglicht beliebige virtuelle Warenhäuser zu implementieren. Dabei kontrolliert sich das System selbst auf etwaige Fehlinstallationen.

4.5.2 Individuelle Präsentation

Die Philosophie von XML, Inhalt und Präsentation zu trennen, ermöglicht es ein und das selbe XML–Dokument auf unterschiedliche Art und Weise, durch verschiedene Stylesheets, zu präsentieren.

Dadurch kann auf die unterschiedlichen Vorlieben der Benutzer Rücksicht genommen werden. Dazu ist es nötig individuelle Informationen und Darstellungsparameter zu speichern. Eine Vorgehensweise ähnlich des Warenkorbes ist hier denkbar. Die Informationen werden in einer Datenbanktabelle gespeichert und per *Sessiontracking* den jeweiligen Benutzern zugeordnet. Liegen keine benutzerspezifischen Informationen vor, so werden einfach Vorgabewerte verwendet.

Mit Hilfe der Parameter können nun individuell angepaßte Stylesheets erstellt werden. Dies geschieht ebenfalls über eine Java API. Durch dieses Vorgehen wird allerdings die Wartungsfreundlichkeit des Systems verschlechtert, da man nun zur Änderung der Präsentation den Javacode ändern muß.

Eine andere Möglichkeit wäre die Informationen aus der Datenbank in das XML – Dokument einzubinden. Das Stylesheet greift nun auf diese Informationen zu und weist sie den entsprechenden Darstellungsattributen innerhalb des Stylesheets zu, um die eigentlichen Informationen in der gewünschten Art und Weise zu präsentieren. Dieser Ansatz bewahrt die Wartungsfreundlichkeit, da das Stylesheet weiterhin als statisches Dokument im Dateisystem liegt und somit über Standardsoftware bearbeitet werden kann. Trotzdem ist das Stylesheet in der Lage flexibel auf die jeweiligen Benutzereinstellungen zu reagieren. Dieser Ansatz untergräbt allerdings die Philosophie von XML etwas, da nun auch Teile der Präsentation im XML – Dokument enthalten sind. Da diese Präsentationsinformationen aber lediglich zur Ausgabe beim Benutzer hinzugefügt werden und nicht ständig fest mit dem XML – Dokument verbunden sind, ist diese Vorgehensweise vertretbar.

4.5.3 Benutzerseitige Funktionalitäten

Der erste Gedanke bei benutzerseitigen Funktionalitäten fällt auf die Funktionalitäten innerhalb des Browsers. Das heißt Funktionalitäten, wie z.B. sortieren oder addieren von Werten und die Darstellung ohne eine weitere Serveranfrage zu starten. Solche Funktionalitäten sind mittlerweile durch JavaScript und das Data-Binding von Dynamic HTML auch mit normalen HTML Inhalten zu realisieren. Diese Möglichkeiten bietet aber auch XSL, so daß hier XSL gegenüber HTML keinerlei Nachteile hat.

Einen Vorteil durch die Benutzung von XML auf der Benutzerseite entsteht durch die Tatsache, daß die XML–Dokumente auf der Benutzerseite vorliegen und somit auch auf dieser als XML–Dokumente gespeichert werden können. Das heißt, man hat damit die Möglichkeit strukturierte Informationen losgelöst von der Darstellung zu speichern. Dadurch wird es möglich, daß diese Informationen in zukünftige, XML–fähige Applikationen importiert werden können.

So ist es im Bezug zum Prototyp vorstellbar, daß bestellte oder erworbene Bücher in eine lokale Bibliothek importiert werden. Dazu wird einfach der Warenkorb, der als XML–Dokument zum Benutzer übertragen wurde, abgespeichert und in die Anwendung importiert.

Mit HTML ist dies nicht möglich, hier müßte man per Kopieren und Einfügen die Daten aus der einen Anwendung in die andere übertragen.

Ebenso ist es vorstellbar, daß ein Finanzverwaltungsprogramm die Daten, sprich Preis, Artikel, Kaufdatum, Bezahlungsart importieren und verarbeiten kann.

4.5.4 selbstbeschreibendes System

Durch die Elementdefinition innerhalb der DTD wird die Architektur des Systems beschrieben. Es gibt jedoch Anwendungsbereiche, in denen es sinnvoll erscheint, die selbstbeschreibenden Tags um Informationen zu erweitern. Realisierbar ist dies über ein weiteres Element. So könnte das titel-Element folgendermaßen definiert werden:

```
<!ELEMENT titel(#PCDATA,info?)>
```

Quelltext 4.5.4. a Info-Element

Das titel-Element kann nun optional, durch das darin befindliche info-Element, weitere Informationen aufnehmen. Diese können in den folgenden Bereichen von Nutzen sein:

- interne Datenbank
- Datenimport
- Anwendungstest
- Protokolldateien
- Dokumentation

interne Datenbank

Wie unter Kapitel 4.5.1 Die DTD als Kern einer offenen Architektur ausgeführt, kann die DTD zur Erstellung der internen Datenbank und den zugehörigen SQL-Statements verwendet werden. Um die vom System erzeugten SQL-Statements zu dokumentieren, können die Informationen aus dem info-Element herangezogen werden. Tritt nun ein Datenbankfehler auf, so kann sich der Administrator die Datenbankbefehle anzeigen lassen. Diese können mitunter sehr unübersichtlich und damit schwer lesbar sein. In diesem Fall kann sich der Administrator zu den Datenbankbefehlen auch die Informationen aus den info-Elementen mit ausgeben lassen. Dadurch wird die Lesbarkeit der Befehle erhöht.

Datenimport

In den allermeisten Fällen ist das virtuelle Warenhaus nicht als alleiniges System vorhanden. Vielmehr ist es Bestandteil eines unternehmensweiten Systems. Ein weiterer Bestandteil solcher unternehmensweiter Systeme sind Warenwirtschaftssysteme (WWS), welche sämtliche Vorgänge, die mit den Waren eines Unternehmens zusammenhängen, koordinieren. Aus einem solchen WWS erhält das virtuelle Warenhaus seine Produktdaten.

Im Zuge der Installation und Initialisierung des virtuellen Warenhauses müssen nun die Felder der internen Datenbank des Warenhauses mit den Feldern des Warenwirtschaftssystems abgeglichen werden. Diese Aufgabe übernimmt der Administrator. Bei dieser Tätigkeit können ihm die info-Elemente nützlich sein, da diese Informationen zu den einzelnen Feldinhalten bereitstehen.

Anwendungstest

Während der Programmentwicklung können die info-Elemente dazu verwendet werden, die Testszenarien, die nötig sind, um das Programm sinnvoll zu testen, ausführlich zu dokumentieren. Wenn an kritischen Punkten die Definition der einzelnen Elemente ausführlicher beschrieben werden, kann der Entwickler Fehler besser erkennen und eingrenzen.

Protokolldateien

Ähnlich wie bei den Anwendungstests, dienen die Informationen auch hier zu besseren Fehlerfindung. Dabei werden die Inhalte der Protokolldateien durch die Informationen der info-Elemente aufbereitet. Dadurch werden diese leichter verständlich, was zu einer schnelleren Auswertung und Fehlereingrenzung führt.

Dokumentation

Die Dokumentation der Architektur selbst kann in XML erstellt werden. So erhält die Dokumentation ein einheitliches Format und nutzt die bekannten Vorteile aus dem Bereich des Content Management. So kann die Dokumentation zum Beispiel als Printmedium und als Online-Hilfe im Browser verwendet werden

4.5.5 Serverseitiges XML

Die im vorherigen Kapitel beschriebenen Vorteile der benutzerseitigen Funktionalitäten beruhen auf der Tatsache, daß ein XML-Dokument zum Benutzer übertragen wird und dieses dann per Stylesheet dargestellt wird. Wie aus dem Prototyp ersichtlich ist geht dies zur Zeit nur mit dem Internet Explorer 5 beta von Microsoft als XML-fähigen Browser.

Will man aber ein System, das die zur Zeit üblichen Browserversionen unterstützt, so braucht man auf den Einsatz von XML auf der Serverseite und den damit verbundenen Vorteilen wie zum Beispiel eine bessere Wartungsfreundlichkeit, nicht zu verzichten. Ein solches System kann grundsätzlich gleich aussehen, wie das des Prototyps. Der einzige Unterschied ist, daß kein XML Dokument an den Benutzer übertragen wird, sondern ein HTML-Dokument. Dazu ist auf der Serverseite ein Programmmodul, das sich Prozessor nennt, nötig. Dieses generiert aus dem dynamisch erstellten XML – Dokument mit Hilfe des zugehörigen XSL – Dokuments ein HTML – Dokument. Solche Programme sind schon auf dem Markt, einige davon frei erhältlich und in Java implementiert, so daß man sie direkt ins System integrieren kann.

In den Mailinglisten zu XML und XSL gibt es immer wieder Hinweise darauf, daß sich Systeme, die auf diesem Prinzip basieren schon im Einsatz befinden. Entwickler haben den komfortablen und voll objektorientierten Ansatz solcher Systeme erkannt und sind durch die Implementierung von XML auf der Serverseite bestens gerüstet, wenn XML – fähige Browser, sowie weitere XML-basierte Komponenten im Bereich e- commerce zum Einsatz kommen.

4.5.6 Das XML-basierte Umfeld des Prototypen

Die im vorigen Kapitel erwähnten XML – basierten Komponenten im Bereich e – commerce sollen, soweit sie im Umfeld des Prototypen stehen, näher erläutert werden. Ziel ist es einen Einblick zu erhalten, wie umfassend die neue Technologie XML eingesetzt werden kann und wie sich der Prototyp in ein homogenes XML – basiertes Umfeld einbettet. Dieses Umfeld ist geprägt von den Bereichen Datenimport, Bestellung, Bezahlung und Lieferung.

Wobei die Bereiche Bestellung, Bezahlung und Lieferung als eine Transaktionsgruppe angesehen werden können. Diese Transaktionen werden vollständig durch das neue Open Trading Protocol abgedeckt.

Das Open Trading Protocol (OTP)

Bisherige Implementierungen von Geschäftstransaktionen mit Endkunden beziehen sich vorwiegend auf Zahlungssysteme und sind hersteller- und anbieterabhängig. Dies führt nicht nur zu einer mangelnden Kompatibilität der Zahlungssysteme, sondern auch zu einer für den Kunden schwer durchschaubaren Geschäftsabwicklung.

Genau diese Lücke soll das Open Trading Protocol (OTP) schließen, indem es eine komplette Umgebung für den offenen Handel über ungesicherte Netzwerke bereitstellt. Dazu gehört auch die transparente Einbettung von bestehenden Zahlungssystemen. Außerdem stellt OTP Verfahren für die elektronische Abwicklung von Bestellung, Rechnung, Quittung und Reklamation zur Verfügung. Diese Verfahren sind so gewählt, daß sie die von Land zu Land unterschiedlichen Anforderungen, wie Währung, Zahlungsmodalitäten Verschlüsselungen oder Rechtsgrundlagen unterstützen. Die Implementation dieser Verfahren erfordert deshalb auch eine entsprechende Sprache. Benötigt werden variable Datenstrukturen, um zum Beispiel verschiedene Formen von Rechnungen oder Quittungen zur Verfügung stellen zu können, eine Flexibilität, die sämtliche Komponenten unterstützen müssen. "Aus Sicht des OTP – Konsortiums ist deshalb XML die ideale Sprache, um OTP zu implementieren." [heise 1]

Der generelle Ablauf von OTP setzt nach der Auswahl von Produkten an. Beim Prototypen wäre dies also ab dem Warenkorb. Der Kunde wählt seine Produkte aus, legt diese in den Warenkorb und gibt abschließend zu verstehen, er möchte die ausgewählten Produkte nun kaufen.

Als nächstes sendet der Händler dem Kunden eine OTP-Nachricht mit Handelsprotokolloptionen- und Angebotsblock. Ersteres besteht wiederum aus zwei Komponenten, welche die Handelsoptionen und eine Zahlungsmittelliste enthalten. So bekommt der Kunde zu Beginn alle notwendigen Informationen, um die Rahmenbedingungen des Kaufvorganges sowie das Zahlungsmittel zu bestimmen. Dieser antwortet mit einem Zahlungsanfrageblock. An dieser Stelle informiert der Kunde den Händler über die ausgewählten Rahmenbedingungen.

Mit diesen Informationen leitet der Händler den Zahlungsvorgang ein. Dazu sendet er einen Zahlungsblock an den Kunden, der das ausgewählte Zahlungsmittel aktiviert. Haben sich Händler und Kunde zum Beispiel auf das Zahlungsmittel GeldKarte geeinigt, startet die Wallet des Kunden mit der entsprechenden Software. OTP steuert nur die weitere Kommunikation, kann die einzelnen Nachrichten aber nicht lesen. Die OTP-Software packt die Nachrichten nur für den Transport ein und gibt sie auf beiden Seiten an die GeldKarte-Software weiter. Es ist sogar möglich, daß während des Zahlungsaustausches eine weitere Organisation - zum Beispiel ein Finanzdienstleister - in die Transaktion involviert wird. Bestätig der Kunde den Zahlungsvorgang, so sendet der Händler einen Zahlungsbestätigungsblock an den Kunden.

Anschließend sendet der Kunde einen Lieferungsanfrageblock an den Händler. Dieser enthält eine Bestellkomponente, welche die zu liefernden Waren beschreibt und den Händler über die gewünschte Lieferart und Anschrift informiert. Abschließend antwortet der Händler mit einem Lieferungsantwortblock, der die Komponente Lieferungsinformation enthält, in welcher der Händler die Art der Auslieferung bestätigt. Die Kauftransaktion mit OTP ist jetzt abgeschlossen.

Das OTP besteht also aus einer Reihe von Dialogen zwischen Kunde und Händler.

Der Datenimport

Da ein virtuelles Warenhaus meist nicht als alleinstehendes System implementiert wird, sondern meistens ein Verkaufskanal einer Unternehmung darstellt, bekommt es oftmals seine Daten vom zentralen Warenwirtschaftssystem (WWS) der Unternehmung. Dieser Datenimport von einem Warenwirtschaftssystem zur internen Datenbank des Prototypen kann über XML ablaufen. Das bedeutet die Daten werden aus der Datenbank des WWS in ein XML – Dokument gewandelt und für den Import in die interne Datenbank des virtuellen Warenhauses wieder in die Daten zerlegt. Auf den ersten Blick erscheint dies umständlich, da Daten erst in ein XML – Dokument gewandelt werden und danach wieder zurückgewonnen werden. Dieser Vorgang ermöglicht aber zwischen diesen beiden Prozessen die Korrektheit der Daten zu prüfen. Dies wird mit Hilfe eines Parsers und der zum virtuellen Warenhaus zugehörigen DTD durchgeführt. Die DTD bestimmt, wie das Dokument und damit auch die darin enthaltenen Daten beschaffen sein müssen. Der Parser überprüft das Dokument, ob diese Bestimmungen erfüllt sind. Für diesen Vorgang kann wiederum frei erhältliche Standardsoftware verwendet werden. Vorstellbar wäre die auch im Prototyp verwendete XML – API von Sun, welche auch einen validierenden Parser beinhaltet. Der Aufbau des XML – Dokuments, das Parsern und danach die Rückgewinnung der Daten läuft also wiederum über die selbe API ab, die auch schon im Prototyp verwendet wurde. Das bedeutet, daß auch der Datenimport voll objektorientiert in Java implementiert wird und somit im selben Paradigma wie der restliche Prototyp bleibt. Dadurch ist auch der Datenimport plattformunabhängig und kann aufgrund von XML über HTTP von statten gehen, zum Beispiel über das Intranet oder Extranet der Unternehmung. Da die selben Daten, die importiert werden, auch später an den Benutzer ausgeliefert werden, können die Klassen zur Generierung des XML–Dokuments, das an den Benutzer geliefert wird, zur Generierung des XML–Dokuments für den Datenimport wiederverwendet werden.

4.6 Vor-/Nachteile von XML im Prototyp

4.6.1 Vorteile

Die Vorteile des Prototyps zeigen sich sowohl für den Benutzer als auch den Programmierer und Administrator des Systems.

Vorteile für den Benutzer

Da der Browser auf der Benutzerseite aus dem XML- und XSL-Dokument wieder eine HTML-Seite erzeugt, die im Arbeitsspeicher gehalten wird, können auch sämtliche Darstellungsmöglichkeiten von HTML sowie dessen Funktionalitäten über Skriptsprachen genutzt werden. Das heiß auf der Benutzerseite entstehen gegenüber HTML keine Nachteile, aber derzeit auch keine Vorteile. Die Vorteile ergeben sich erst, wenn auf der Benutzerseite XML-fähige Anwendungsprogramme zur Verfügung stehen. Diese können dann, die über das WWW gelieferten, XML-Dokumente importieren und weiterverarbeiten. Dies bedeutet, daß Informationen nicht mehr wie bisher, per kopieren aus dem Browser und einfügen in die Anwendung, übernommen werden müssen. Da das übertragene XML-Dokument im Browser vorliegt kann es als solches auch abgespeichert werden und damit einfach aus dem Dateisystem des Rechners in zukünftige andere Anwendungen importiert werden.

Ein weiterer Vorteil ergibt sich, wenn eine Standard-DTD für virtuelle Warenhäuser eingeführt wird. Diese ermöglicht es dem Benutzer über eine Suchmaschine ein bestimmtes Angebot aus verschiedenen virtuellen Warenhäusern ausfindig zu machen, da die Produkte der unterschiedlichen virtuellen Warenhäuser nun in standardisierter Form beschrieben werden und somit vergleichbar werden. Darüber hinaus wird es dann möglich ein Stylesheet zu verwenden, das sämtliche Angebote unterschiedlicher virtueller Warenhäuser anzeigen kann. Dieses Stylesheet soll in Zukunft beim Benutzer gespeichert werden können und von diesem individuell angepaßt werden können.

Vorteile für den Entwickler und Administrator

Die derzeitigen Hauptvorteile eines XML-Systems liegen wohl auf dieser Seite. Die Trennung von Inhalt und Darstellung ermöglicht eine bessere Wartungsfreundlichkeit des Systems. Da das XSL–Dokument außerhalb der Systemarchitektur, im Dateisystem, vorliegt, muß für Änderungen an der Darstellung nicht mehr ins System eingegriffen werden. Die Stylesheets können bequem über einen Standardeditor verändert werden. Hier werden wohl auch in Zukunft What You See Is What You Get (WYSIWYG)-Editoren zum Einsatz kommen. Die sehr flexible Art von Stylesheets auf Inhalte zu reagieren zeigt sich besonders gut am Beispiel der Navigation des Prototyps. Der Administrator kann im XML-Dokument der Navigation ohne weiteres neue Rubriken und Unterrubriken einführen, ohne dabei das Stylesheet ändern zu müssen. Dieses reagiert voll dynamisch auf das XML-Dokument durch seine Fähigkeit auf Elemente und dessen Kindelemente zugreifen zu können.

Durch die Trennung von Inhalt und Darstellung ist es auch sehr gut möglich die Darstellung an die Vorlieben des Benutzers anzupassen, ohne dabei den Inhalt ändern oder umstrukturieren zu müssen.

Schon in der Entwicklung des Systems sind die Vorteile dieser Trennung zu spüren. So kann man die nun getrennten Bereiche Inhalt und Information auch auf physikalisch getrennten Stellen beziehungsweise unterschiedliche Personen verteilen. Dabei sind die Schnittstellen durch die DTD klar definiert. Das heißt anhand der DTD weiß derjenige, der mit der Erstellung der Stylesheets beschäftigt ist, wie das XML-Dokument aufgebaut ist. Dadurch ist es möglich ein Beispieldokument „von Hand" zu erstellen, anhand dessen das Stylesheet erstellt und getestet werden kann.

Auf der anderen Seite weiß derjenige, der mit der Programmierung des Systems beschäftigt ist, welches Dokument durch das System generiert werden muß und welche Daten im System vorkommen.

Dabei integriert sich die Erstellung des Dokuments durch die vorhandenen XML-APIs und dem darin implementierten DOM, voll in die objektorientierten Sprachen. Sofort nach Erhalt der Daten aus der Datenbank werden diese in Objekte verpackt welche die weitere Verarbeitung innerhalb des objektorinetierten Paradigmas ermöglichen.

XML als plattformunabhängiges Datenformat und Java als plattformunabhängige Sprache sind hier als zwei Technologien hervorzuheben, die sich in besonderem Maße ergänzen und mächtige Werkzeuge zur Erstellung von portablen und plattformunabhängigen Anwendungen darstellen.

Darüber hinaus kann kostenlose Standardsoftware wie zum Beispiel Parser verwendet werden, da sämtliche Systeme, egal welches Datenmodell sie besitzen, immer auf XML als Basis des Systems beruhen.

Durch die sehr gute Integration von XML in das objektorientierte Paradigma lassen sich auch dessen Vorteile sehr gut nutzen. So kann die Architektur des Prototyps sehr gut modularisiert werden und durch die exakten Schnittstellenbeschreibungen auf verschiedene Programmierressourcen verteilt werden. Die Komponenten der Architektur lassen sich auch sehr gut einzeln testen. So kann man das Servlet testen, ohne die Datenbankanbindung schon realisiert zu haben, indem man einfach ein statisches XML-Dokument überträgt. Ähnlich verfährt man mit weiteren Komponenten.

Darüber hinaus haben verschiedene Komponenten der Architektur den selben Ablauf und die selbe Datenstruktur. Ein Beispiel ist die Warenpräsentation und die Präsentation des Warenkorbes, der aus einer Teilmenge der Produktpalette besteht. Diese beiden Komponenten nutzen die selben Klassen zum Erstellen und Parsen des Dokuments und zeigen damit wie gut die Wiederverwendbarkeit von Programmcode durch den Einsatz von XML ermöglicht wird.

Ein weiterer Vorteil ergibt sich durch die DTD, welche das Datenmodell der Architektur bestimmt. Es hat sich gezeigt, daß mit XML eine offene Architektur geschaffen werden kann, die nur von der DTD abhängig ist, die als einzige Einheit das real entstehende System bestimmt.

Dazu wird die DTD noch zu Kontrollfunktionen herangezogen, die das korrekte funktionieren des Systems gewährleisten.

4.6.2 Nachteile

Die meisten Nachteile des Systems sind temporärer Art, deren Lösungen sich schon in der Entwicklung befinden.

So gibt es zur Zeit mit dem Internet Explorer 5 beta von Microsoft nur einen XML-fähigen Browser auf dem Markt, welcher dazu auf die beiden Windows Betriebsysteme beschränkt ist. Ankündigungen vom Mitbewerber Netscape, daß die Version 5 des Communicators ebenfalls XML-Fähigkeiten besitzt, wurden schon gemacht.

Die unter 4.6.1 Vorteile für den Benutzer erwähnte Standard-DTD für virtuelle Warenhäuser gibt es noch nicht, was Eigenentwicklungen nötig macht und einen zusätzlichen Aufwand bedeutet. Aber auch auf diesem Gebiet laufen schon Entwicklungen, die im Kapitel 3.6 Common Business Library (CBL) als komplexe e-commerce Lösung näher erläutert sind.

Ein wirklicher Nachteil von XML ist die erhöhte Netzlast. Da XML-Dokumente reicher ausgezeichnet sind als HTML-Dokumente und die Elementnamen oftmals auch länger sind, sowie zur Darstellung ein zusätzliches Stylesheet nötig ist, nimmt das Übertragungsvolumen zu. Aber gerade im Bereich der Stylesheets befindet sich auch ein Ansatz zur Lösung dieser Problematik. Es soll in Zukunft möglich sein Stylesheets lokal abzuspeichern, so daß der Browser zuerst kontrolliert, ob das benötigte Stylesheet lokal vorhanden ist, bevor er es vom Server anfordert wird. Stellt man sich nun vor, daß es eine Standard-DTD für virtuelle Warenhäuser gibt, so ist es auch denkbar, daß es zu deren Instanzen, also XML-Dokumente die auf der DTD basieren, ein Stylesheet gibt. Dieses kann sich der Benutzer individuell einrichten und bei sich lokal speichern. Genauso verfährt er mit seinen bevorzugten Webseiten, welche er öfters besucht. Statt der beiden XML- und XSL-Dokumente muß nun nur noch das XML-Dokument übertragen werden, welches sogar meist ein geringeres Datenvolumen aufweist als HTML-Dokumente, da ja keine Darstellungsinformationen darin enthalten sind.

In wie weit dieser Ansatz den Anstieg des Datenvolumens kompensieren kann wird sich in der Praxis zeigen.

4.7 Erkenntnisse aus dem Prototyp

Es hat sich gezeigt, daß XML heute schon einsatzfähig ist und darauf basierende Systeme realisierbar sind. Dabei nützt die Technologie vorhandene Infrastrukturen wie Netzwerke insbesondere das Internet und das World Wide Web sowie die darauf basierenden Protokolle HTTP und SMTP.

Den zahlreichen Vorteilen die sich aus der Implementierung dieser Technologie ergeben stehen nur geringe Nachteile gegenüber, die meist auch nur temporärer Art sind, wie das vorige Kapitel 4.6 Vor-/Nachteile von XML im Prototyp zeigt. Dabei sind die Hauptvorteile

XML ist in der Lage durch die entstandenen Java-XML-APIs und der damit durchgängig nutzbaren Java-Technologien auf der Serverseite, die bisherige Technologie der Common Gateway Interface (CGI)-Programme zu verdrängen.

Besonders die Verwendung eines durchgängigen Dokuments, welches die Aufgaben eines Datenformats übernimmt, sind von großem praktischen Wert. Die verwendete Programmiersprache Java harmoniert besonders gut mit XML, so daß das System recht komfortabel erstellt werden konnte und eine deutlich bessere Wartungsfreundlichkeit gegenüber bisherigen Systemen, die meist aus Perl- und C-Programmen bestehen, aufweist.

Die Stärken der voll objektorientierten Implementation des Prototypen werden noch mehr zum Tragen kommen, wenn man größere Systeme implementieren will. Denn gerade für die Beherrschbarkeit von großen Projekten ist das objektorientierte Paradigma mit seinen Modularisierungsmöglichkeiten hervorragend geeignet. XML integriert sich hervorragend in die objektorientierte Welt und ergänzt diese in Form von objektorientierten Dokumenten.

5. letzte Neuerungen und Ankündigungen

5.1. HTML auf Basis von XML

zu 2.5. Abgrenzung zu HTML

Im Mai 1998 gab es einen Workshop in San Jose, Kalifornien mit dem Thema."the future of HTML". Das Ergebnis war die Einigung darauf, daß HTML einen frischen Start auf Basis von XML erhalten soll. Eine Arbeitsgruppe soll gebildet werden , die innerhalb der nächsten 18 Monate einen Standard von HTML auf XML-Basis verabschiedet.

Am 5. Dezember 1998 wurde der erste Working Draft unter dem offiziellen Namen "Reformulating HTML in XML" veröffentlicht. Der Codename der Entwicklung lautet **Voyager**.

In den 10 Entwicklungszielen des Drafts, bestätigt sich unter anderem unsere Ergebnisse von der Analyse der HTML-Schwachstellen (siehe 2.5.3.Nachteile HTML).

- Punkt 2 definiert, daß Voyager-Dokumente **validierbar** sind
- Punkt 8 definiert, daß die Voyager-Spezifikation bewußt und formal so formuliert sein soll, daß **geringe Interpretationsmöglichkeiten** für die Implementatoren (Browserhersteller etc.) gewährleistet ist.
- Punkt 9 definiert, daß Voyager-Dokumente aus **modularen** und **erweiterbaren** Elementsets bestehen.
- Punkt 10 definiert, daß Voyager-Dokumente weitestgehend **abwärtskompatibel** zu HTML sein sollen.

Dazu steht jetzt schon speziell ein Programm mit dem Namen "HTML Tidy" zur Verfügung, daß HTML-Dokumente Voyagerkonform umwandelt.

Modularität

Im Draft wurden die ersten Voyager Module definiert und setzten sich wie folgt zusammen:

Modulname (engl.)	Elementnamen
Base Module	html, head, title, base, meta, link, body, h1-h6, p, br, a, bdo, span, div
Transitional Module	basefont, fonr, center, s, u und Attribute: border, align, noshade
Style Module	style Element und style Attribute
Scipt Module	script, noscript
Font Module	tt, b, i, big, small
Phrase Module	abbr, acronym, adress, blockquote, q, cite, code, dfn, kbd, samp, var
Inflection Module	em, pre, strong, sub, sup, hr
Editor Module	del, ins
List Module	dl, dt, dd, ul, ol, il
Forms Module	form, input, textarea, select, optgroup, optional, label, button, fieldset, legend, isindex
Table Module	table, caption, col, colgroup, thead, tbody, tfoot, tr, th, td
Image Module	img
Image Map Module	map, area
Object Module	object, param
Applet Module	applet, param
Frames Module	frameset, frame, iframe, noframe

Tabelle 5.1.a Voyager Module

Portabilität

Voyager beschreibt einen neuen Weg der Portabilität. Hierbei ist eine intelligente Software auf dem Primäry Server, dem Proxy Server oder beim Client vorgesehen, die es je nach *Profil* (definiert in *RDF*) erlaubt das Voyager-Dokument zu verarbeiten bzw. zur Darstellung zu bringen.

Dabei können z.B. jegliche Art von Ausgabegeräten zum Einsatz kommen. Vom Browser, über Palmtops, Sprachausgabegeräte, Mobiltelephone (WML) bis hin zum digitalen Fernsehen

Schlußbemerkung

Voyager ist sicherlich ein eigenständiges, interessantes und relevantes Thema für zukünftige Webentwickler. Es wird HTML revolutionieren und vor allem die Akzeptanz von XML-Auszeichnungssprachen erhöhen. Somit würde ein einheitlicher Standard geschaffen, der ein Ziel der Transformierung (durch XSL) von Dokumente anderer XML-Auszeichnungssprachen für die Darstellung sein kann und alle Ausgabemedien ansprechen könnte.

5.2. CDF ist tot

zu 3.7. Push-Technologie mit dem Channel Definition Format

Die Zeit der Active Channel scheint schon vorbei zu sein. Somit gibt wird die Referenz auf http://www.iechannelguide.com umgeleitet und folgende Nachricht erscheint:

"Liebe Benutzer von Windows Media Showcase,

Vielen Dank für das Interesse an Windows Media Showcase (WMS - vorher unter dem Namen Active Channel Guide bekannt). WMS wurde durch eine neue Site ersetzt, die sogenannten **Web Events**, die Sie unter http://webevents.microsoft.com finden können."

Abb. 5.2.a. Channels sind tot, Streaming is in

XSL, ein Microsoft Patent?

zu 2.3 Analyse der eXtensible Style Language

" Ein von Microsoft im Juli 1995 angemeldetes Patent (US5860073) könnte nach Angaben des Web Standard Project (WaSP) dazu führen, daß künftig alle, die mit Cascading Style Sheets (CSS) oder der Extensible Stylesheet Language (XSL) arbeiten wollen, dafür eine Lizenz von den Redmondern erwerben müssen.

Das unter dem Titel Style sheets for publishing systems eingereichte Patent scheint, so WaSP, Konzepte abzudecken, die CSS und XSL nutzen. WaSP fordert deshalb Microsoft auf, die Patentrechte unverzüglich an das World Wide Web Consortium (W3C) zu übertragen. WaSP-Projektleiter George Olsen verglich den

Vorgang mit dem Versuch, 1999 Autoreifen patentieren zu wollen, zumal Style-Techniken bereits seit den sechziger Jahren bekannt seien." [heise 1]

6 Persönliches Fazit

Anfänglich haben wir uns gefragt, ob XML nicht nur eine vorübergehende Modetechnologie für das World Wide Web darstellt.

Um diese Frage zu beantworten war eine umfangreiche Recherche im WWW notwendig, da es zu Beginn der Diplomarbeit gerade ein einziges Buch über XML gab. Doch es zeigte sich, daß die Recherche im WWW sehr mühsam werden würde, da die sich Anzahl der Artikel über XML stetig vervielfachte. Schon im Vorfeld zu der Diplomarbeit ergab eine Suchanfrage, nach dem Begriff XML, in der Suchmaschine AltaVista 958 Treffer. Am 15.02.1999 ergab das selbe Suchkriterium in der selben Suchmaschine 278.540 Ergebnisse!

Da XML zu diesem Zeitpunkt noch kaum praktischen Einsatz fand, beschränkten sich viele Artikel auf unqualifizierte Spekulationen, was die realistische Einschätzung der Technologie erschwerte. So griffen wir immer wieder auf die einzigen garantiert zuverlässigen Dokumente zurück, die Spezifikation des W3C.

Eine weitere zuverlässige Quelle waren die Mailinglisten, in denen man immer aktuell informiert wurde und auch einen Einblick in die Diskussionen und Problematiken zu XML erhielt. Von besonderem Interesse waren dabei die Mailinglisten, in denen die Entwickler zukünftiger Standards und Mitarbeiter des W3C, in einem für jedermann zugänglichen Forum, neue Vorschläge und Erweiterungen diskutieren.

So bestätigten sich auch nach und nach unsere erarbeiteten Erkenntnisse über XML und das komplexe Umfeld. Das Aufkommen von seriösen Internetdomains wie www.xml.com und Bücher, die in den USA erschienen und über Amazon.com bezogen werden konnten, trugen zusätzlich dazu bei.

Durch die Analyse der Sprachen und Protokolle wurde erstmalig deutlich, welche Tragweite die neue Technologie besitzt. XML ist jedoch keine Technologie, die isoliert ihren Einsatz finden kann, sondern sich immer sehr gut innerhalb zusätzlicher Technologien integriert. Dadurch war es zwingend notwendig sich mit weiteren Technologien zu beschäftigen:

- Java
- Perl
- DHTML
- Datenbanken
- SQL
- Java Servlets
- ODBC
- HTTP Server
- CGI
- SGML
- JavaScript/ECMAScript
- Cascading Style Sheets
- EDI
- Content Management
- Zahlungsverkehr im Internet
- Warenwirtschaftssysteme
- Multi-Tier-Systeme

Besonders deutlich wurde dies anhand der Realisierung unseres Prototypen.

Gerade aber die Integration von XML in so zahlreichen Gebieten zeigt sehr deutlich das große Anwendungspotential dieser Technologie. Somit wurde klar, das XML nicht nur eine neue "Modetechologie" ist.

Durch die Evaluierung sind wir zu der Überzeugung gekommen, daß XML die Technologie der Zukunft ist.

Die XML Technologie wird unserer Meinung nach bald im täglichen multimedialen Leben eine tragende Rolle spielen. Sei es dezent im Hintergrund, wie in der Kommunikationsbranche(WML) oder bewußt für die Entwickler und Consultant der IT-Branche, die z.B. um das zukünftige HTML/XML namens Voyager nicht herumkommen.

Der Paradigmenwechsel vom Datenaustausch und dem Darstellungsdenken hin zum Dokumentenaustausch und der bewußten Strukturierung von Inhalten ist ein Prozeß, der sicherlich noch eine geraume Zeit in Anspruch nehmen wird.

Für uns hat dieser Prozeß bereits stattgefunden und es erfüllt uns mit Stolz am Pulsschlag dieser neuen Technologie teilgenommen und in vielerlei Hinsicht Pionierarbeit geleistet zu haben.

Auch unsere Zukunft heißt XML, da konkrete Projekte auf uns warten, die einen Mehrwert aus dieser Technologie ziehen können und daher momentan konzeptionell anlaufen.

Wir sind gespannt darauf, was XML in den nächsten Jahren noch ermöglichen wird.

Anhang

Anhang A XML-Sprachen und –Protokoll

Web, Internet, Netzwerke

CDF
Channel Definition Format

Status:
Note ans W3C vom 9.3.1997 ohne Versionsangabe
Microsofts Version 1.01 vom 1.4.1998

Entwickler:
Mircosoft

Kurzbeschreibung:
CDF dient dem regelmäßigen Update von Internetseiten. Bekannt durch die Channels im Explorer (ab Version 4). Wird auch als Pushtechnologie bezeichnet. Pushed Daten vom Server zum Client.

Quellen:
http://www.microsoft.com/standards/cdf/default.asp
http://www.w3.org/TR/NOTE-CDFsubmit.html
http://www.microsoft.com/workshop/delivery/cdf/reference/CDF.asp

Bemerkung:
Pseudo-Push (man pulled per Zeitvorgabe). War die erste XML-Anwendung im Netz und wurde zu vielerlei Zwecken umfunktioniert.

CIM XML
Common Information Model

Status:
Version 1.0 vom 15.9.1998

Entwickler:
DMTF: Desktop Management Task Force
Mit dabei: Agranat Systems, Hewlett-Packard Company, Microsoft Corporation, Tivoli Systems, Inc., Customer Support Consortium

Kurzbeschreibung:
Bisher wird das CIM im Managed Object Format (MOF). Die Umstellung auf XML soll hier verschiedene Vorteile bringen. Genauer erläutert unter den gegeben Quellen.

Quellen:
http://www.dmtf.org/cim/cim_xml/CIM_XML_Mapping10.html
http://www.dmtf.org/cim/cim_xml/index.html

Bemerkung:

DRP
HTTP Distribution and Replication Protocol

Status:
Note an W3C vom 25.8.1997

Entwickler:
Marimba Inc., Netscape Inc., Sun Microsystems Inc., Novell Inc., Home Corp.

Kurzbeschreibung:
Dieses Dokument beschreibt eine Spezifikation eines Protokolls zum effektiven Vervielfältigen von Daten über HTTP.

Quellen:
http://www.w3.org/TR/NOTE-drp-19970825.html

Bemerkung:
Soll später auf die XML Anwendungssprache RDF basieren.

WAP /WML
Wireless Application Protokoll / Wirless Markup Language

Status:
Architekturschicht:
Wireless Application Protocol Architecture Specification vom 30.4.1998
Protokollschicht:
Wireless Datagram Protocol Specification vom 40.4.1998
Wireless Control Message Protocol Specification vom 12.6.1998
Wireless Transaction Protocol Specification vom 30.4.1998
Wireless Transport Layer Security Specification vom 30.4.1998
Wireless Session Protocol Specification vom 30.4.1998
WAP over GSM USSD Specification vom 30.4.1998
Anwendungsschicht:
Wireless Application Environment Overview vom 30.4.1998
Wireless Application Environment Specification vom 30.4.1998
Wireless Markup Language Specification vom 30.4.1998
Binary XML Content Format Specification vom 30.4.1998
WMLScript Language Specification vom 30.4.1998
WMLScript Standard Libraries Specification vom 30.4.1998
WMLScript Statement of Intent vom 30.4.1998
Wireless Telephony Application Interface Specification vom 30.4.1998
Wireless Telephony Application Interface Specification, IS-136 Specific
Addendum vom 30.4.
Wireless Telephony Application Interface Specification, GSM Specific
Addendum vom 30.4.1998
Wireless Telephony Application Interface Specification, PDC Specific
Addendum vom 30.4.1998
Wireless Telephony Application Specification vom 30.4.1998

Entwickler:
WAPFORUM ist eine offen Arbeitsgruppe besteht bisher aus 73 Firmen. Mit dabei sind: Alcatel, IBM, Intel, Sony, At&T, Bell, Motorola, Bosch, T-Mobil...

Kurzbeschreibung:
Als Herzstück des WAP dient die WML, eine auf XML basierende Sprache, die den Datenaustausch auf narrowband ermöglicht (Handys, Pager...).

Quellen:
http://www.wapforum.org/

Bemerkung:
Hier sieht man deutlich, wie vorbildlich, firmenübergreifend, branchenspezifisch und international ein Standard ausgearbeitet wird.

WebBroker

Status:
W3C NOTE 11-May-1998

Entwickler:
Data Channel

Kurzbeschreibung:
Dient der Kommunikation verteilter Objekte auf HTTP und XML Basis.

Quellen:
http://www.w3.org/TR/1998/NOTE-webbroker/
http://www.datachannel.com/xml_resources/webbroker/

Bemerkung:
Eine Note, die sicherlich noch viel Aufsehen erregen wird. Es sollen die Vorteile aus XML, OMG's CORBA, Microsoft's COM+ und JAVA in diesem zukünftigen Standard integriert sein.

WebDAV
World Wide Web Distributed Authoring and Versioning

Status:
Internet-Drafts des Internet Engineering Task Force (IETF) vom 22.10.1998

Entwickler:
IETF

Kurzbeschreibung:
Dient der Bearbeitung (asynchron) von Dokumenten über das Web.

Quellen:
http://www.ics.uci.edu/~ejw/authoring/
http://www.ietf.org/ids.by.wg/webdav.html

Bemerkung:
Office 2000 - Microsoft has announced support for WebDAV in Office 2000 (Word, Excel, PowerPoint)

XBEL
XML Bookmark Exchange Language

Status:
Release 1.0 vom 28 Oktober, 1998 – nicht W3C vorgelegt!

Entwickler:
Python XML Special Interest Group

Kurzbeschreibung:
XBEL hält ein umfangreiches Austauschformat für Bookmark bereit! Es soll den Austausch von Bookmarks unter allen gängigen Browsern bereithalten.

Quellen:
http://www.python.org/topics/xml/xbel/

Bemerkung:
Ist nicht dem W3C vorgelegt worden

XCatalog

Status:
Proposal Draft Version 0.2 – nicht W3C vorgelegt!

Entwickler:
Chester County Interlink (CCIL)

Kurzbeschreibung:
Xcatalog basiert auf SGML/Open catalogs (Socats) um XML public identifiers in XML Systeme umzuwandeln

Quellen:
http://www.ccil.org/~cowan/XML/XCatalog.html

Bemerkung:
Experimenteller Versuch!

XLF
Extensible Log Format

Status:
NOTE-XLF-19980721 Version 1.0 – nicht W3C vorgelegt!

Entwickler:
30 Teilnehmer bestehend aus XML-, Server-Experten und Log-Analysisten

Kurzbeschreibung:
Die Schaffung eines HTTP-Log Fomats, daß auf einem Standard beruht!

Quellen:
http://www.docuverse.com/xlf/index.html

Bemerkung:
Sehr sinnvoll! Ermöglicht dadurch schnelleres Auswerten der log-Files.
Downloadmöglichkeit der JAVA-Klassen zu IIS und NCSA.

XML-RPC
Remote Procedure Call

Status:
Keiner!

Entwickler:
Frontier

Kurzbeschreibung:
Sehr spezifische Remote Procedure Call Syntax

Quellen:
http://www.scripting.com/frontier5/xml/code/rpc.html

Bemerkung:
Zu spezifisch

Software

CDIF

CASE Data Interchange Format

Status:

Draft Version 3 – nicht dem W3C vorgelegt!

Entwickler:

Electronic Industries Association (EIA) USA
Boing, Aviatis

Kurzbeschreibung:

Austausch von CASE Daten auf XML Basis.

Quellen:

http://www.cdif.org/overview/XmlSyntax.html

Bemerkung:

OSD

Open Software Description Format

Status:

Note ans W3C vom 13.8.1998

Entwickler:

Marimba, Microsoft

Kurzbeschreibung:

OSD beschreibt die Struktur eines Softwarepaketes, wie es upgedated wird, welche Versionen in welchen Komponenten stecken. Ziel ist es somit immer nur die notwendigen neusten Komponenten zu erhalten. Kann als Erweiterung mit CDF zusammenarbeiten.

Quellen:

http://www.microsoft.com/standards/osd/default.asp

Bemerkung:

OSD wird viel Online-Zeit sparen. So muß man z.B. nur die entsprechenden Erweiterungen oder Bibliotheken runterladen anstatt das ganze Packet. Und dies alles soll auch noch automatisch geschehen.

UXF

UML eXchange Format

Status:

This project is currently work in progress. We would appreciate your comments, contributions or commitments.

Entwickler:

Keio University Japan

Kurzbeschreibung:

UML hat sich weltweit als Entwicklungsstandard durchgesetzt. UXF dient dem Austausch dieser Daten ohne Informationsverlust. Sei es zwischen Software entwicklern oder unter Entwicklungsprogrammen.

Quellen:

http://www.yy.cs.keio.ac.jp/~suzuki/project/uxf/

Bemerkung:

Sehr interessant!

Metadaten und Archive

MCF
Meta Content Framework

Status:
NOTE ans W3C vom 6.6.1997

Entwickler:
Netscape, Textuality

Kurzbeschreibung:
Beschreibt genau wie RDF Daten (Metadaten)

Quellen:
http://www.w3.org/TR/NOTE-MCF-XML.html
http://www.textuality.com/mcf/MCF-tutorial.html

Bemerkung:
Wird wohl RDF weichen müssen!

RDF
Resource Decription Framework

Status:
Resource Description Framework (RDF) Schema Specification
W3C Working Draft 30 Oktober 1998

Entwickler:
Netscape, Mircosoft, University of Bristol

Kurzbeschreibung:
RDF wurde entwickelt, um Metadaten zwischen den unterschiedlichsten Webanwendungen und Internetanwendungen stabil und flexibel auszutauschen. Zum Beispiel Anwendungen, die Sitemaps beinhalten, Inhaltswertung / zensur (Content Rating), digitale Büchereien, Suchmaschinen, verteiltes Authoring, intelligente Software Agenten und digitale Signaturen für „Web of Trust"

Quellen:
http://www.w3.org/RDF/
http://www.w3.org/TR/WD-rdf-schema/
http://www.w3.org/RDF/FAQ

Bemerkung:
RDF soll als proposed recommandation im November verabschiedet werden. RDF könnte viele kleiner Schemas ersetzten z.B. WebDAV, XBEL...
Auch CDF soll später auf dem Framework von RDF beruhen.

WIDL
Web Interface Definition Language

Status:
NOTE zum W3C vom 22.9.1997

Entwickler:
Webmethods

Kurzbeschreibung:
WIDL dient Beschreibung automatischer Prozesse z.B. zur tägliches Extrahierung der neuesten Börsenkurse einer Internetseite in HTML oder XML ohne den Einsatz menschlicher Arbeitsleistung. Es definiert Application Programming Interfaces (APIs) für Webdaten und Dienste und ist daher Browserunabhängig.

Quellen:
http://www.webmethods.com/technology/widl.html
http://www.w3.org/TR/NOTE-widl

Bemerkung:
Das Web Automation Toolkit von Webmethods hilft bei der Erstellung von Anwendungen (JAVA, C/C++, COBOL, Visual Basic) die mit WIDL arbeiten.

Multimedia, Grafik, Sprache

JSML
  Java Speech Markup Language

Status:
  Version 0.5 vom 28.8.1997 – nicht dem W3C vorgelegt

Entwickler:
  Sun Microsystems Inc.

Kurzbeschreibung:
  JSML wird von Anwendungen benutzt um Texteingaben in Java Speech API Sprachsynthesizer zu übersetzten (zu markieren). Es enthält dabei genaue Angaben, wie ein Text gesprochen (artikuliert) wird . JSML basiert auf Unicode und unterstützt somit fast alle Sprachen der Welt.

Quellen:
  http://java.sun.com/products/java-media/speech/forDevelopers/JSML/

Bemerkung:

PGML
  Precision Graphics Markup Language

Status:
  Note ans W3C vom 10.4.1998

Entwickler:
  Adobe Systems Inc., IBM Corporation, Sun Microsystems Inc,
  Netscape Communication Corporation,

Kurzbeschreibung:
  PGML ist eine skalierbare 2D Grafiksprache, die sowohl einfache Vektografiken beschreibt als auch Präzisionsansprüchen von Grafikern genügt. PGML benutzt das Imagemodell von Postscript und PDF und beinhaltet zusätzliche Funktionen zur Unterstützung von Webanwendungen.

Quellen:
  http://www.w3.org/TR/1998/NOTE-PGML

Bemerkung:
  Das Konkurrenzprodukt zu Microsofts VML. Hier sieht man deutlich, daß unzählige Sprachen entstehen können, die das Gleiche beschreiben, wenn sich die Firmen für Standards nicht zusammenfinden.

SMIL
  Synchronized Multimedia Integration Language

Status:
  W3C Recommendation 1.0 vom 15.6.1998

Entwickler:
  Apple, Netscape, Philips, DEC, Bell Labs, CWI, RealNetworks, NIST, Alcatel, GMD, The Productivity Works, W3C, DAISY Consortium, INRIA, CNET/DSM

Kurzbeschreibung:
  SMIL bietet dem Autor einer Präsentation die Möglichkeiten:
  1. den zeitlichen Ablauf und dessen Verhalten zu beschreiben
  2. das Layout der Präsentation auf dem Bildschirm zu beschreiben.
  3. Hyperlinks mit verschiedenen Medien (objekten) zu verknüpfen.

Quellen:
http://www.w3.org/TR/REC-smil/
http://www.justsmil.com
http://www.real.com/technology/smil/
http://www.w3.org/TR/NOTE-CSS-smil
http://www.ietf.org/internet-drafts/draft-hoschka-smil-media-type-01.txt

Bemerkung:
Existierende Anwendungen:
RealNetworks G2 beta, CWI Grins beta, Helio Soja beta, Productivity
Works L p player
Eigener MimeType Entwurf application/smil
CSS2 soll SMIL bald mappen können
Wird als „smile" ausgesprochen!
Microsoft und Macromedia haben eine anti-Smil Position eingenommen.

SVG
Scalable Vector Graphics

Status:
W3C Working Draft vom 29.10.1998

Entwickler:
W3C Working Group

Kurzbeschreibung:
Der Versuch die beiden Ansätze von VML und PGML zu vereinen um einen
einheitlichen Standard zu schaffen.

Quellen:
http://www.w3.org/TR/1998/WD-SVGReg-19981029

Bemerkung:
Spät aber lobenswert! VML ist bereits in IE5 integriert und Adobe hat zusammen mit IBM schon Betaversionen zu PGML-Anwendungen hervorgebracht.

VML
Vector Markup Language

Status:
Note ans W3C vom 13. 1998

Entwickler:
Autodesk Inc., HP-Company, Macromedia Inc.,
Microsoft Corporation, Visio Corporation

Kurzbeschreibung:
VML beschreibt auf XML-Basis Vektografiken, die in Internetseiten eingebunden werden können.

Quellen:
http://www.w3.org/TR/NOTE-VML

Bemerkung:
VML findet bereits Einsatz seit 11.98 im Internet Explorer 5 Beta von Microsoft.
Vektorgrafiken benötigte das Web schon lange. Besonders einfache Grafiken
lassen sich schneller übertragen (und beschreiben) und sind im Browser mit ska-
lierbar.

VoxML

Status:
Noch nicht verfügbar

Entwickler:
Motorola

Kurzbeschreibung:
VoxML dient Entwicklern zur einfachen Einbindung von Sprachschnittstellen in Webanwendungen oder Inhalten. Es sollen sogenannte Voice Browser entstehen, so wie es heute WebBrowser gibt.

Quellen:
http://voxml.mot.com

Bemerkung:
Draft nur für eingetragene Developer erhältlich! Wiederspricht allen gängigen XML Entwicklungen (offen und firmenübergreifend zu sein.

Finanzen, Commerce, Geschäftsinformationen

CBL
  Common Business Library

Status:
  Version 1.1 – nicht W3C vorgelegt, dafür eCO Framework Project und RosettaNet

Entwickler:
  Veo Systems

Kurzbeschreibung:
  CBL beschreibt mit seiner umfangreichen und modular aufgebauten DTD alles was Produkte und Geschäfte gemeinsam haben. Damit wird erreicht, daß durch einheitlicher Syntax, Vergleiche (z.B. Preisvergleiche aller im Internet vorhandenen Anbieter für das gleiche Produkt) und effizientes Suchen im Internet ermöglicht. Dabei baut es auf bisherigen Entwicklungen im eCommerce Bereich auf: OBI und OTP.

Quellen:
  http://www.veosystems.com

Bemerkung:
  Besonders interessant!!!!! Mehr dazu in der Dipl.Arbeit.

ICE
  Information and Content Exchange

Status:
  W3C Note ICE V1.0 vom 26.10.1998

Entwickler:
  Vignette, Adobe Systems, Sun Microsystems, News Internet Services, Cannelware Inc

Kurzbeschreibung:
  Das ICE Protokoll definiert die Rolle und Verantwortung von Syndicators (Datenlieferant, Verlag, Sender, Verteiler) und Subscriber (Abonnenten), es definiert das Format und die Methode des Datenaustauschs und hält Unterstützung für das Management und der Kontrolle der syndication Beziehungen. Es wird erwartet, daß ICE für den automatischen Inhaltsaustausch (Content Exchange) und der Wiederverwendbarkeit nützlich sein wird und zwar im traditionellen Publishing Zusammenhang als auch in B2B Beziehungen.

Quellen:
  http://www.w3.org/TR/NOTE-ice

Bemerkung:
  ICE beinhaltet das Push-Prinzip von CDF, ermöglicht aber das Pushen auf andere Server (server-to-server syndication). ICE soll es auch ermöglichen OSD, P3P

(I)OTP
  (Internet) Open Trading Protokoll

Status:
  Draft Version 0.9.9 vom 17.8.1998 als OTP – IETF vorgelegt
  Draft Version 1.0 vom 23.10.1998 als IOTP – beim IETF überarbeitet

Entwickler:
OTP Consortium (26 Firmen unter anderem: AT&T, Hewlett-packard, Verifone, Mastercard International, Sun Microsystems, Wells Fargo Bank, SIZ (German GeldKarte), Oracle, CyberCash, Netscape/Actra,...)

Kurzbeschreibung:
OPT dient als übergeifendes Protokoll der friedlichen Koexistenz von e-Commerce Standards wie SET, JEPI, CyberCash, Micropayment, OFX, XML/EDI. Dabei dient OTP als Transportprotokoll welche Art von Transaktion gerade übermittelt wird.

Quellen:
http://www.otp.org
http://www.IETF.org/internet-drafts/draft-ietf-trade-iotp-v1.0-protocol-02.txt
http://www.IETF.org/internet-drafts/drafts-ietf-trade-iotp-http-00.txt

Bemerkung:
Das IETF hat im Nov.1998 das Internet Open Trading Protocol (IOTP) HTTP Supplement verfaßt

---

OFX
Open Financial Exchange

Status:
Specifikation V1.5 vom 29.6.1998 - nicht dem W3C vorgelegt

Entwickler:
Microsoft, Intuit, CheckFree

Kurzbeschreibung:
OFX dient dem Austausch von Finanzdaten. Sei es für personal financial management (PFM) oder Transaktionen zwischen Banken, Kreditinstitute, Broker(Börsianer) und dem Fond Markt.

Quellen:
http://www.ofx.net

Bemerkung:
Implementiert in Microsofts Money und Intuit's Quicken. Bankgeschäfte und Online-Banking funktioniert bereits in den Staaten auf diesem Protokoll. Sicherheit arbeitet aus Secure Sockets Layer (SSL) Technik. Man bekommt nur die DTD und die Spezifikation, wenn man sich registrieren laßt!

XML - EDI
XML – Electronic Data Interchange

Status:
Entwicklungsstadium – W3C nichts eingereicht

Entwickler:
XML EDI Group (ca.1000 internationale Firmen beteiligt, unter anderem Deutsche Post AG, GF PostCom, Süddeutsche Zeitung...
Näheres unter:
http://www.geocities.com/WallStreet/Floor/5815/xmledigroup.htm)

Kurzbeschreibung:
XML/EDI hält ein Framework bereit, um die verschiedensten Daten zu Beschreiben (z.B. Projekt Status, Gehaltsabrechnung...). Diese Daten sollen dabei konsistent in Transaktionen, Katalogen oder Dokumenten vorliegen. Diese wiederum können durchsucht, decodiert, manipuliert und angezeigt werden (Workflow).
XML/EDI beschreibt EDIFACT-Transaktionen.

Quellen:

http://www.xmledi.com

Bemerkung:

Die Liste der beteiligten Firmen zeigt vorbildlich die Idee einen firmenübergreifenden Standard zu schaffen. Leider ist dadurch die Erstellung des Standards entsprechend zähflüssig.

Wissenschaft und Technik

BIOML
Biopolymer Markup Language

Status:
Working Draft vom 3.10.1998

Entwickler:
Proteometrics

Kurzbeschreibung:
BIOML dient der kompletten spezifizierung von allen experimentellen Informationen über molecular entities...

Quellen:
http://www.proteometrics.com

Bemerkung:

BSML
Bioinformatic Sequence Markup Language

Status:
Version 1.0 vom Februar 1998

Entwickler:
Visaul Genomics Inc

Kurzbeschreibung:
Dient der Beschreibung und Darstellung von DNA,RNA und Proteinketten.

Quellen:
http://visualgenomics.com/sbir/rfc.htm

Bemerkung:
Browser download Beta2 möglich.

CKML
Conceptual Markup Language

Status:
Version 02

Entwickler:

Kurzbeschreibung:

Quellen:
http://wave.eecs.wsu.edu/CDRMI/CKML.html

Bemerkung:

MathML
Mathematical Markup Language

Status:
W3C Recommendation Specifikation V1.0 vom 7.4.1998

Entwickler:
W3C Math Working Group

Kurzbeschreibung:
MathML dient der Auszeichnung von mathematischen Ausdrücken, um sie einheitlich weiter zu verarbeiten und am Browser darstellen zu können.

Quellen:
http://www.w3.org/TR/REC-MathML/

Bemerkung:
Softwaresammlung unter: http://www.w3.org/Math/

OML
Ontology Markup Language

Status:
Version 0.2

Entwickler:

Kurzbeschreibung:

Quellen:
http://wave.eecs.wsu.edu/CDRMI/OML.html

Bemerkung:

OpenTag

Status:
Version 1.1b vom 22.4.1998

Entwickler:
OpenTag Initative (32 Firmen, darunter Oracle, Canon Research...)

Kurzbeschreibung:
Das OpenTag Format dient der encodierung von Daten, die aus dem original File oder Format extrahiert wurden. Es erlaubt Documente zu extrahiern, den Text im Standardformat zu bearbeiten und bei Bedarf den Text zurück in das Originalformat zusammenzufügen.

Quellen:
http://www.opentag.org/otspecs.htm

Bemerkung:

TMX
Translation Memory eXchange

Status:
Version 1.1 vom 12.8.1998

Entwickler:
LISA (Localisation Industry Standard Association)

Kurzbeschreibung:
TMX dient dem Austausch von Übersetzungsdaten zwischen Tools und/oder Übersetzungsanbietern mit geringen oder keinen Verlust an kritischen Daten.

Quellen:
http://www.lisa.org/tmx/

Bemerkung:

XML-CML
    Chemical Markup Language

Status:
    Version 1.01 (entspricht JUMBO Version)

Entwickler:
    Peter Murray-Rust

Kurzbeschreibung:
    CML dient der Beschreibung von chemischen Gebilden.

Quellen:
    http://www.xml-cml.org
    http://ala.vsms.nottingham.ac.uk/vsms/java/jumbo/cml12/cml/

Bemerkung:
    Für CML wurde durch die Entwicklung des Browser namens JUMBO initiert. Er ist in der Lage Molekularstrukturen grafisch darzustellen.
    CML unterstützt und besitzt Schnittstellen zu Java, C++ und Corba.

DTD Alternativen

DCD
    Document Content Decription

Status:
    Note ans W3C vom 31.7.1998

Entwickler:
    Textuality, Microsoft, IBM

Kurzbeschreibung:
    Dient auch der Ersetzung der DTD allerdings basierend auf dem RDF Syntax.

Quellen:
    http://www.w3.org/TR/NOTE-dcd

Bemerkung:

SOX
    Schema for Object-oriented XML

Status:
    Note ans W3C vom 15.9.1998

Entwickler:
    Veo Systems, Muzmo Communication

Kurzbeschreibung:
    Alternative zu DTD

Quellen:
    http://www.w3.org/TR/NOTE-SOX/

Bemerkung:

XML-Data

Status:
    Note ans W3C vom 5.1.1998

Entwickler:
    Microsoft, AborText, University of Edinburgh, DataChannel, Inso Corporation

Kurzbeschreibung:
XML-Data ermöglicht es einem XML Dokument sich selbst zu beschreiben oh-ne eine DTD zu haben. Dabei sind zu den gängigen DTD Möglichkeiten auch ein erweitertes Vokabular für den konzeptionellen Entwurf, relationale Datenbanken und das Mappen zwischen verschiedenen Schemas vorgesehen.

Quellen:
http://www.microsoft.com/standards/xml/default.asp
http://www.w3.org/TR/1998/NOTE-XML-data/

Bemerkung:
XML-Data ist eine alternative zur DTD. Somit ist es z.B. möglich clientseitig die zulässige Eingabe in Formularen zu steuern.
Bereits im IE5 implementiert.

XSchema

Status:
Specifikation Final Draft Version 1.0 vom 1.11.1998

Entwickler:
Xml-dev discussion mailing list, hervorgerufen von Simon St.Laurent

Kurzbeschreibung:
Genau wie XML-Data ein Schema, daß die DTD ersetzten soll. Wurde aller-dings nicht von Firmen, sondern durch eine Mailingliste ins Leben gerufen.

Quellen:
Xml-dev mailing liste:
http://www.lists.ic.ac.uk/hypermail/xml-dev/
http://www.simonstl.com/xschema/spec/xscspecv5.htm

Bemerkung:
Am 19 Mai 1998 hat Simon St.Laurent eine Mailingliste ins Leben gerufen und angeregt (auf xml-data basierend) einen Standard zuentwickeln. Dies wurde in-nerhalb einer Mailingliste realisiert bis November 1998. Hochachtung vor dieser Leistung (virtuelle Arbeitsgruppe)

Grundsyntax

DOM Level 1
Document Object Model Level 1 Spezifikation

Status:
W3C DOM Level 1 Recommendation vom 1.10.1998

Entwickler:
SoftQuad, Inc. , Netscape , Sun , ArborText , Microsoft , W3C , Inso EPS , Texcel Research , Novell , IBM , iMall

Kurzbeschreibung:
Das DOM ist ein plattform- und sprachunabhängiges Interface, das es Programmen und Skripte erlaubt dynamisch auf den Inhalt, die Struktur und dem Style von Dokumenten zuzugreifen.

Quellen:
http://www.w3.org/TR/REC-DOM-Level-1/

Bemerkung:
Sehr mächtig!!!!

XLink
XML Linking Language

Status:
W3C Draft vom 3.3.1998

Entwickler:
ArborText, Inso Corp., Brown University

Kurzbeschreibung:
Xlink beschreibt die Linkart (simple, extended...) und das Verhalten der Links(show, actuate...)

Quellen:
http://www.w3.org/TR/WD-xlink

Bemerkung:
Teil vom ehemaligen XLL

XML
eXtensible Markup Language

Status:
W3C Recommendation Version 1.0 vom 10.2.1998

Entwickler:
Jon Bosak, Sun (Chair); James Clark (Technical Lead); Tim Bray, Textuality and Netscape (XML Co-editor); Jean Paoli, Microsoft (XML Co-editor); C. M. Sperberg-McQueen, U. of Ill. (XML Co-editor); Dan Connolly, W3C (W3C Liaison); Paula Angerstein, Texcel; Steve DeRose, INSO; Dave Hollander, HP; Eliot Kimber, ISOGEN; Eve Maler, ArborText; Tom Magliery, NCSA; Murray Maloney, Muzmo and Grif; Makoto Murata, Fuji Xerox Information Systems; Joel Nava, Adobe; Conleth O'Connell, Vignette; Peter Sharpe, SoftQuad; John Tigue, DataChannel

Kurzbeschreibung:
XML ist ein Subset von SGML, dessen Ziel es ist generic SGML über das Netz auszuliefern, zu empfangen und zu verarbeiten, wie es bisher mit HTML möglich war. XML soll leicht implementierbar sein und interoperatible zu SGML und HTML sein.

Quellen:
http://www.w3.org/TR/REC-xml
Bemerkung:
Wurde ausreichend in der Dipl.Arbeit behandelt

XML Linking Language (XLink) Design Principles

Status:
W3C Note vom 3.3.1998
Entwickler:
ArborText, Inso Corp., Brown University
Kurzbeschreibung:
Die Design Principles beschreiben die Entwicklungs- bzw. Anwendungsziele der XLink- und XPointersprache
Quellen:
http://www.w3.org/TR/NOTE-xlink-principles
Bemerkung:
Teil vom ehemaligen XLL

XPointer
XML Pointer Language

Status:
W3C Draft vom 3.3.1998
Entwickler:
ArborText, Inso Corp., Brown University
Kurzbeschreibung:
XPointer beschreibt Adressierungschemas für XML-Dokumente
Quellen:
http://www.w3.org/TR/WD-xptr
Bemerkung:
Teil vom ehemaligen XLL

XSL
eXtensible Sytlesheet Language

Status:
W3C Working Draft Version 1.0 vom 18.8.1998
Entwickler:
Adobe, Bitstream, Enigma, IBM, Inso, Lotus, Microsoft, Netscape, RivCom, SoftQuad, Sun Microsystems
Kurzbeschreibung:
XSL beinhaltet die Präsentationsaspekte für XML. Beinhaltet CSS, basiert auf dem flexibleren DSSSL und soll mit ECMA-262 zusammenarbeiten.
Quellen:
http://www.w3.org/TR/WD-xsl
http://www.w3.org/TR/WD-XSLReq
Bemerkung:
IE5 verarbeitet jetzt schon XML Dokumente mit referenzierten XSL Stylesheets. (allerdings nicht voll konform zum Draft)

Quellen:
http://www.w3.org/TR/REC-xml

Bemerkung:
Wurde ausreichend in der Dipl.Arbeit behandelt

XML Linking Language (XLink) Design Principles

Status:
W3C Note vom 3.3.1998

Entwickler:
ArborText, Inso Corp., Brown University

Kurzbeschreibung:
Die Design Principles beschreiben die Entwicklungs- bzw. Anwendungsziele der XLink- und XPointersprache

Quellen:
http://www.w3.org/TR/NOTE-xlink-principles

Bemerkung:
Teil vom ehemaligen XLL

XPointer
XML Pointer Language

Status:
W3C Draft vom 3.3.1998

Entwickler:
ArborText, Inso Corp., Brown University

Kurzbeschreibung:
XPointer beschreibt Adressierungschemas für XML-Dokumente

Quellen:
http://www.w3.org/TR/WD-xptr

Bemerkung:
Teil vom ehemaligen XLL

XSL
eXtensible Sytlesheet Language

Status:
W3C Working Draft Version 1.0 vom 18.8.1998

Entwickler:
Adobe, Bitstream, Enigma, IBM, Inso, Lotus, Microsoft, Netscape, RivCom, SoftQuad, Sun Microsystems

Kurzbeschreibung:
XSL beinhaltet die Präsentationsaspekte für XML. Beinhaltet CSS, basiert auf dem flexibleren DSSSL und soll mit ECMA-262 zusammenarbeiten.

Quellen:
http://www.w3.org/TR/WD-xsl
http://www.w3.org/TR/WD-XSLReq

Bemerkung:
IE5 verarbeitet jetzt schon XML Dokumente mit referenzierten XSL Stylesheets. (allerdings nicht voll konform zum Draft)

Anhang B Glossar

Applet
Ein Java-Programm, das von einer HTML-Seite aus gestartet wird. Es wird über das Netz in den Rechner geladen und dort ausgeführt.

Application Programming Interface (API)
Die Klassen, die dem Entwickler zur Entwicklung von Anwendungen zur Verfügung gestellt werden.

Attachement
Anhängsel an Nachrichten in Form von Mediadaten oder ausführbare Dateien

Auszeichnungssprache
Eine Sprache, die Tags (Auszeichnungen) enthält. Bekannteste Beispiel HTML.

Backus-Nauer Form
oder auch erweiterte Backus-Nauer Form (EBNF) ist eine normierte, formelle Darstellung der gültigen Syntax einer Programmiersprache

Basic Multilingual Plane (BMP)
Die unteren 2 Byte des UCS4

Box Diagramm
Visualisiert die Verschachtelung von Tags mit Hilfe von ineinander gezeichneten Rechtecken.

Cascading Style Sheets (CSS)
Ein W3C Standard, der Darstellungsinformationen an Elemene zuweist.

Casting
Explizite Umwandlung von Datentypen zur Laufzeit

copy and paste
Vorgang des kopieren und einfügen von Inhalten

Data-Binding
Ermöglicht den HTML-Elementen einer Seite, wie beispielsweise Tabellenzellen, sich selbst an den Datenbestand einer Datenbank "anzuhängen"

Datenmodell
Formale, abstrakte Beschreibung des für eine Anwendung relevanten Teilbereichs der Anwendungswelt

Datenredundanz
gleiche Daten werden mehrfach im System gehalten.

Datenstruktur
Gesamtheit der Abbildungsvorschriften in einem Datenmodell

descriptive Markup
Tags, die den Sinn des Inhalts beschreiben. deskriptive Tags.

Document Object Model (DOM)
Document Object Model, hält Schnittstellen bereit, um auf Dokumentinhalte in struktuierter From zuzugreifen.

Document Style Semantics and Specification Language (DSSSL)
Eine ISO-Standard (ISO/IEC 10179 1995) Sprache, die SGML-Dokumente transformiert formatiert.

Anhang B Glossar

Applet
Ein Java-Programm, das von einer HTML-Seite aus gestartet wird. Es wird über das Netz in den Rechner geladen und dort ausgeführt.

Application Programming Interface (API)
Die Klassen, die dem Entwickler zur Entwicklung von Anwendungen zur Verfügung gestellt werden.

Attachement
Anhängsel an Nachrichten in Form von Mediadaten oder ausführbare Dateien

Auszeichnungssprache
Eine Sprache, die Tags (Auszeichnungen) enthält. Bekannteste Beispiel HTML.

Backus-Nauer Form
oder auch erweiterte Backus-Nauer Form (EBNF) ist eine normierte, formelle Darstellung der gültigen Syntax einer Programmiersprache

Basic Multilingual Plane (BMP)
Die unteren 2 Byte des UCS4

Box Diagramm
Visualisiert die Verschachtelung von Tags mit Hilfe von ineinander gezeichneten Rechtecken.

Cascading Style Sheets (CSS)
Ein W3C Standard, der Darstellungsinformationen an Elemene zuweist.

Casting
Explizite Umwandlung von Datentypen zur Laufzeit

copy and paste
Vorgang des kopieren und einfügen von Inhalten

Data-Binding
Ermöglicht den HTML-Elementen einer Seite, wie beispielsweise Tabellenzellen, sich selbst an den Datenbestand einer Datenbank "anzuhängen"

Datenmodell
Formale, abstrakte Beschreibung des für eine Anwendung relevanten Teilbereichs der Anwendungswelt

Datenredundanz
gleiche Daten werden mehrfach im System gehalten.

Datenstruktur
Gesamtheit der Abbildungsvorschriften in einem Datenmodell

descriptive Markup
Tags, die den Sinn des Inhalts beschreiben. deskriptive Tags.

Document Object Model (DOM)
Document Object Model, hält Schnittstellen bereit, um auf Dokumentinhalte in struktuierter From zuzugreifen.

Document Style Semantics and Specification Language (DSSSL)
Eine ISO-Standard (ISO/IEC 10179 1995) Sprache, die SGML-Dokumente transformiert formatiert.

Dokument	Ein Dokument ist aus einer Reihe von Einheiten, Entities genannt, aufgebaut. Die Aufteilung in diese Entities wird durch die Markup-Sprache übernommen. XML bietet einen Mechanismus an, um Beschränkugen der Aufteilung und logischen Struktur zu formulieren.
Dokument-Element	siehe Wurzel-Element
Draft	Entwurfsstadium eines zukünftigen Standards des W3C.
DTD	Document Type Definition, enthält die Syntaxdefintion und die zu benutzenden Tags für das entsprechende XML Dokument.
ECMAScript	Zu Beginn des Jahres 1997 übergab Netscape Java-Script der European Computer Manufacturer's Association (ECMA), um eine standardisierte Sprache zu entwickeln. ECMA brachte im Sommer 1997 daraufhin ECMAScript heraus – JavaScript in einer standardisierten Form. [DHTML 4]
Element	Durch Start- und Endtag gekenntzeichneter Bestandteil einer XML-Instanz. Die beiden Tags –umschließen den Inhalt des Elements. Ausnahme: das "leere Element"
Endtag	Letzter Teil der Kennzeichnung eines nicht-leeren Elements; es besteht aus </, >und den darin eingeschlossenen Namen des Elements z.B. </element>.
Entity	physikalische Einheit eines Dokumentes
Entity Manager	Teil einer Software (Parser), die textuelle Entities im Dokument einsetzt und binäre Entities der Anwendung bereithält.
E-R-Diagramm	Entity-Relationship-Diagramm, hat nichts mit den Entities aus XML zu tun, sondern dient zum visuellen Erstellen von Datenbeziehungen im Bereich des Datenbankdesigns.
Framework	weit gedehntes Modewort. Beste Übersetzung "Grundgerüst". Ist im Zusammenhang mit XML und SGML gleichbedeutend mit Metasprache.
Generalized Markup Language (GML)	Vorläufer von SGML, Ende der sechziger Jahre von Charles Goldfarb, Edward Mosher und Raymond Lorie bei IBM entwickelt.
*generic coding	"artmäßig/schöpferisches" Programmieren und Entwerfen von Tags. Durch freie Wahl der Tags im Gegensatz zu HTML.
Granularität	Gibt den Grad der Strukturiertheit eines XML-Dokuments an.
HTML	HyperText Markup Language: Eine auf SGML beruhende Anwendungssprache, um Inhalte über das Web auszuliefern und darzustellen. Momentan ist HTML in der 5 Version (HTML Level One, HTML Level two, HTML+,

HTML Level Three, HTML Level Four)

Hyperlink
Querverweis der zu weiteren Inhalten eine Verbindung herstellt

HyTime
Hypermedia/Time-based Document Representation Language. 1992 veröffentlicht und Standardisiert als **ISO/IEC 10744**. Verschiedene Techniken erlauben es Hypertext-Verknüpfungen zwischen SGML-Dokumenten oder SGML und anderen Dokumenten zu erstellen. Dabei kommen auch Methoden zum Einsatz, welche das Zielobjekt durch ihre Position innerhalb eines Files ansprechen.

Instanz-hierarchie
In Bezug auf JavaScript:"Beruht auf eigentlichen Instanzen von Objekten und nicht auf allgemeinen Objektklassen. Angenommen die einzigen zulässigen Elemente einer Seite wären Überschriften und eine bestimmte Seite enthielte drei H1 – Überschriften und eine H4 – Überschrift. Eine Klassenhierarchie würde für jede mögliche Überschrift H1 – H6 ein Objekt vorsehen, einschließlich der nicht verwendeten Überschriften. Bei einer Instanzhierarchie sind nur Objekte für Elemente enthalten, die auch wirklich auf der Seite vorhanden sind." [DHTML 1]

interface
Schnittstelle

interne DTD
DTD welche innerhalb eines XML-Dokuments liegt

ISO
International Organisation for Standardization

Join
Bezeichnung für den Verbund von Relationen

kontextsensitiv
Unterscheidung der Bedeutung von gleichen Tags innerhalb unterschiedlicher Tags

Lebensdauer
In Bezug zu XML-Dokumenten, wird die Lebensdauer durch die Inhalte der Dokumente bestimmt.

logische Struktur
Aufbau eines XML-Dokuments, der sich durch einen Dokumentbaum visualisieren läßt.

Metadaten
Informationen über die eigentlichen Daten.

Metasprache
Sprache auf deren Basis neue Sprachen erstellt werden können.

non-validating Parser
Software, um den Inhalt auf Wohlgeformtheit und syntaktische Fehler zu überprüfen. Zusätzlich beinhaltet er einen Entity Manager.

one-directional link
Link wie aus HTML bekannt, mit einer Quelle und eiem Ziel, ohne Rücksprungmöglichkeit.

OO
Objektorientierung

out-of-line-link
Link-Element, das die Quelle(n) von referenzierten Objekten nicht selbst enthält.

Packettracking	Verfolgung eines bestellten Packetes auf seinem Lieferweg
Paradigma	Muster
Parser	Software, um den Inhalt eines Dokumentes auf syntaktische und falls möglich auf logische Fehler zu überprüfen.
persitente Objekte	Objekte werden dauerhaft, also hardwaremäßig betrachtet im nichtflüchtigen Speicher eines Rechners abgelegt [IDB 1]
physikalische Struktur	Beschreibt die Zusammensetzung eines XML-Dokuments aus physikalisch getrennten Quellen.
procedural Markup	Tags, welche die Darstellung des Inhalts beschreiben.
Record	Datensatz
root-Element	siehe Wurzel-Element
Russian Doll	Ineinander gesteckte Puppen, die das Prinzip der Verschachtelung visualisieren.
Schema	Auf den Mensch bezogen: Muster, vorgegebene Ordnung
Scheme	Programmiersprache: ein Lisp-Dialekt
selbstbeschreibende Tags	~descriptives Markup
semantische Tags	selbstbeschreibende Tags
Sessiontracking	Die Fähigkeit, mehrere Serveranfragen eines Benutzers, dem Benutzer zuordnen zu können, so daß der Benutzer den Anschein hat, es besteht eine dauerhafte Verbindung zwischen ihm und dem Server
SGML	Standard Generalized Markup Language (ISO-8879) : komplexe Metasprache zur Generierung von Auszeichnungssprachen.
Spezifikation	Ein verabschiedeter und gültiger Standard des W3C.
Starttag	Erster Teil der kennzeichnung eines nicht-leeren Elements; es besteht aus <, > und dem Elementnamen zuzüglich möglicher Attribute, z.B. <element>.
strukturierte Dokumente	am Beispiel XML-Dokumente sind Dokumente sowohl logisch strukturiert aufgrund ihrer verschachtelten Elemente als auch physikalisch strukturiert aufgrund ihrer lokationsunabhängigen Entities.

Tag-Gruppen	Gleiche Tags können über das Attribut class gruppiert werden, indem gleiche Tags innerhalb einer Gruppe dem attribut den selben Wert zuordnen.
Tags	<Auszeichnungen>, Markierungen im Dokument
TEI	Text Encoding Initiative. Eine Gruppe von Repräsentativen aus "learned societies in the humanities and social science" definierte einheitliche DTDs für die Codierung und den Austausch von relevanten Dokumenten.
UAML	Unsere Adressen Markup Language, eigne für dieses Dokument entwickelte exemplarische Sprache.
Unicode	Schriftsatz der jedem Zeichen eine Folge von 16 Bits zuordnet. Seit 1992 Teil des UCS4
Unicode Transformation Format (UTF)	ermöglicht es, 16 Bit Unicode in 8 oder 7 Bit Zeichen umzuwandeln
Universal Charakter Set (UCS4)	Standardisierter 4-Byte Zeichensatz (ISO 10646)
valid document	gültiges Dokument, muß konform zu einer, im Dokument angegeben, DTD sein.
validating Parser	Software, die einen non-validating Parser beinhaltet und zusätzlich das Dokument auf die zugehörige DTD überprüft.
W3C	World Wide Web Consortium
WAPFORUM	Eine Gruppierung von internationalen Firmen der Telekommunikationsbranche, deren Ziel es ist, XML-Dokumente, die ihrem Standard der Wireless Markup Language (WML) entsprechen, über die Mobilnetze aller Länder zu übertragen.
Warenkorb	Ist eine Art virtueller Einkaufswagen, in den der Benutzer Angebote, innerhalb eines virtuellen Warenhauses, legen kann.
Wertschöpfungskette	Alle Firmen, welche in Produktion/Verkauf und Service eines Produktes/einer Dienstleistung einbezogen sind, bilden die Wertschöpfungskette.
Wurzel-Element	Dasjenige Element, welches das gesamte Dokument umschließt und somit als einziges Element kein Eltern-Element besitzt.
XLink	Komponente der XML-Technologie: Beschreibt verschiedene Linkmechanismen
XLL	XML Linking Language, besteht nun aus 3 Komponenten XLink, XPointer und Design Principle Note und beschäftigt sich mit den HyperLinks zu XML.
XLL Prozessor	Software, welche den Link-Syntax überprüft und Links traversiert. Es existiert bisher /stand Dez.1998) noch

kein XLL-Prozessor.

XML   eXtensible Markup Language

XML-Instanz   ~ gültiges XML-Dokument. Ein XMl-Dokument, daß konform zu den Regeln einer DTD ist, bezeichnet man als XML-Instanz. (von der DTD)

XML-System   Eine Anwendung, in welcher die XML-Technologie implementiert wurde.

XPointer   Komponente der XML-Technologie:Dies sind Verweise auf andere Inhalte, die durch die Struktur und der darin vorkommenden verwandtschaftlichen Beziehungen, angegeben werden.

XSL   eXtensible Style Language, die Darstellungssprache zu XML. Basiert auf DSSSL und beinhaltet CSS.

XSL Prozessor   Software, die mit Hilfe des XSL-Dokumentes das XML-Dokument darstellen kann.

Anhang C Installation des Prototyps

Der Prototyp besteht aus folgenden Komponenten:
- Microsoft Access 97 Datenbank
- ODBC Datenbankanbindung
- Java Web Server 1.1.3
- Java Development Kit 1.1.6
- Java Servlet API 2.0
- Java XML API Early Access 2
- Java Servlets und Java Klassen
- Microsoft Internet Explorer 5 beta 2

Die Beschreibung der Installation des Prototypen basiert auf der Tatsache, daß sowohl Server, als auch Client, auf der selben Maschine laufen.

Das virtuelle Warenhaus wird über die URL " http://localhost:8080/shop/index.html" aufgerufen. Je nach Netzanbindung muß eventuell statt "localhost" auch die IP des Rechners angegeben werden

Aufgrund der geringen Datenbestände in der Datenbank, führen nur die Rubriken "Dramatik" und "Computer1" zu Ergebnissen"

Installation der Java-APIs

Die Java-APIs werden in ein frei wählbares Verzeichnis installiert. Dabei ist darauf zu achten, daß nach der Installation die Klassenpfade richtig gesetzt werden.

Installation eines ODBC-Treibers unter Windows

Um mit Java über einen geeigneten JDBC-ODBC-Treiber auf die Datenbank zugreifen zu können, muß die Datenbank im ODBC des Systems angemeldet werden.

Dies geschieht unter der Rubrik "32-Bit-ODBC" innerhalb der Systemsteuerung. Dahinter verbirgt sich folgendes Fenster:

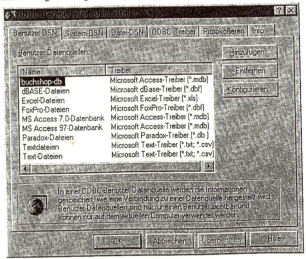

Um eine neue Datenbank anzumelden, muß der Menüpunkt *Hinzufügen* angewählt werden.
Es werden die vorhandenen Treiber angezeigt, die dem System zur Verfügung stehen.
Nachdem der für die verwendete Datenbank geeignete Treiber ausgewählt wurde, muß
Fertig stellen gedrückt werden.
Ein neues Menü wird angezeigt:

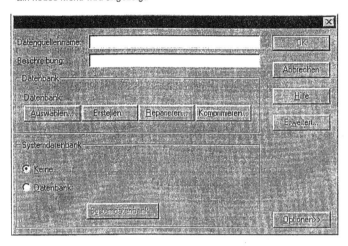

Im Feld *Datenquellenname* muß der Name der Datenbank angegeben werden, der für diesen Datenbanktreiber verwendet werden soll. In diesem Fall "buchshop-db"
Im Menüblock *Datenbank* kann die einzubindende Datenbank, in diesem Fall die Datei "Buchshop.mdb", mit dem Menüpunkt *Auswählen* ausgewählt werden.
Wenn der Menüpunkt *Erweitert* angewählt wird, kann noch ein Kennwort und ein Benutzername für diese Datenbank vergeben werden.
Im Falle des Prototyps wurde das Kennwort *admin* und der Benutzername *admin* vergeben.
Nach der Bestätigung mit *OK* ist die Datenbank im ODBC angemeldet. Sie kann nun über ihren eingetragen Namen (nicht über ihren Dateinamen), innerhalb der Datenbankanbindung angesprochen werden.

Installation und Konfiguration des

JavaWebServer1.1.3

Installation

Der JavaWebServer liegt nach dem Download als eine komprimierte Datei mit dem Namen jwsr1_1_3-win-try-gl.exe vor. Das Ausführen dieser Datei startet die Installationsroutine. Im Folgenden kann man nun das Verzeichnis auswählen, in welchem der Server installiert werden soll. Danach wird der Server installiert.

Gestartet wird der Server mit der Datei „httpd.exe" (http daemon), diese befindet sich im Unterverzeichnis „bin". Nachdem der Server gestartet wurde, kann man dies kontrollieren, indem man in einem Browser die Server – IP auf Port 8080 aufruft dies geschieht durch die Eingabe in der URL – Eingabezeile des Browsers wie zum Beispiel „127.0.0.1:8080". Läuft der Server bekommt man folgende Begrüßungsseite:

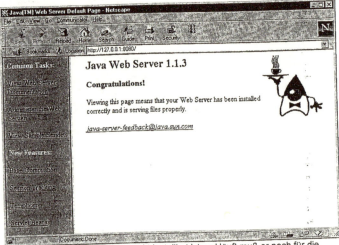

Nachdem der Server nun korrekt installiert ist und läuft muß er noch für die Verwendung der Servlets, sowie für die Auslieferung von XML – Dokumente konfiguriert werden. Dies geschieht im laufenden Betrieb.

Zur Konfiguration wechselt man auf Port 9090 indem man die IP-Adresse gefolgt von einem Doppelpunkt und 9090 in der URL-Eingabezeile eingibt.

Einrichten der MIME-TYPE XML und XSL

Nachdem man sich mit „admin", „admin" als Administrator angemeldet hat
kommt man zur Übersicht der Dienste, hier wird der Web Service als laufender
Prozeß angezeigt und ist auch schon mit einem hellen Balken markiert. Man klickt
im Folgenden nun auf „Manage" und danach auf der folgenden Setup-Seite auf
„MIME TYPES".

Um einen neuen MIME Type anzulegen klickt man auf „Add", nun bekommt ein
eine frei Zeile in welche die Extension „xml"sowie der Type/Subtype „text/xml" angegeben wird (siehe Grafik).

Entsprechend verfährt man mit dem MIME typ xsl der ebenfalls text/xml als Ty-
pe/Subtype hat.

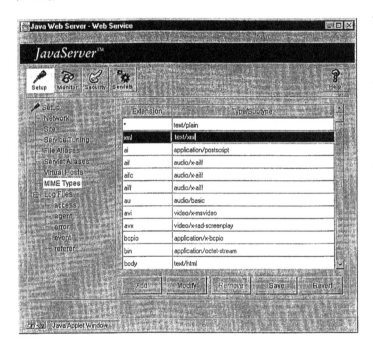

Anmelden der Servlets

Bevor man die Servlets anmeldet müssen alle Klassen des Prototyps nicht nur die Servletklassen, in das „servlets" – Verzeichnis des JavaWebServer's kopiert werden.

Um die Servlets anzumelden klickt man in dem Fenster „Web Service", in dem man sich schon durch die MIME Types befindet, auf das Symbol „Servlets". Dadurch wechselt man zur Ansicht der Servlet – Verwaltung. Im ersten Schritt muß man das neue Servlet zur Liste der bestehenden Servlets hinzufügen. Dies geschieht über „add" und durch Angabe des Servletnamens und der zugehörigen Servletklasse, wobei nur der Klassenname angegeben wird, ohne die Endung „.class". Nun klickt man auf den „Add" – Button. So verfährt man mit allen Klassen des Prototyps welche den Namen „Servlet" im Klassenname enthalten haben.

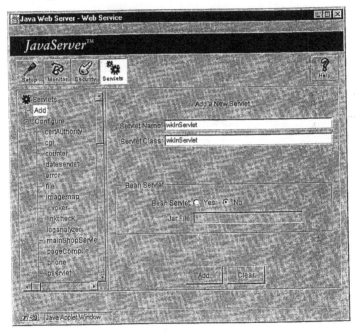

Im zweiten Schritt wird angegeben, daß die Servlets beim Start des Webservers geladen werden sollen, damit der Server nun aber nicht neu hochgefahren werden muß, wird auch angegeben, daß die Servlets sofert in den laufenden Server geladen werden (siehe Bild).

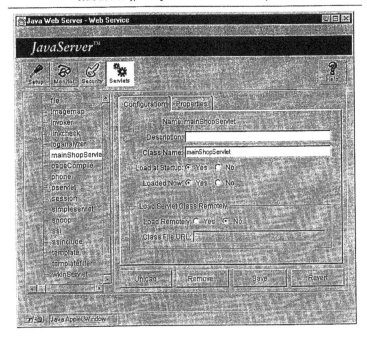

Öffentliches Verzeichnis anlegen

Um die Begrüßungsseite, die Navigation sowie sämtliche Stylesheets, für den Server zugänglich zu machen, wird innerhalb des „public_html" – Verzeichnisses des Servers ein neues Verzeichnis mit dem Namen „shop" angelegt, in welches nun die genannten Dateien kopiert werden. Damit endet die Installation und Konfiguration des Servers.

Installation und Konfiguration

des Microsoft Internet Explorer 5 beta (IE5)

Installation

Der IE5 wird nicht als einzige Exe-Datei geliefert, sondern als Sammlung von meheren komprimierten Dateien. Die Installation wird über die Datei Setup.exe gestartet.
Danach kann man den Ort der Installation wählen, sowie Komponenten, die installiert werden sollen. Hier müssen die Komponenten Java Virtual Machine und DHTM Unterstützung angewählt werden.
Die Installation wird nun vollendet.

Konfiguration

Die Konfiguration des Browsers ist nur notwendig, wenn sich der Rechner, auf dem der Prototyp installiert wurde, in einem Netzwerk befindet und über einen Proxyserver seine HTTP-Anfragen stellt. Dies muß für den Zugriff auf den lokal installierten JavaWebServer deaktiviert werden. Dazu befindet sich unter "Tools/Internet Options/Connections/LAN Settings" die Rubrik Proxy Server. Um nun den Proxy Server zu deaktivieren, gibt es zwei Möglichkeiten. Zum einen kann man durch auswählen der Option "Bypass proxy server for local adresses", den Proxy Server für sämtliche Zugriffe innerhalb des Intranets abschalten.
Zum anderen kann man über "Advanced" in einem weiteren Fenster in der Rubrik "Exceptions" Adressen angeben, für die der Zugriff ohne Proxy Server geschehen soll. Hier muß die IP des Rechners angegeben werden, auf dem sich der Prototyp befindet.

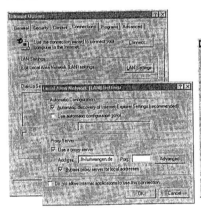

Anhang D Abbildungsverzeichnis

Abbildungsverzeichnis

Anhang E Quelltextverzeichnis

Quelltextverzeichnis

Anhang F Tabellenverzeichnis

Tabellenverzeichnis

Anhang G Quellen

Zitate und sinngemäße Übersetzungen

[BoDez98]   Jon Bosak: *XML Basics*, Presentation with Powerpoint at INRIA Rhônes-Alpes December 1998

[Bra98]   Neil Bradley: *The XML Companion*, Addison-Wesley 1998

[Bra98db]   Neil Bradley *The XML companion* erschienen 1998 im ADDISON-WESLEY Verlag Seite 161-163 *Database schema analysis*

[Byte3.98]   Byte Magazine - March 1998: *Weaving a better Web*, online 10.8.1998, 10.20Uhr
http://www.byte.com/art/9803/sec5/art3.htm

[DDJ12/98]   Sean McGrath: *XLink:The XML Linking Language*, Dr. Dobb's Journal, Ausgabe December 1998

[DEDIG 1]   Info - Broschüre *EDI und EDIFACT für Einsteiger* der Deutschen EDI Gesellschaft (kurz DEDIG) e.V. Seite 5

[DEDIG 2]   Info - Broschüre *EDI und EDIFACT für Einsteiger* der DEDIG e.V. Seite 23

[dev2.98]   Kieron Murphy: *Developers see promising future for W3C-approved XML*, Developer.com, 10 Februar 1998

[DHTML 1]   Bruce Campbell und Rick Darnell. *Dynamic HTML 7-Tage-Crashkurs* vom Markt und Technik Verlag erschienen 1998 Seite 52

[DHTML 2]   Bruce Campbell und Rick Darnell: *Dynamic HTML 7-Tage-Crashkurs* vom Markt und Technik Verlag erschienen 1998 Seite 63-68.

[DHTML 3]   Bruce Campbell und Rick Darnell: *Dynamic HTML 7-Tage-Crashkurs* vom Markt und Technik Verlag erschienen 1998 Seite 68

[DHTML 4]   Bruce Campbell und Rick Darnell: *Dynamic HTML 7-Tage-Crashkurs* vom Markt und Technik Verlag erschienen 1998 Seite 66

[heise 1]   http://www.heise.de/newsticker/data/hb-04.02.99-000/
[IDB 1]   Rolf Assfalg, Udo Goebels, Heinrich Welter, *Internet Datenbanken* von ADDISON-WESLEY 1998 Seite 73.
[LeLeFu98]   Michael Leventhal, David Lewis, Matthew Fuchs : *Designing XML Internet Applicattions*, Prentice Hall PTR 1998

[ma0898]   medien aktuell 36/31.08.98 S.20

[MS10/97]   George Young: *CDF 101: Creating a Simple Channel with Active Channel Technologie*,
21.10.1997, Microsoft Corporation

CDF101.zip (Worddoc) downgeloaded am 18.6.1998 um 10.56 Uhr
http://www.microsoft.com/workshop/delivery/cdf/reference/CDF.asp

[Pfeiffer 1] Artikel *Change EDI! – Ein Plädoyer* von Jens Pfeiffer in edi – change Magazin für Electronic Commerce 3/98 Seite 30

[spec-de98] *Extensible Markup Language (XML) 1.0 Empfehlung des W3C*, 10. Februar 1998
http://www.mintert.com/xml/trans/REC-xml-19980210-de.html

[UG-SGML93] SGML Users' Group History, Linda Turner, 21.07.1993
http://www.oasis-open.org/cover/sgmlhist0:html

[W3C98a] *About The World Wide Web Consortium*, 5.2.1998
http://www.w3.org/Consortium/

[W3C98b] *Technical Reports & Publications* , 12.8.98
http://www.w3.org/TR/

[W3C98c] *Das World Wide Web Consortium gibt DOM Level 1 als eine W3C-Empfehlung heraus*, 1.10.1998
http://www.w3.org/Press/1998/DOM-REC

[W3C98d] *XML Linking Language (XLink)*, 3.3.1998
http://www.w3.org/TR/1998/WD-xlink-19980303

[W3C98e] *XML Pointer Language (XPointer)*, 3.3.1998
http://www.w3.org/TR/1998/WD-xptr-19980303

[W3C98f] *XML Linking Language (XLink) Design Principles*, 3.3.1998
http://www.w3.org/TR/1998/NOTE-xlink-principles-19980303

[W3C98g] *Document Object Model (DOM) Level 1 Specification*, 1.10.1998
http://www.w3.org/TR/REC-DOM-Level-1/

[Webber 1] David Webber in *BOO!!! Are we all history???*
http://www.geocities.com/WallStreet/Floor/5815/dw01.htm

[wrev8/98] Lou Rosenfeld: *Bottum-Up Architecture*, 14.8.1998
http://webreview.com/wr/pub/98/08/14/arch/index.html

Allgemeine Informationsquellen

Bücher:

„Dynamic HTML 7-Tage-Crashkurs" von Bruce Campbell und Rick Darnell, vom Markt und Technik Verlag, erschienen 1998

"Designing XML Internet Applications" von Michael Leventhal, David Lewis, Matthew Fuchs, vom Prentice Hall PTR Verlag, erschienen 1998

"Internet Datenbanken" von Rolf Assfalg, Udo Goebels, Heinrich Welter, vom ADDISON-WESLEY Verlag, erschienen 1998

"The XML companion" von Neil Bradley, vom ADDISON-WESLEY Verlag, erschienen 1998

"XML in der Praxis" von Henning Behme und Stefan Mintert, vom ADDISON-WESLEY Verlag, erschienen 1998

"XML BY EXAMPLE" von Sean Mc Grath, vom Prentice Hall PTR Verlag, erschienen 1998

"Client/Server Data Access with Java and XML" von Dan Chang und Dan Harkey, vom WILEY COMPUTER PUBLISHING Verlag, erschienen 1998

"Java Servlet Programming" von Jason Hunter und William Crawford, vom O'REILLY Verlag, erschienen Oktober 1998

Zeitschriften:
„EDI und EDIFACT für Einsteiger" der DEDIG e.V.

"edi – change" 3/98 Magazin für Electronic Commerce

Whitepaper der POET Software Corporation von Mike Hogan 1998

internetworld juli 1998 "XML 1.0" von Doris Wiedemann

Byte März 1998 "Weaving a better Web" von Scott Mace, Udo Flohr, Rick Dobson und Tony Graham

INTERNET COMPUTING Juli/August 1997 "XML: A Door to Automted Web Applications" von Rohit Khare und Adam Rifkin

Worl Wide Web:
www.integratio.de/conten von Dr. Rainer Scheckenbach Quelldatum 1998

www.geocities.com/WallStreet/Floor/5815/startde.htm „the E – business framework"

http://www.w3.org/

http://webreview.com/xml/

http://www.zdnet.com/pcmag/features/xml98/index.html

http://www.islandia.is/~olafur/xml_page.htm

http://www.microsoft.com/xml/default.asp

http://www.poet.com/xml/xml_lib.html

http://www.finetuning.com/xml.html

http://www.projectcool.com/developer/xmlz/

http://www.gca.org/conf/paris98/bosak/sld00000.htm

http://www.gca.org/memonly/xmlfiles/

http://www.intelligence.com/product.asp?id=251

http://www.xml.com/axml/axml.html

http://www.schema.net/

http://www.arbortext.com/Think_Tank/XML__Resources/XML_for_Managers/xml_for_managers.html

http://www.harvardcomputing.com/Resources/Reports/XML/xml.html

http://www.enigmainc.com/XML/index.htm

http://www.software.ibm.com/xml/

http://www.heise.de/ix/artikel/1997/06/106/artikel.html

http://members.aol.com/xmldoku/

http://ala.vsms.nottingham.ac.uk/vsms/java/

http://www.oracle.com/xml/

http://www.heise.de/ix/artikel/1998/05/138/artikel.html von Henning Behme

Diplomarbeiten Agentur

Die Diplomarbeiten Agentur vermarktet seit 1996 erfolgreich Wirtschaftsstudien, Diplomarbeiten, Magisterarbeiten, Dissertationen und andere Studienabschlußarbeiten aller Fachbereiche und Hochschulen.

Seriosität, Professionalität und Exklusivität prägen unsere Leistungen:

- Kostenlose Aufnahme der Arbeiten in unser Lieferprogramm
- Faire Beteiligung an den Verkaufserlösen
- Autorinnen und Autoren können den Verkaufspreis selber festlegen
- Effizientes Marketing über viele Distributionskanäle
- Präsenz im Internet unter **http://www.diplom.de**
- Umfangreiches Angebot von mehreren tausend Arbeiten
- Großer Bekanntheitsgrad durch Fernsehen, Hörfunk und Printmedien

Setzen Sie sich mit uns in Verbindung:

Diplomarbeiten Agentur
Dipl. Kfm. Dipl. Hdl. Björn Bedey —
Dipl. Wi.-Ing. Martin Haschke ——
und Guido Meyer GbR ————

Hermannstal 119 k ————
22119 Hamburg ————

Fon: 040 / 655 99 20 ————
Fax: 040 / 655 99 222 ————

agentur@diplom.de ————
www.diplom.de ————

www.ingramcontent.com/pod-product-compliance
Lightning Source LLC
La Vergne TN
LVHW092331060326
832902LV00008B/592